AMIR LEVINE / RACHEL S. F. HELLER

Warum wir uns immer in den Falschen verlieben

GOLDMANN

Buch

Der Wunsch nach Beziehung ist tief in unseren Genen verankert. Dennoch sind Partnerschaften eine archetypische Spielwiese für Missverständnisse und Auseinandersetzungen. Dr. med. Amir Levine und Rachel S. F. Heller wenden grundlegende Erkenntnisse der Beziehungsforschung erstmals auf den gelebten Dating- und Beziehungsalltag an. Fast jeder Mensch lässt sich einem von drei Beziehungstypen zuordnen:

- **Der ängstliche Beziehungstyp** braucht viel Nähe und sorgt sich, ob sein Partner ihn genügend liebt. Wenn er sich zurückgewiesen fühlt, neigt er zum Protestverhalten.
- **Der vermeidende Beziehungstyp** setzt Intimität häufig mit dem Verlust von Unabhängigkeit gleich und sucht Distanz. Charakteristisch ist das Senden zweideutiger Signale.
- **Der sichere Beziehungstyp** fühlt sich mit Nähe wohl und ist in der Lage, stabile Partnerschaften zu führen.

Die Autoren beschreiben die Dynamiken, die entstehen, wenn diese Beziehungstypen in Partnerschaften aufeinandertreffen. Mit Hilfe von Checklisten, Workshops und Fallbeispielen ermöglichen sie uns ein tiefes Verständnis unserer selbst wie auch unseres Partners. Wir erlernen neue, heilsame Verhaltensmuster – um endlich zu der glücklichen und dauerhaften Partnerschaft zu finden, nach der wir uns sehnen.

Autoren

Dr. med. Amir Levine ist Psychiater und Neurowissenschaftler. Zusammen mit dem Nobelpreisträger Dr. Eric Kandel leitet er ein von der staatlichen US-Behörde finanziertes Forschungsprojekt und betreibt eine Privatpraxis in New York, wo er mit seiner Familie lebt.

Rachel S. F. Heller M. A. studierte systemische Psychologie an der Columbia University und arbeitet therapeutisch mit Familien, Paaren und Kindern. Sie lebt mit ihrer Familie in San Francisco.

Dr. med. Amir Levine
Rachel S. F. Heller

Warum wir uns immer in den Falschen verlieben?

Beziehungstypen und
ihre Bedeutung für unsere Partnerschaft

Aus dem Amerikanischen von
Rita Höner

GOLDMANN

Die amerikanische Originalausgabe erschien 2010 unter dem Titel »Attached« bei Jeremy P. Tarcher/ Penguin, Penguin Group, New York, USA. Die deutsche Erstausgabe erschien 2011 unter dem Titel »Wer bist du, wenn du liebst?« im Kailash Verlag, München.

MIX
Papier | Fördert gute Waldnutzung
FSC® C014496

Penguin Random House Verlagsgruppe FSC® N001967

19. Auflage
Vollständige Taschenbuchausgabe August 2015

in der Penguin Random House Verlagsgruppe GmbH,
Neumarkter Str. 28, 81673 München
produktsicherheit@penguinrandomhouse.de
(Vorstehende Angaben sind zugleich
Pflichtinformationen nach GPSR)

Lektorat: Christina Knüllig, Hamburg
Umschlaggestaltung: UNO Werbeagentur, München
Umschlagmotiv: FinePic®, München
SSt · Herstellung: cb
Satz: Satzwerk Huber, Germering
Druck: GGP Media GmbH, Pößneck
Printed in Germany
ISBN 978-3-442-22070-0

www.goldmann-verlag.de

Für meinen Vater, der mir beigebracht hat,
mich in die größten Wellen zu stürzen, und für meine Mutter,
die wissenschaftliches Entdecken zu einem
Teil meiner Kindheit gemacht hat
A.L.

Für meine Familie
R.H.

Inhalt

Anmerkung der Autoren

In diesem Buch haben wir unsere langjährigen Forschungen über das Paarbindungsverhalten von Erwachsenen zu einem praktischen Leitfaden für Leserinnen und Leser komprimiert, die eine befriedigende Beziehung suchen oder eine bestehende Beziehung verbessern möchten. Die Bindungstheorie ist ein weites und komplexes Forschungsfeld, das sich auf die kindliche Entwicklung, die elterliche Betreuung und die Liebesbeziehung zwischen Erwachsenen erstreckt. Wir beschränken uns daher auf Bindungen und Beziehungen, die auf der Zuneigung und Anziehung zwischen Erwachsenen beruhen.

Unser Ziel war es, komplexe wissenschaftliche Ansätze in ein nützliches und praktisches Hilfsmittel für den Alltag zu verwandeln. Zwar beziehen wir uns immer wieder auf bestimmte Forscher, aber notgedrungen konnten wir nicht alle erwähnen. Den zahllosen kreativen Köpfen auf diesem Gebiet sind wir auf immer zu Dank verpflichtet.

Einleitung

Ein neuer Blick auf Beziehungen

1
Beziehungsverhalten aus wissenschaftlicher Sicht

- *Ich kenne diesen Mann erst seit zwei Wochen und habe doch schon schreckliche Angst, dass er mich nicht attraktiv genug finden könnte. Meine Gedanken kreisen nur noch darum, ob er wohl anrufen wird oder nicht! Ich weiß jetzt schon, dass all meine Ängste, nicht gut genug zu sein, wie eine sich selbst erfüllende Prophezeiung wirken und ich mir damit auch diese Beziehungschance vermasseln werde!*
- *Was stimmt mit mir nicht? Ich bin ein intelligenter, gut aussehender Mann und beruflich erfolgreich. Ich habe viel zu bieten. Ich habe einige wirklich tolle Frauen kennengelernt, und jedes Mal passiert das Gleiche: Nach ein paar Wochen verliere ich das Interesse an ihnen und bekomme das Gefühl, in der Falle zu sitzen. Es dürfte doch nicht so schwierig sein, jemanden zu finden, der zu mir passt?*
- *Ich bin seit Jahren mit meinem Mann verheiratet und fühle mich trotzdem einsam. Er war nie jemand, der über seine Gefühle oder unsere Beziehung gesprochen hat, aber mitt-*

lerweile ist es richtig schlimm. Wochentags kommt er jeden Abend erst spät von der Arbeit nach Hause, und am Wochenende ist er entweder mit Freunden auf dem Golfplatz oder sieht sich im Fernsehen Sportsendungen an. Eigentlich verbindet uns nichts mehr. Vielleicht ginge es mir allein besser.

All diese Szenarios beschreiben schmerzliche Erfahrungen, die Menschen im Innersten berühren. Und doch gibt es keine Erklärung oder Lösung, die auf sie alle passen würde. Jede Situation wirkt einmalig und individuell; jede hat zahllose mögliche Ursachen. Um sie zu finden, müssten wir alle Beteiligten gut kennen. Ein Therapeut würde sich unter anderem die bisherige Lebensgeschichte, frühere Beziehungen und den Persönlichkeitstyp ansehen. Auch wir haben das so gelernt und es geglaubt, bis wir bei unserer praktischen Arbeit im Bereich der psychischen Gesundheit auf eine Systematik gestoßen sind, die *alle* drei Situationen und viele weitere schlüssig erklärt. Die Geschichte dieser Entdeckung und ihre Folgen beschreiben wir in diesem Buch.

Ist Liebe genug?

Vor ein paar Jahren lernte unsere gute Freundin Tamara einen neuen Mann kennen:

Ich bemerkte Greg zum ersten Mal bei einer Party im Haus einer Freundin. Er sah unglaublich gut aus, und die Tatsache, dass ich ihm aufgefallen war, schmeichelte mir sehr. Ein paar Tage später gingen wir mit ein paar anderen Leuten zum Abendessen aus, und dem leidenschaftlichen Funkeln in seinen Augen, wenn er mich ansah, konnte ich nicht widerstehen. Aber am meisten faszinierte mich das, was er sagte, und das unterschwellige Versprechen einer Beziehung mit ihm. Es war die Verheißung, nicht allein zu sein. Er sagte Sätze wie: »Tamara, du brauchst doch nicht alleine bei dir zu Hause zu bleiben, du kannst zu mir kommen und arbeiten«, oder: »Du kannst mich jederzeit anrufen«. Diese Aussagen hatten etwas Beruhigendes. Die Beruhigung, zu jemandem zu gehören, in der Welt nicht alleine zu sein. Wenn ich genauer zugehört hätte, hätte ich allerdings auch eine andere Botschaft vernehmen können, die nicht zu diesem Versprechen passte, eine Botschaft, die deutlich machte, dass Greg Angst vor zu viel Nähe hatte und Verbindlichkeit ihm unangenehm war. Mehrmals erwähnte er, er habe nie eine stabile Beziehung gehabt – aus irgendeinem Grund sei er seine jeweilige Freundin irgendwann leid gewesen und habe das Bedürfnis gehabt, seiner Wege zu gehen.

Obwohl ich diese Themen als potenziell problematisch erkannte, wusste ich damals nicht, wie ich das, was aus ihnen folgte, richtig einschätzen sollte. Als einziger Wegweiser diente mir die gängige Überzeugung, mit der so viele von uns groß werden: dass die Liebe alle Hindernisse überwindet. Und so überließ ich mich der Liebe. Nichts war mir wichtiger, als mit ihm zusammen zu sein. Trotzdem kamen von ihm auch weitere Botschaften, die seine Bindungsunfähigkeit andeuteten. Ich schüttelte sie ab; ich war mir sicher: Mit mir würde alles anders sein. Natürlich hatte ich unrecht. Je mehr Nähe zwischen uns entstand, desto widersprüchlicher wurden seine Botschaften, und alles geriet ins Wanken; er fing an, mir zu erzählen, er sei zu beschäftigt, um mich an diesem oder jenem Abend zu treffen. Manchmal behauptete er, er habe eine »irre« Arbeitswoche vor sich, und fragte, ob wir uns nur am Wochenende treffen könnten. Ich war immer einverstanden, aber innerlich beschlich mich das bange Gefühl, dass etwas nicht stimmte. Aber was?

Von da an war ich ständig in Angst. Ich fragte mich dauernd, was er wohl gerade machte, und wurde extrem hellhörig für alles, was darauf hindeuten könnte, dass er die Beziehung beenden wollte. Aber obwohl Gregs Verhalten mir viele Hinweise darauf gab, dass er nicht zufrieden war, streute er in seine Distanzierungsmanöver gerade so viele Zärtlichkeiten und Entschuldigungen ein, dass ich nicht mit ihm Schluss machte.

Nach einer Weile machte das ewige Auf und Ab mich so fertig, dass ich meine Gefühle nicht mehr unter Kontrolle hatte. Ich wusste nicht, wie ich mich verhalten sollte, und gegen besseres Wissen vermied ich es, mit Freunden etwas zu planen; ich wollte erreichbar sein, falls er doch anrufen würde. Ich verlor das Interesse an allem, was mir wichtig gewesen war. Die Beziehung konnte dieser Anspannung nicht lange standhalten und ging knirschend zu Bruch.

Als Tamaras Freunde waren wir zunächst erfreut, dass sie jemanden kennengelernt hatte, von dem sie begeistert war, aber als die Beziehung sich entwickelte, beobachteten wir ihre wachsende Fixierung auf Greg mit zunehmender Sorge. Sie sprühte nicht mehr vor Lebenslust, sondern war ängstlich und unsicher. Die meiste Zeit wartete sie entweder auf einen Anruf von Greg oder war wegen der Beziehung so unruhig und nervös, dass sie nicht mehr so wie früher unbeschwert mit uns zusammen sein konnte. Bald stellte sich heraus, dass auch ihre Arbeit litt, und sie äußerte die Befürchtung, dass sie ihren Job verlieren könnte. Wir hatten Tamara immer für einen ausgeglichenen, belastbaren Menschen gehalten und begannen uns zu fragen, ob wir ihre Energie falsch eingeschätzt hatten. Tamara war bewusst, dass Greg bisher zu einer dauerhaften, festen Beziehung nicht in der Lage gewesen war und man mit ihm keine Pläne machen konnte; sie gab sogar zu, dass sie ohne ihn wahrscheinlich glücklicher wäre. Trotzdem schaffte sie es nicht, einen Schlussstrich zu ziehen.

Als erfahrene Fachleute für psychische Gesundheit fiel es uns schwer zu akzeptieren, dass eine aufgeklärte, intelligente Frau wie Tamara sich dermaßen von ihrem normalen Selbst entfernen konnte. Warum verhielt eine erfolgreiche Frau sich dermaßen hilflos? Warum war ein Mensch, der unseres Wissens die meisten Herausforderungen in seinem Leben gut bewältigt hatte, in dieser einen Situation so ohnmächtig? Die andere Seite der Gleichung war genauso rätselhaft. Warum sandte Greg derart widersprüchliche Signale aus, obwohl selbst uns klar war, dass er sie *tatsächlich* liebte? Auf diese Fragen gab es viele komplexe psychologische Antworten, aber eine überraschend einfache und doch weitreichende Einsicht kam aus einer unerwarteten Richtung.

Von der Mutter-Kind-Therapie zu einer praktischen Wissenschaft der Liebe zwischen Paaren

Etwa zur gleichen Zeit, in der Tamara mit Greg zusammen war, arbeitete Amir Teilzeit in der Mutter-Kind-Therapiestation der Columbia University. Er half dort Müttern, eine sicherere Bindung zu ihren Kindern aufzubauen. Die beeindruckende positive Wirkung, die dieser Therapieansatz auf die Beziehung zwischen Mutter und Kind hatte, regte Amir zu einer intensiveren Beschäftigung mit der Bindungstheorie an. Dabei stieß er auch auf Forschungsergebnisse, die als Erstes von Cindy Hazan und Phillip Shaver gemacht worden waren. Diese legten nahe, dass Erwachsene zu ihren Partnern ähnliche Bindungsmuster hatten wie Kinder zu ihren Eltern. Je mehr Amir über die Paarbindung von Erwachsenen las, desto mehr sprang ihm bei allen Erwachsenen in seinem Umfeld das Bindungsverhalten ins Auge. Ihm wurde klar, dass seine Erkenntnis erstaunliche Implikationen für den Alltag hatte und vielen Menschen zu befriedigenderen Liebesbeziehungen verhelfen konnte.

Daraufhin rief er sofort seine langjährige Freundin Rachel an und beschrieb ihr, wie schlüssig die Bindungstheorie die verschiedenen Verhaltensweisen in den Beziehungen von Erwachsenen erklärte; er bat sie, ihm zu helfen, Literatur und Forschungsergebnisse in praxistaugliche Ratschläge zu verwandeln, mit denen Menschen ihr Leben ändern konnten. Und so entstand dieses Buch.

Sicher, ängstlich, vermeidend: die drei Beziehungstypen

Parallel zu den bei Kindern ermittelten Bindungsstilen kennt die Paarbindungsforschung drei Hauptbeziehungstypen, die beschreiben, wie Menschen in Liebesbeziehungen Nähe erleben und auf sie reagieren: sicher, ängstlich oder vermeidend. *Sichere* Menschen fühlen sich mit Nähe wohl und sind in der Regel herzlich und liebevoll. *Ängstliche* Menschen sehnen sich nach Nähe, sind oft völlig auf die Beziehung fixiert und neigen dazu, sich besorgt zu fragen, ob ihr Partner ihre Liebe wohl erwidern kann. *Vermeidende* Menschen setzen Nähe mit dem Verlust ihrer Unabhängigkeit gleich und versuchen andauernd, die Nähe zu reduzieren. Die Beziehungstypen unterscheiden sich außerdem in:

- ihrer Auffassung von Nähe und Zusammengehörigkeit
- der Art ihrer Konfliktbewältigung
- ihrer Einstellung zum Sex
- ihrer Fähigkeit, ihre Wünsche und Bedürfnisse mitzuteilen
- ihren Erwartungen an den Partner und an die Beziehung

In unserer Gesellschaft gehört jeder, egal ob frisch verliebt oder seit vierzig Jahren verheiratet, in eine dieser Kategorien oder, allerdings seltener, in eine Kombination der beiden Letztgenannten (ängstlich und vermeidend). Knapp über 50 Prozent sind sicher, rund 20 Prozent ängstlich, 25 Prozent vermeidend, und die restlichen drei bis fünf Prozent gehören der vierten, weniger häufigen Kategorie an (der Kombination des ängstlichen mit der des vermeidenden Typs).

Die Paarbindungsforschung hat Hunderte wissenschaftlicher Abhandlungen und Dutzende von Büchern hervorgebracht, die präzise schildern, wie Erwachsene sich in engen Liebesbeziehungen verhalten. Diese Studien haben immer wieder bestätigt, dass die genannten Beziehungstypen bei Erwachsenen aus den verschiedensten Ländern und Kulturen existieren.

Kennen wir erst den Beziehungstyp, lässt sich das Verhalten von Menschen in Liebesbeziehungen problemlos und zuverlässig verstehen und vorhersagen. Eine der wichtigsten Botschaften dieser Theorie lautet, dass wir in Liebesbeziehungen darauf programmiert sind, uns in *vorbestimmter Weise* zu verhalten.

Wie entsteht ein Bindungsstil?

Ursprünglich wurde vermutet, der Bindungsstil eines Erwachsenen sei hauptsächlich ein Produkt seiner Erziehung. Man nahm an, der derzeitige Bindungsstil sei durch die Art und Weise festgelegt, wie man sich um Sie gekümmert hatte, als Sie ein Baby waren. Waren Ihre Eltern feinfühlig, zugänglich und verständnisvoll, wäre das Ergebnis ein sicherer Bindungsstil; waren die Eltern manchmal auf Sie eingegangen, andere Male nicht, müssten Sie einen ängstlichen Bindungsstil entwickelt haben; und wenn Ihre Eltern distanziert und rigide waren und nicht auf Ihre Bedürfnisse eingegangen sind, hätte sich ein vermeidender Bindungsstil ergeben müssen. Heute wissen wir jedoch, dass eine ganze

Reihe von Faktoren den Bindungsstil von Erwachsenen beeinflussen; nur einer davon ist die Art der Zuwendung, die wir von den Eltern erfahren haben. Auch andere Faktoren spielen eine Rolle, etwa unsere Lebenserfahrungen. Mehr darüber in Kapitel 7.

Tamara und Greg: ein neuer Blick auf ihre Beziehung

Die Geschichte unserer Freundin Tamara erschien uns jetzt in einem neuen Licht. Die Bindungsforschung kannte einen Prototyp für Greg, der ihn haargenau beschrieb: den vermeidenden Beziehungstyp. Dieser Begriff brachte kurz und knapp auf den Punkt, wie Greg dachte, sich verhielt und auf die Welt reagierte. Er sagte seine Distanzierung voraus, sein Herummäkeln an Tamara und seinen Konfrontationskurs, der jeden Fortschritt in der Beziehung zunichtemachte, und seine enorme Schwierigkeit, »Ich liebe dich« zu sagen. Die Forschungsergebnisse erklärten faszinierenderweise auch, warum er ihr zwar nah sein wollte, aber auch den Drang hatte, sie auf Distanz zu halten – nicht weil er »nicht auf sie stand« oder dachte, »sie ist nicht gut genug« (zu diesem Schluss war Tamara gekommen), sondern ganz im Gegenteil, weil er spürte, dass sie sich immer näher kamen.

Wie sich herausstellte, war auch Tamaras Verhalten kein Buch mit sieben Siegeln. Die Theorie erklärte überraschend präzise, dass ihr Verhalten, ihre Gedanken und ihre Reaktionen für den ängstlichen Beziehungstyp charakteristisch waren; die Theorie sah voraus, dass Tamara umso stärker klammern würde, je mehr Greg auf Distanz ging; sie sah voraus, dass sie sich am Arbeitsplatz nicht würde konzentrieren können, ständig an die Beziehung denken und extrem wachsam alles verfolgen würde, was Greg tat. Es entsprach auch ganz der Theorie, dass Tamara trotz ihres Entschlusses, die Beziehung zu beenden, erst nach verhältnismäßig langer Zeit den Mut aufbrachte, dies tatsächlich zu tun. Die Theorie erklärte, warum sie gegen besseres Wissen und den Rat guter Freunde fast alles getan hatte, um ihm nahe zu sein. Vor allem aber machte die Theorie deutlich, warum Tamara und Greg es als so schwierig empfanden, miteinander klarzukommen, obwohl sie sich doch wirklich liebten. Aber sie sprachen unterschiedliche Sprachen und verschärften noch die natürlichen Tendenzen des jeweils Anderen – Tamaras Neigung, körperliche und emotionale Nähe zu suchen, und Gregs Neigung, lieber unabhängig zu sein und vor Nähe zurückzuschrecken. Die Präzision, mit der die Bindungstheorie das Paar beschrieb, war frappierend. Es war, als hätten die Forscher Einblick in die intimsten Momente und persönlichsten Gedanken des Paares gehabt. Psychologische Theorien bleiben manchmal vage und lassen viel Raum für Interpretationen, aber diese hier lieferten genaue, empirisch haltbare Einsichten in eine scheinbar einmalige Beziehung.

Obwohl es nicht unmöglich ist, dass der Beziehungstyp sich ändert – in einem Zeitraum von vier Jahren geschieht dies durchschnittlich bei einer von vier Personen –, haben die meisten Menschen davon keine Ahnung; sie wechseln von einem Typ zum anderen, ohne dass es ihnen bewusst ist oder sie den Grund dafür kennen würden. Wäre es nicht genial, dachten wir, wenn wir den Leuten helfen könnten, diese einschneidenden Veränderungen zumindest in gewissen Grenzen zu steuern? Würde es nicht einiges zum Besseren wenden, wenn sie über ihren Beziehungstyp Bescheid wüssten, statt sich wie ein Blatt im Wind hierhin und dorthin treiben zu lassen?

Für uns war die Beschäftigung mit den drei Beziehungstypen eine Offenbarung; von nun an entdeckten wir das Bindungsräderwerk überall. Unser eigenes Beziehungsverhalten und das der Menschen in unserem Umfeld erschien uns in einem neuen Licht. Wir konnten Patienten, Kollegen und Freunde einem Beziehungstyp zuordnen und ihre Beziehungen anders interpretieren und besser verstehen. Ihr Verhalten wirkte nicht mehr rätselhaft und vielschichtig, sondern im Rahmen der Umstände vorhersagbar.

Evolution und Bindungsverhalten

Die Bindungstheorie beruht auf der These, das Bedürfnis nach einer engen Beziehung sei in unseren Genen angelegt. John Bowlby hatte die geniale Einsicht, dass wir von der Evolution so programmiert sind, dass wir unter allen Menschen einige wenige auswählen und sie für uns wertvoll werden. Wir sind genetisch prädisponiert, von einem wichtigen anderen Menschen abhängig zu sein. Das Bedürfnis beginnt im Mutterleib und endet, wenn wir sterben. Bowlby behauptete, die gesamte Evolution hindurch habe die genetische Selektion Menschen bevorzugt, die Bindungen eingegangen sind, denn dies bedeutete einen Überlebensvorteil. In prähistorischen Zeiten endeten Menschen, die sich nur auf sich selbst verließen und niemanden hatten, der sie beschützte, mit hoher Wahrscheinlichkeit als Beute. Menschen dagegen, die mit jemandem zusammen waren, der sich um sie kümmerte, überlebten meist und gaben an ihre Nachkommen die Vorliebe für enge Bindungen weiter. Das Bedürfnis, einem bestimmten Menschen nah zu sein, ist sogar so wichtig, dass das Gehirn über einen biologischen Mechanismus verfügt, der speziell dafür verantwortlich ist, unsere Bindung an unsere Bezugspersonen (Eltern, Kinder, Liebespartner) herzustellen und zu regulieren. Dieses sogenannte *Bindungssystem* besteht aus Emotionen und Verhaltensweisen, die uns dazu veranlassen, die Nähe geliebter Menschen zu suchen, um Geborgenheit und Schutz zu erfahren. Der Mechanismus erklärt, warum ein Kind, das von seiner Mutter getrennt wird, außer sich gerät, verzweifelt nach ihr sucht oder hemmungslos weint, bis es den Kontakt mit ihr wiederhergestellt hat. Solche Reaktionen werden als *Protestverhalten* bezeichnet, und wir alle greifen auch als Erwachsene noch darauf zurück. In der Frühzeit der Menschheitsgeschichte war die Nähe zu einem Partner eine Angelegenheit von Leben oder Tod, und unser Bindungssystem entwickelte sich, um diese Nähe als absolute Notwendigkeit zu behandeln.

Stellen Sie sich vor, Sie würden an dem Abend, an dem Ihr Partner von New York nach London fliegt, die Nachricht von einem Flugzeugabsturz über dem Atlantik hören. Das bange

Gefühl in der Magengrube und die Hysterie, die mit ihm einhergeht, zeigen Ihr Bindungssystem bei der Arbeit. Ihre hektischen Anrufe am Flughafen sind Ihr Protestverhalten.

Ein extrem wichtiger Aspekt der Evolution wird unter dem Begriff der Heterogenität zusammengefasst. Wir Menschen sind eine sehr heterogene Spezies, das heißt, dass wir uns in unserem Aussehen, unseren Einstellungen und unseren Verhaltensweisen stark voneinander unterscheiden. Vor allem dieser Tatsache verdanken wir unsere Verbreitung als Spezies und die Fähigkeit, uns an fast jede ökologische Nische auf dieser Welt angepasst zu haben. Wenn wir alle gleich wären, könnte jedes x-beliebige Umweltproblem die Menschheit gänzlich auslöschen. Die Verschiedenartigkeit jedoch verbessert die Chancen, dass ein Teil der Bevölkerung, der gewisse einmalige Besonderheiten aufweist, auch dann überlebt, wenn die anderen untergehen. Im Hinblick auf die Beziehungstypen verhält es sich genauso. Obwohl es uns allen ein Grundbedürfnis ist, enge Bindungen einzugehen, unterscheiden wir uns in der Art, *wie* wir dies tun. In einer sehr gefährlichen Umwelt wäre es wenig vorteilhaft, Zeit und Energie in nur einen Menschen zu investieren, denn er wäre wahrscheinlich nicht sehr lange mit uns zusammen; sinnvoller ist es dann, sich nicht so fest zu binden und stattdessen für sich selbst zu sorgen (vermeidender Beziehungstyp). Eine andere Möglichkeit angesichts einer rauen Umwelt besteht darin, sich genau entgegengesetzt zu verhalten und besonders hartnäckig und wachsam zu versuchen, der Bezugsperson nah zu bleiben (ängstlicher Beziehungstyp). In einer eher friedlichen Umwelt verspricht eine enge Bindung, bei der beide Partner großzügig Zeit und Energie ineinander investieren, für jeden von ihnen und für die Nachkommenschaft größere Vorteile (sicherer Beziehungstyp).

Nun werden wir in der modernen Gesellschaft natürlich nicht mehr von Raubtieren gejagt wie unsere Vorfahren, aber evolutionär gesehen sind wir nur einen Sekundenbruchteil von den alten Gegebenheiten entfernt. Wir haben unser Gefühlshirn von einem Homo sapiens übernommen, der in einer völlig anderen Ära lebte, und unsere Emotionen wurden so konzipiert, dass sie mit seinem Lebensstil und den auf ihn lauernden Gefahren zurechtkamen. Deshalb unterscheiden die Gefühle und Verhaltensweisen, die wir heute in Beziehungen haben, sich nicht großartig von denen unserer Vorfahren.

Protestverhalten im digitalen Zeitalter

Mit unseren neu gewonnenen Erkenntnissen über die Folgen der Bindungsstile auf den Alltag nahmen wir das, was Menschen tun, ganz anders wahr. Verhaltensweisen, die wir bisher dem Charakter eines Menschen zugeschrieben oder als übertrieben abgestempelt hatten, wurden, wenn man sie durch die Brille der Bindungstheorie sah, klar und verständlich. Unsere Erkenntnisse machten deutlich, warum es Tamara so schwerfiel, einen Freund wie Greg, bei dem es ihr eigentlich nur schlechtging, loszulassen. Es lag nicht daran, dass sie schwach war. Vielmehr lag es an dem Urinstinkt, den Kontakt zu einer Bezugsperson um jeden Preis aufrechtzuerhalten – einem Instinkt, der durch ihren ängstlichen Beziehungstyp noch deutlich verstärkt wurde.

Tamaras Bedürfnis, mit Greg zusammenzubleiben, wurde durch das leiseste Gefühl von Gefahr ausgelöst – der Gefahr, dass ihr Geliebter unerreichbar, nicht für sie da oder selbst in Schwierigkeiten sein könnte. Evolutionär gesehen wäre es verrückt, unter solchen Umständen eine Beziehung abzubrechen. Und es wäre absolut sinnvoll, ein Protestverhalten einzusetzen, zum Beispiel ihn mehrmals täglich anzurufen oder ihn eifersüchtig zu machen.

Uns gefiel an der Bindungstheorie vor allem, dass sie für alle gilt. Im Gegensatz zu vielen psychologischen Ansätzen, die von therapiefreudigen Paaren ausgehen, leitet die Bindungstheorie ihre Schlussfolgerungen von allen Menschen ab – solchen mit und solchen ohne glückliche Beziehung, solchen, die nie eine Psychotherapie machen, und solchen, die jederzeit eine machen würden. Auf diese Weise erfuhren wir nicht nur, was in Beziehungen schiefläuft, sondern auch, was gut läuft, und konnten eine gar nicht kleine Gruppe von Menschen ausmachen und würdigen, die in den meisten Beziehungsratgebern kaum erwähnt wird. Zudem definiert die Bindungstheorie nicht das eine Verhalten als gesund und ein anderes als gestört. Kein Beziehungstyp ist an sich »pathologisch«. Im Gegenteil, Verhaltensweisen in Liebesbeziehungen, die vorher merkwürdig oder unpassend wirkten, erwiesen sich als verständlich, vorhersehbar und sogar erwartbar. Sie bleiben mit jemandem zusammen, obwohl er nicht genau weiß, ob er Sie liebt? Verständlich. Sie sagen, Sie wollen sich trennen, und ein paar Minuten später ändern Sie Ihre Meinung und beschließen, dass Sie unbedingt bleiben wollen? Genauso verständlich.

Aber sind solche Verhaltensweisen angemessen, und lohnen sie sich? Das ist eine andere Frage. Der sichere Beziehungstyp versteht es, seine Erwartungen dem Partner effizient zu vermitteln und ebenso effizient auf dessen Bedürfnisse zu reagieren, *ohne* auf ein Protestverhalten zurückgreifen zu müssen. Für uns andere ist Erkenntnis nur der erste Schritt.

Von der Theorie zur Praxis – auf der Basis der Bindungstheorie hilfreiche Strategien für Paare entwickeln

Die Erkenntnis aus der Paarbindungsforschung, dass Menschen ganz unterschiedliche Bedürfnisse nach Nähe und Zusammengehörigkeit haben, und dass diese Verschiedenartigkeit zu Kollisionen führen kann, bot uns die Möglichkeit, Liebesbeziehungen aus einer neuen Perspektive zu untersuchen. Nun machte es die Forschung zwar leicht, Liebesbeziehungen zu *verstehen,* aber wie diese verändern? Die Theorie verhieß die Möglichkeit, intime Bindungen zu verbessern, aber vom Labor zu einem alltagstauglichen Leitfaden für jedermann war es ein ordentlicher Schritt. Weil wir das aber für den Schlüssel zu einem besseren Beziehungsleben hielten, machten wir uns zunächst daran, so viel wie möglich über die drei Beziehungstypen und ihre Wechselwirkungen zu erfahren.

Wir begannen, Menschen aus allen sozialen Schichten zu interviewen, und befragten Kollegen, Patienten und psychologische Laien aus unterschiedlichen Milieus und Altersgruppen. Wir notierten ihre Beziehungsgeschichte und die uns anvertrauten Erfahrungen mit der Liebe. Wir beobachteten Paare in Aktion. Wir analysierten ihre Kommentare, Einstellungen und Verhaltensweisen und ordneten ihnen auf dieser Basis einen Beziehungstyp zu; in manchen Fällen boten wir ihnen eine therapeutische Intervention auf der Basis der Bindungstheorie an. Wir entwickelten ein Verfahren, mit dem der Beziehungstyp eines Menschen in relativ kurzer Zeit ermittelbar war. Wir unterwiesen Klienten darin, ihre Bindungsinstinkte positiv einzusetzen, statt gegen sie anzukämpfen; auf diese Weise sollten sie nicht nur unglücklichen Beziehungen entkommen, sondern auch die verborgenen »Perlen« entdecken, die es wert waren, gehegt und gepflegt zu werden – und es funktionierte!

Im Gegensatz zu anderen Beziehungstherapien, die sich überwiegend an Singles oder bestehende Paare richten, lässt die Einsicht in das Räderwerk der Paarbindung sich auf Menschen in *allen* Phasen ihrer Liebesbeziehung anwenden. Es gibt spezielle Empfehlungen für Leute, die zwecks Partnersuche bei den ersten Verabredungen sind, für frisch Verliebte, für langjährig Gebundene, für Menschen, die gerade eine Trennung erleben, und für solche, die um den Verlust eines geliebten Menschen trauern. In all diesen Fällen kann die Einsicht in die Paarbindungsmechanik unsere Beziehungen verbessern.

Nach einiger Zeit gewöhnten sich die Menschen in unserem Umfeld an den Bindungstheorie-Jargon. Wir hörten, wie sie in der Therapiesitzung oder beim Abendessen sagten: »Ich kann mich nicht mit ihm einlassen, er ist eindeutig vermeidend«, oder: »Sie wissen ja, ich bin ängstlich. Eine kurze Affäre ist das Letzte, was ich brauche.« Und das, obwohl sie die drei Beziehungstypen bis vor kurzem gar nicht kannten! Wenn also in diesem Buch die Begriffe »sicher«, »ängstlich« oder »vermeidend« auftauchen, sind sie im Sinne der Bindungstheorie zu verstehen.

Tamara eignete sich natürlich alles an, was es über die Bindungstheorie und unsere neuesten Entdeckungen zu wissen gab – in fast jedem Gespräch brachte sie das Thema aufs Tablett. Sie hatte endlich allen Mut zusammengenommen und ihre aussichtslose Beziehung zu Greg beendet. Wenig später stürzte sie sich erneut in die Partnersuche. Ausgerüstet mit ihrem neu erworbenen Bindungswissen, vermochte sie potenziellen Verehrern mit vermeidendem Beziehungstyp elegant aus dem Weg zu gehen; sie wusste jetzt, dass sie nicht die Richtigen für sie waren. Männer, deretwegen sie früher tagelang gelitten hätte – die sie analysiert hätte: was sie dachten, ob sie anrufen würden oder ob sie es ernst meinten –, fielen nun ohne viel Aufhebens durchs Raster. Stattdessen konzentrierte Tamara sich darauf einzuschätzen, ob ihre neuen Bekannten wohl in der Lage sein würden, die Art von Nähe und Zuwendung aufzubringen, die sie sich wünschte.

Nach einiger Zeit lernte Tamara Tom kennen, einen eindeutig gefestigten Mann, und ihre Beziehung entwickelte sich so reibungslos, dass sie kaum darüber sprach. Das lag nicht daran, dass sie uns private Details nicht mitteilen wollte; es lag daran, dass sie eine sichere Basis gefunden hatte und es einfach keine Krisen oder Dramen gab, die sie sich vom Herzen reden musste. Jetzt drehten sich unsere Unterhaltungen meist um die schönen Dinge, die sie unternahmen, um ihre Pläne für die Zukunft oder ihre Arbeit, bei der sie wieder voll durchstartete.

Ausblick

Dieses Buch ist das Ergebnis unserer Übertragung der Bindungsforschung auf die Praxis. Wir hoffen, dass Sie – genauso wie viele unserer Freunde, Kollegen und Klienten – mit seiner Hilfe in Ihrem Liebesleben bessere Entscheidungen treffen werden. In den folgenden Kapiteln erfahren Sie mehr über die drei Beziehungstypen und darüber, wie sie Ihr Verhalten und Ihre Einstellungen in Liebesdingen prägen. Vergangene Misserfolge werden Sie so in einem neuen Licht sehen, und Ihre Motive – und die Motive der anderen – werden Ihnen klarer werden. Sie erfahren, welche Bedürfnisse Sie haben und mit wem Sie zusammen sein sollten, damit Sie in einer Beziehung glücklich sind. Falls Sie in einer Beziehung mit einem Partner sind, dessen Beziehungstyp mit dem Ihren kollidiert, erkennen Sie, warum Sie beide so denken und handeln, wie Sie es tun, und lernen

Strategien kennen, die Ihr Leben zufriedener machen können. Auf jeden Fall wird sich etwas ändern – zum Besseren, garantiert!

2
Abhängigkeit ist kein böses Wort

In einer Reality-Fernsehshow, bei der Paare gegen andere Paare antraten und rund um die Welt schwierige Aufgaben zu meistern hatten, waren vor ein paar Jahren Karen und Tim das Traumpaar der Sendung: schön, sexy, klug und erfolgreich. Während der verschiedenen Aufgaben kamen sehr persönliche Details ihrer Beziehung ans Licht: Karen wollte heiraten, Tim zögerte. Er schätzte seine Unabhängigkeit, während sie gerne mehr Nähe gehabt hätte. In sehr spannenden Momenten des Wettbewerbs und oft nach einer Konfliktsituation hatte Karen das Bedürfnis, dass Tim ihre Hand hielt. Tim war das unangenehm; es war ihm zu intim, und außerdem wollte er nicht nach ihrer Pfeife tanzen.

Vor der letzten Sendung lagen Tim und Karen in Führung. Um ein Haar hätten sie den hohen Barpreis gewonnen, aber auf der Ziellinie wurden sie geschlagen. Bei einem Interview zum Abschluss der Fernsehstaffel wurden sie gefragt, ob sie im Nachhinein irgendetwas anders gemacht hätten. Karen sagte: »Ich glaube, wir haben verloren, weil ich emotional zu abhängig war. Im Nachhinein ist mir klar, dass mein

Verhalten ziemlich extrem war. Ich hatte oft das Bedürfnis, dass Tim meine Hand hielt. Ich weiß nicht, warum das für mich so wichtig war. Aber ich habe etwas daraus gelernt und beschlossen, das zu ändern. Warum musste ich ständig seine Hand halten? Das war albern. Ich hätte einfach cool bleiben sollen, ohne diese Geste von ihm zu brauchen.« Tim seinerseits sagte sehr wenig: »Der Wettbewerb war ganz anders als das reale Leben. Das war die intensivste Erfahrung, die ich je gemacht habe. Wir hatten noch nicht einmal Zeit, wütend aufeinander zu sein. Wir haben einfach eine Aufgabe nach der anderen abgehakt.«

Sowohl Karen als auch Tim vergaßen, eine wichtige Tatsache zu erwähnen: Tim bekam vor einem gemeinsamen Bungeesprung kalte Füße und war kurz davor, aus dem Wettbewerb auszusteigen. Obwohl Karen ihm gut zuredete und ihm versicherte, dass sie mit ihm zusammen springen würde, sträubte er sich. Das ging so weit, dass er seine gesamte Ausrüstung ablegte und drauf und dran war wegzugehen. Schließlich brachte er doch den Mut auf, sich der Herausforderung zu stellen. Wegen dieses Zögerns verloren sie ihre Führung.

Die Paarbindungstheorie lehrt uns, dass Karens zentrale Annahme falsch ist, sie könne und solle ihre emotionalen Bedürfnisse steuern und sich bei Stress selbst beruhigen. Sie nahm an, das Problem bestehe darin, dass sie emotional zu bedürftig war. Die Forschung belegt genau das Gegenteil. Wenn wir eine Beziehung eingehen, wird unser Gehirn so verdrahtet, dass es die Unterstützung des Partners und also dessen psychische und physische Nähe sucht. Wenn der

Partner uns nicht beruhigt, sind wir darauf programmiert, das Nähe suchende Verhalten fortzusetzen, bis unser Wunsch erfüllt wird. Wenn Karen und Tim das gewusst hätten, hätte sie sich nicht für ihr Bedürfnis geschämt, in der extrem belastenden Situation eines landesweit ausgestrahlten Fernsehwettbewerbs seine Hand zu halten. Und Tim wäre klar gewesen, dass die einfache Geste, Karens Hand zu nehmen, ihnen den Extrakick hätte geben können, den sie zum Gewinnen gebraucht hätten. Wenn er begriffen hätte, dass er, wenn er sofort auf ihr Bedürfnis eingegangen wäre, anschließend weniger Zeit zum »Feuerlöschen« hätte aufwenden müssen – das notwendig geworden war, weil ihre Anspannung sich ins Unermessliche gesteigert hatte –, hätte er ihre Hand vielleicht schon genommen, als er merkte, dass sie Angst bekam, statt zu warten, dass sie ihn darum bat. Und wenn Tim bei dem Bungeesprung Karens Zuspruch bereitwilliger angenommen hätte, hätte er die Aufgabe wahrscheinlich eher hinter sich gebracht.

Die Bindungstheorie lehrt uns, dass die meisten Menschen emotional nur so bedürftig sind wie ihre unbefriedigten Bedürfnisse. Wenn ihre emotionalen Bedürfnisse befriedigt sind, und zwar je früher desto besser, richten sie ihre Aufmerksamkeit gewöhnlich wieder auf die Außenwelt. In der Bindungsliteratur wird das manchmal als »Abhängigkeitsparadox« bezeichnet: Je effizienter die Bedürfnisse von abhängigen Menschen befriedigt werden, desto unabhängiger und wagemutiger werden sie. Karen und Tim hatten es nicht verstanden, ihre emotionale Bindung zu ihrem Vorteil einzusetzen.

Wir sind schon weit gekommen (aber nicht weit genug)

Dass Karen sich den Vorwurf macht, emotional zu abhängig zu sein, und Tim seine Rolle als Bezugsperson verkennt, ist eigentlich keine Überraschung und auch nicht die Schuld der beiden. Denn wir leben in einer Kultur, die elementare Bedürfnisse nach Nähe, Zusammengehörigkeit und insbesondere Abhängigkeit zu verachten scheint und die Unabhängigkeit in den Himmel hebt. Wir neigen dazu, diese Einstellung für die allein selig machende Wahrheit zu halten – zu unserem Schaden.

Die irrige Überzeugung, alle Menschen sollten emotional autark sein, ist nicht neu. Es ist noch nicht allzu lange her, dass man in westlichen Gesellschaften glaubte, Kinder würden zu glücklicheren Erwachsenen werden, wenn sie sich selbst überlassen blieben und lernten, ihr seelisches Gleichgewicht aus eigenen Kräften wiederherzustellen. Dann kam die Bindungstheorie und stellte diese Einstellungen auf den Kopf – zumindest in Bezug auf Kinder. In den 1940er-Jahren warnten die Experten, durch das »Verhätscheln« züchte man emotional bedürftige und unsichere Kinder heran, die zu emotional ungesunden und fehlangepassten Erwachsenen würden. Den Eltern wurde geraten, ihre Kinder nicht mit zu viel Aufmerksamkeit zu überschütten, sie stundenlang weinen zu lassen und sie an festgelegte Essenszeiten zu gewöhnen. Kinder in Krankenhäusern wurden von ihren Eltern getrennt und konnten von diesen nur hinter einem Glasfenster »besucht« werden. Behörden nahmen beim kleinsten Anzeichen von Schwierigkeiten Kinder aus ihrem Zuhause heraus und gaben sie in Pflegefamilien.

Generell herrschte die Überzeugung vor, zwischen Eltern und ihren Kindern solle eine angemessene Distanz bestehen und körperliche Zuwendung sparsam verteilt werden. In einem populären Elternratgeber aus den 1920er-Jahren mit dem Titel *Psychological Care of Infant and Child* warnte John Broadus Watson vor den Gefahren von »zu viel mütterlicher Liebe« und widmete das Buch »der ersten Mutter, die ein glückliches Kind großzieht«. Als solches Kind galt ein selbständiges, angstfreies, eigenverantwortliches, anpassungsfähiges und Probleme lösendes Wesen, das nur bei körperlichem Schmerz weint, ins Arbeiten und Spielen vertieft ist und weder an einen Ort noch an einen Menschen eine besondere Bindung hat.

Vor der bahnbrechenden Arbeit von Mary Ainsworth und John Bowlby, die in den 1950er- und 1960er-Jahren die Bindungstheorie entwickelten, wollten die Psychologen nicht wahrhaben, wie wichtig die Bindung zwischen Eltern und Kind ist. Die Bindung eines Kindes an seine Mutter galt als Nebenprodukt der Tatsache, dass sie es fütterte und versorgte; man nahm an, das Kind lerne auf diese Weise, seine Mutter mit seinem leiblichen Wohl zu assoziieren, und suche deshalb ihre Nähe. Bowlby jedoch beobachtete, dass Kleinkinder, deren Ernährungsbedürfnisse vollständig befriedigt wurden, denen aber eine Bindungsfigur fehlte (wie es etwa bei Kleinkindern der Fall war, die in Heimen groß wurden oder während des Zweiten Weltkriegs verschleppt wurden), sich nicht normal entwickelten. Ihre körperliche, intellektuelle, emotionale und soziale Entwicklung war beeinträchtigt. Die Studien von Ainsworth und Bowlby machten deutlich, dass die Verbindung zwischen Kleinkind und Bezugsperson für das Überleben des Kindes genauso wichtig ist wie Essen und Trinken.

Nicht nur Kinder haben Bindungsbedürfnisse

Bowlby hatte immer behauptet, Bindung sei das *ganze Leben hindurch* ein unerlässlicher Bestandteil menschlichen Verhaltens. Dann entdeckte Mary Main, dass sich auch Erwachsene Bindungskategorien zuordnen lassen; ausschlaggebend war hier, wie sie sich an die frühe Beziehung zu ihren Betreuungspersonen erinnerten, was sich auf ihr späteres Verhalten als Eltern auswirkte. Unabhängig von Mary Main stellten auch Cindy Hazan und Phillip Shaver fest, dass Erwachsene in Liebesbeziehungen einen charakteristischen Bindungsstil aufweisen. Das entdeckten sie, nachdem sie in der Zeitung *Rocky Mountain News* ein »Liebesquiz« veröffentlicht hatten. Darin wurden die Teilnehmer gebeten, unter den folgenden drei Aussagen diejenige anzukreuzen, die ihre Gefühle und Einstellungen in Beziehungen am besten beschrieb. Die drei Aussagen entsprachen den drei Bindungsstilen und lauteten:

- Ich finde es relativ leicht, anderen emotional nahezukommen, und habe keine Schwierigkeiten damit, dass ich von ihnen abhängig bin, und sie von mir. Ich mache mir selten Gedanken darüber, dass ich verlassen werden könnte oder jemand mir zu nahe kommt. (Indikator für den sicheren Bindungsstil)

- Mir ist es irgendwie unangenehm, anderen nah zu sein; ich finde es schwierig, ihnen vollkommen zu vertrauen und zuzulassen, dass ich von ihnen abhängig sein könnte. Ich bin unruhig, wenn jemand mir zu nahekommt, und meine Partner wünschen sich oft, ich würde mehr Nähe zu ihnen herstellen, als mir angenehm ist. (Indikator für den vermeidenden Bindungsstil)
- Ich finde, dass andere zögern, mir so nahezukommen, wie ich es gerne hätte. Ich habe oft Angst, dass mein Partner mich nicht richtig liebt oder nicht mit mir zusammenbleiben will. Ich möchte vollkommen mit dem anderen verschmelzen, und dieser Wunsch schreckt Menschen manchmal ab. (Indikator für den ängstlichen Bindungsstil)

Interessanterweise stellte sich heraus, dass die Bindungsstile bei den Erwachsenen ähnlich verteilt waren wie bei den Kleinkindern: Die meisten von denen, die auf das Quiz antworteten, gehörten der Kategorie »sicher« an, die Übrigen teilten sich in Ängstliche und Vermeidende. Die Forscher fanden auch heraus, dass jeder Stil mit ganz unterschiedlichen und charakteristischen Überzeugungen und Verhaltensweisen einherging, was die eigene Person, den Partner, Beziehungen und Nähe allgemein betraf.

Weitere Studien durch Hazan, Shaver und andere konnten diese Ergebnisse bestätigen. Wie Bowlby vermutet hatte, spielten Bindungen offenbar das ganze Leben hindurch eine wichtige Rolle. Allerdings können Erwachsene eher abstrahieren, sodass unser Bedürfnis nach der konstanten körperlichen Anwesenheit der Bezugsperson vorübergehend durch das Wissen ersetzt werden kann, dass sie psychisch und emotional für uns erreichbar ist. Aber unter dem Strich ergibt sich, dass das Bedürfnis nach enger Verbundenheit und der Sicherheit, dass der Partner für uns da ist, das ganze Leben hindurch eine wichtige Rolle spielt.

Aber genauso wie in der Vergangenheit ignoriert wurde, wie wichtig die Eltern-Kind-Bindung ist, wird heute die Bedeutung der Paarbindung unterschätzt. Hier herrscht immer noch die Auffassung vor, zu viel Abhängigkeit in einer Beziehung sei schlecht.

Der Mythos von der Co-Abhängigkeit

Die Co-Abhängigkeitsbewegung und andere momentan populäre Selbsthilfephilosophien schildern Beziehungen auf eine Art, die stark den Ansichten gleicht, die in der ersten Hälfte des 20. Jahrhunderts über die Kind-Eltern-Bindung verbreitet waren. (Denken Sie an das »glückliche Kind«, das frei von unnötigen Bindungen ist.) Heute lauten die Ratschläge der Experten in etwa so: Ihr Glücksempfinden sollte von innen kommen und nicht von Ihrem Liebhaber oder Partner abhängen. Er ist nicht für Ihr Wohlbefinden verantwortlich, und Sie nicht für seins. Jeder muss selbst für sich sorgen. Außerdem sollten Sie lernen, Ihren inneren Frieden nicht von dem Menschen durcheinanderwirbeln zu lassen, der Ihnen am nächsten steht. Wenn Ihr Partner etwas tut, das Sie verunsichert, sollten Sie in der Lage sein, sich emotional aus der Situation herauszuziehen, »sich auf sich selbst zu konzentrieren« und gelassen zu bleiben. Wenn Sie das nicht schaffen, stimmt möglicherweise etwas nicht mit Ihnen. Vielleicht sind Sie zu sehr mit dem anderen verstrickt, mit anderen Worten »co-abhängig«, und müssen lernen, Ihre »Grenzen« zu setzen.

Diese Ansicht beruht auf der Vorstellung, die ideale Beziehung finde zwischen zwei autarken Personen statt, die sich auf reife, respektvolle Weise zusammentun und dabei klare Grenzen behalten. Wenn Sie von Ihrem Partner zu stark abhängig werden, haben Sie irgendeine Macke, und man rät Ihnen, an sich zu arbeiten, damit Sie »erkennbarer« werden und »mehr Selbstwertgefühl« bekommen. Im schlimmstmöglichen Szenario *brauchen* Sie Ihren Partner, was mit einem »Süchtigsein« nach ihm gleichgesetzt wird – und eine Sucht ist, wie wir alle wissen, eine gefährliche Angelegenheit.

Obwohl die Lehren der Co-Abhängigkeitsbewegung nach wie vor hilfreich sind, wenn es um Familienangehörige geht, die Drogen missbrauchen (für diesen Bereich war sie ursprünglich gedacht), kann ihre undifferenzierte Anwendung auf Beziehungen irreführend und sogar schädlich sein. Karen, die sich dafür schämt, Händchenhalten zu wollen, war von diesen Theorien beeinflusst. Die Biologie indes erzählt eine ganz andere Geschichte.

Zahlreiche Studien belegen, dass eine physiologische Einheit entsteht, sobald wir uns an jemanden binden. Unser Partner reguliert unseren Blutdruck, den Herzschlag, die Atmung und den Spiegel der Hormone in unserem Blut. Wir sind keine getrennten Einheiten mehr. Die Abgrenzung, die heute von den meisten populären psychologischen Ratgebern über Paarbeziehungen gepredigt wird, ist aus biologischer Sicht nicht haltbar. Die Abhängigkeit ist ein Fakt; wir können uns nicht für oder gegen sie entscheiden oder eine Vorliebe äußern.

Eine von Dr. James Coan durchgeführte Studie ist in dieser Hinsicht besonders erhellend. Er leitet das Affective Neuroscience Laboratory (»Labor für Neurowissenschaften der Affekte«) an der University of Virginia und erforscht, wie enge soziale Beziehungen und größere soziale Netzwerke unsere emotionalen Reaktionen steuern. In der hier angesprochenen Studie, die er zusammen mit Richard Davidson und Hillary Schaefer durchführte, scannte er mit Hilfe der funktionalen Magnetresonanztomographie das Gehirn verheirateter Frauen. Während sie gescannt wurden, simulierten Dr. Coan und seine Kollegen eine stressauslösende Situation: Sie teilten den Frauen mit, sie würden einen sehr leichten Elektroschock bekommen.

Normalerweise wird unter stressreichen Bedingungen der Hypothalamus aktiv, und tatsächlich geschah das bei den Frauen, wenn sie allein auf den Stromschlag warteten – ihr Hypothalamus leuchtete auf. Anschließend wurden die

Frauen getestet, während sie beim Warten die Hand eines Fremden hielten. Jetzt zeigten die Hirnscans eine leicht verringerte Aktivität im Hypothalamus. Und wenn die Ehemänner ihren Frauen die Hand hielten? Dann fiel der Rückgang sehr viel dramatischer aus – der Stress war kaum nachweisbar. Außerdem waren die Frauen, die vom Händchenhalten mit dem Ehemann am meisten profitierten, diejenigen, die angaben, in ihrer Ehe besonders zufrieden zu sein – aber darauf kommen wir später zurück.

Die Studie belegt, dass zwei Menschen, die eine enge Beziehung haben, wechselseitig ihr psychisches und emotionales Wohlbefinden regulieren. Die körperliche Nähe und Verfügbarkeit des Partners beeinflusst die Stressreaktion. Wie also kann von uns erwartet werden, dass wir uns stark von unserem Partner abgrenzen, wenn zentrale biologische Funktionen in einem solchen Ausmaß von ihm beeinflusst werden?

Karen jedenfalls hatte offenbar instinktiv begriffen, wie heilsam es war, wenn sie bei Stress die Hand ihres Partners hielt. Leider schwenkte sie später auf die weit verbreitete falsche Vorstellung ein, indem sie ihren Instinkt als eine Schwäche betrachtete, als etwas, für das sie sich schämen musste.

Das »Abhängigkeitsparadox«

Lange bevor die Technologie der bildgebenden Verfahren entwickelt war, erkannte John Bowlby, dass unser Bedürfnis nach jemandem, mit dem wir unser Leben teilen können, zu unserer genetischen Ausstattung gehört und nichts mit dem Grad zu tun hat, zu dem wir uns selbst lieben oder unser Leben für erfüllt halten. Er entdeckte, dass starke und manchmal unkontrollierbare Kräfte ins Spiel kommen, sobald wir einen bestimmten Menschen für uns zu etwas Besonderem machen. Neue Verhaltensmuster werden auch *gegen* unseren bewussten Willen wirksam. Sobald wir einen Partner wählen, stellt sich nicht mehr die Frage, ob es Abhängigkeit gibt oder nicht. *Diese ist unausweichlich.* Eine elegante Koexistenz, der das unangenehme Gefühl der Verwundbarkeit und die Angst vor Verlust fehlen, klingt zwar gut, entspricht aber nicht unserer Biologie. Im Verlauf der Evolution hat es sich als bedeutender Überlebensvorteil erwiesen, wenn ein Menschenpaar zu einer physiologischen Einheit wurde. Das bedeutet: Wenn sie reagiert, reagiere ich auch, und wenn er sich aufregt, bringt das auch mich aus der Ruhe. Der andere ist ein Teil von mir, und ich werde alles tun, um ihn zu retten; das intensive Interesse am Wohl des anderen wird für beide Partner zu einem wichtigen Überlebensvorteil.

Obwohl Menschen je nach ihrem Beziehungstyp unterschiedlich mit diesen starken Kräften umgehen – die Sicheren und Ängstlichen nehmen sie gern an, die Vermeidenden würden sie am liebsten unterdrücken –, sind alle drei Typen darauf programmiert, sich mit einem Menschen zusammenzutun, der für sie etwas Besonderes ist. Tatsächlich belegt eine Reihe von Experimenten, dass auch der vermeidende Beziehungstyp Bindungsbedürfnisse hat, die er allerdings aktiv unterdrückt (siehe Kapitel 6).

Bedeutet das, dass wir und unser Partner wie siamesische Zwillinge immer zusammen sein oder andere Aspekte unseres Lebens, etwa den Beruf oder Freunde, aufgeben müssen, wenn wir in einer Beziehung glücklich sein wollen? Paradoxerweise ist das Gegenteil der Fall! Unsere Fähigkeit, selbständig in die Welt hinauszugehen, rührt nämlich oft von dem Wissen her, dass wir jemanden zur Seite haben, auf den wir uns verlassen können – das ist das »Abhängigkeitsparadox«. Seine Logik ist auf den ersten Blick schwer nachvollziehbar. Wieso können wir dadurch unabhängiger handeln, dass wir von einem anderem vollkommen abhängig sind? Wenn wir die zentrale These der Paarbindungstheorie in einem Satz beschreiben sollten, würde er lauten: Wenn Sie den Weg zu Unabhängigkeit und Glück einschlagen wollen, dann finden Sie den richtigen Menschen, von dem Sie abhängig sein wollen, und gehen Sie den Weg mit ihm. Wenn Sie das begreifen, haben Sie den Kern der Bindungstheorie verstanden. Lassen Sie uns, um dieses Prinzip zu veranschaulichen, noch einmal einen Blick auf die Kindheit werfen, mit der die Bindungstheorie sich zuerst beschäftigt hat. Obwohl die Klassifikation der Bindungsstile von Kindern und Erwachsenen sich nicht eins zu eins deckt, macht nichts diesen Gedanken deutlicher als ein Experiment, das Fachleute die »Fremde Situation« nennen.

Die Fremde Situation

Sarah und ihre zwölf Monate alte Tochter Kimmy betreten einen Raum voller Spielsachen. Eine freundliche junge Forschungsassistentin erwartet sie dort und wechselt mit beiden ein paar Worte. Kimmy fängt an, dieses unbekannte Spielzeugparadies zu erkunden – sie krabbelt herum, nimmt verschiedene Spielzeuge in die Hand, wirft sie auf den Boden und prüft, ob sie rasseln, rollen oder blinken, während sie von Zeit zu Zeit einen Blick auf ihre Mutter wirft.

Dann wird Kimmys Mutter gebeten, den Raum zu verlassen; sie steht auf und geht still hinaus. Sobald Kimmy merkt, was geschehen ist, wird sie unruhig. Sie schluchzt und krabbelt so schnell sie kann zur Tür. Sie ruft nach ihrer Mutter und schlägt gegen die Tür. Die Forschungsassistentin versucht, Kimmy für eine Kiste mit bunten Bausteinen zu interessieren, aber das bringt Kimmy nur noch mehr aus der Fassung; einen der Bausteine wirft sie der Forschungsassistentin ins Gesicht.

Als die Mutter nach kurzer Zeit den Raum wieder betritt, stürzt Kimmy ihr entgegen und streckt ihr die Arme entgegen, um hochgenommen zu werden. Die beiden umarmen sich, und Sarah beschwichtigt ruhig ihre Tochter. Kimmy hält ihre Mama ganz fest und hört auf zu weinen. Als sie sich wieder wohlfühlt, erwacht ihr Interesse an den Spielsachen erneut, und sie kehrt zu ihrer vorher abgebrochenen Beschäftigung zurück.

Das Experiment, an dem Sarah und Kimmy teilgenommen haben, ist die wahrscheinlich wichtigste Studie im Feld der Bindungstheorie: die sogenannte *Fremde Situation* (die wir hier in einer verkürzte Version beschrieben haben). Mary Ainsworth war fasziniert davon, wie der Erkundungsdrang von Kindern – ihre Fähigkeit, zu spielen und zu lernen – durch die An- oder Abwesenheit der Mutter angeregt oder unterdrückt werden kann.

Ainsworth fand heraus, dass eine im Raum anwesende Bezugsperson ausreicht, damit ein Kind in eine fremde Umgebung hinausgeht und diese selbstbewusst erkundet. Die Bezugsperson wird als *sichere Basis* bezeichnet. Damit ist das Wissen gemeint, dass Sie jemanden im Rücken haben, der Sie unterstützt, auf den Sie sich bei Bedarf hundertprozentig verlassen können und der für Sie da ist. Eine sichere Basis ist eine Voraussetzung für die Fähigkeit des Kindes, seine Umwelt zu erkunden, sich zu entwickeln und zu lernen.

Eine sichere Basis für Erwachsene

Als Erwachsene spielen wir zwar nicht mehr mit Bauklötzen, aber auch wir müssen in die Welt hinausgehen und mit neuen Situationen und schwierigen Herausforderungen fertig werden. Wir wollen am Arbeitsplatz unser Bestes geben, unsere Hobbys genießen und uns mit möglichst viel Einfühlungsvermögen um unsere Kinder und unseren Partner kümmern. Wenn wir uns sicher fühlen – wie das Kleinkind in der »Fremden Situation«, wenn die Mutter anwesend ist –, liegt uns die Welt zu Füßen. Wir können Risiken eingehen, kreativ sein und unsere Träume verfolgen. Und wenn dieses

Sicherheitsgefühl fehlt? Wenn wir nicht sicher sind, ob der Mensch, der uns am nächsten steht – unser Partner –, wirklich an uns glaubt, uns unterstützt und für uns da sein wird, wenn wir ihn brauchen? Dann fällt es uns sehr viel schwerer, unsere Ziele im Auge zu behalten und uns auf das Leben einzulassen. Wie die Babys in der »Fremden Situation« können wir unsere Aufmerksamkeit auf all die Aspekte des Lebens richten, die es lebenswert machen, wenn unser Partner absolut zuverlässig ist und uns das Gefühl vermittelt, dass wir sicher und geborgen sind, und er vor allem weiß, wie er in schwierigen Phasen unser seelisches Gleichgewicht wiederherstellen kann.

Brooke Feeney, die das Relationship Lab an der Carnegie Mellon University leitet, hat gezeigt, wie eine sichere Basis in Paarbeziehungen funktioniert. Dr. Feeney interessiert sich besonders dafür, wie das Geben und Nehmen von Unterstützung zwischen den Partnern abläuft. In einer ihrer Studien bat Dr. Feeney Paare darum, ihre persönlichen Ziele und ihre Möglichkeiten, Neues kennenzulernen, unter Laborbedingungen zu besprechen. Wenn die Teilnehmer das Gefühl hatten, dass der Partner ihre Ziele unterstützte, berichteten sie nach dem Gespräch von mehr Selbstbewusstsein und einer besseren Stimmung. Die Wahrscheinlichkeit, dass sie ihre Ziele erreichen würden, schätzten sie nach der Unterhaltung höher ein als zuvor. Teilnehmer dagegen, die das Gefühl hatten, dass ihr Partner ihnen etwas aufdrängen wollte und/oder sie weniger unterstützte, waren weniger aufgeschlossen dafür, ihre Ziele zu diskutieren, prüften nicht selbstbewusst die Möglichkeiten, diese Ziele zu erreichen, und neigten dazu, im Verlauf des Gesprächs ihre Ziele herunterzuschrauben.

Kommen wir noch einmal zurück auf Karen und Tim, das Paar aus der Realityshow: In vielerlei Hinsicht entspricht ihre Erfahrung der für Kleinkinder konzipierten Fremden Situation. Ähnlich wie Kimmy nach ihrer Mutter verlangte, brauchte Karen zur Ermutigung Tims Hand, bezog Tim Kraft aus Karens Zuspruch. Ähnlich wie Kimmy, die nach ihrer abwesenden Mutter rief, setzte auch Karen ein Protestverhalten ein – sie wollte nicht weitermachen, bis Tim ihre Hand hielt. Beide brauchten die Beruhigung durch ihre Bezugsperson, bevor sie sich auf andere Aufgaben konzentrieren konnten. Sobald ihre sichere Basis wiederhergestellt war, konnten sie zu anderen Aktivitäten zurückkehren.

Den richtigen Menschen finden, auf den Sie sich verlassen können

Was geschieht, wenn der Mensch, auf den wir uns am meisten verlassen – und von dem wir tatsächlich emotional und körperlich abhängig sind – seine Bindungsrolle nicht erfüllt? Immerhin überträgt unser Gehirn unserem Partner die Aufgabe, unsere sichere Basis zu sein, das heißt der Mensch, den wir als emotionalen Anker und sicheren Hafen benutzen und an den wir uns in Zeiten der Not wenden. Wir sind so programmiert, dass wir uns um seine emotionale Verfügbarkeit bemühen. Aber was geschieht, wenn er nicht durchgängig für uns verfügbar ist? In Dr. Coans fMRT-Experiment haben wir gesehen, dass der körperliche Kontakt zu einem Partner dazu beitragen kann, in einer belastenden Situation die Angst zu vermindern, und wir haben auch erfahren, dass diejenigen, die in ihren Beziehungen am zufriedensten waren, von der Unterstützung des Partners am meisten profitierten.

Andere Experimente haben noch weitreichendere Ergebnisse erbracht. Der Psychiater Brian Baker, der an der University of Toronto forscht, untersucht die psychiatrischen Aspekte von Herzkrankheiten und Bluthochdruck und insbesondere, wie eheliche Zwietracht und berufliche Anspannung den Blutdruck beeinflussen. In einer seiner Studien fand Dr. Baker heraus, dass bei leichtem Bluthochdruck eine befriedigende Ehe gut für Sie ist; dann profitieren Sie vom Zusammensein mit Ihrem Partner, denn es senkt den Blutdruck auf gesündere Werte. Wenn Sie dagegen mit Ihrer Ehe nicht zufrieden sind, erhöht der Kontakt mit dem Partner Ihren Blutdruck – er bleibt so lange hoch, wie Sie in seiner körperlichen Nähe sind! Die Folgerungen aus dieser Studie sind gravierend: Wenn unser Partner nicht in der Lage ist, unsere elementaren Bindungsbedürfnisse zu befriedigen, erleben wir eine chronische Unruhe und Anspannung, die uns für verschiedene Leiden anfälliger macht. In einer Liebesbeziehung mit jemandem, der keine sichere Basis für uns ist, verheizen wir nicht nur unser emotionales Wohlbefinden, sondern auch unsere körperliche Gesundheit.

Unser Partner hat also offenbar enormen Einfluss darauf, ob wir uns in der Welt entfalten können. Daran besteht kein Zweifel. Der Partner beeinflusst nicht nur, welche *Gefühle* wir zu uns selbst haben, sondern auch, wie stark wir an uns selbst *glauben* und ob wir versuchen, unsere Hoffnungen und Träume zu verwirklichen. Ein Partner, der die in uns angelegten Bindungsbedürfnisse befriedigt und sich wohl damit fühlt, unsere sichere Basis, unser Fluchtpunkt zu sein, kann uns helfen, seelisch und körperlich gesünder zu bleiben und länger zu leben. Ein Partner, der nicht zuverlässig verfügbar oder hilfsbereit ist, kann eine zutiefst demoralisierende und schwächende Erfahrung sein, die ganz buchstäblich unsere Entfaltung hemmen und unserer Gesundheit schaden kann. Wir wollen Ihnen in diesem Buch zeigen, wie Sie einen Partner finden, der zu Ihrer sicheren Basis wird, wie Sie einem bereits vorhandenen Partner helfen können, diese lebensverändernde Rolle zu übernehmen, und wie Sie selbst zu einem solchen Partner werden.

Das finden Sie in diesem Buch

Wie kann dieses Buch Ihnen helfen, an den richtigen Orten nach Liebe zu suchen oder eine bestehende Beziehung zu verbessern?

Im Anschluss an diese Einführung laden wir Sie ein, »die Ärmel hochzukrempeln«, direkt an die Arbeit zu gehen und Ihren Beziehungstyp zu ermitteln. Sogleich haben Sie Ihre charakteristische Beziehungs-DNA. Anschließend erfahren Sie, wie Sie den Beziehungstyp der Menschen in Ihrem Umfeld herausfinden können. Diese zentralen Kapitel zeigen Ihnen, welche Bedürfnisse Sie in einer Beziehung haben und wer diese Bedürfnisse befriedigen kann (und wer nicht). Dabei begleiten wir Sie Schritt für Schritt und geben Ihnen im Anschluss die Möglichkeit, Ihre neu erworbenen Fertigkeiten anzuwenden.

In Teil zwei wird jeder Beziehungstyp ausführlich dargestellt, und Sie bekommen ein besseres Gespür für die Mechanismen, die bei ihm am Werk sind. Möglicherweise sind diese Kapitel für Sie eine wahre Offenbarung, denn sie zeigen Ihnen Ihre eigenen Liebeserfahrungen und die Erfahrungen Ihrer Mitmenschen in einem völlig neuen Licht.

Teil drei könnte mit dem Warnhinweis »Vorsicht!« überschrieben sein. Hier erfahren Sie, welchen emotionalen Preis Sie zahlen, wenn Sie sich mit jemandem zusammentun, der ein völlig anderes Bedürfnis nach Nähe hat als Sie. Wir schildern die charakteristischen Probleme eines Paares, das aus einem ängstlichen und einem vermeidenden Partner besteht, und sagen Ihnen, was es Sie kostet, in einer solchen Beziehung zu bleiben. Wenn Sie schon fest in einer solchen Beziehung sind und wollen, dass sie funktioniert, wird Teil drei Sie bei Ihren Bemühungen begleiten. Dadurch, dass Sie die spezifischen Bedürfnisse und Schwachstellen dieser Beziehungstypen kennenlernen und die auf das ängstlich-vermeidende Paar zugeschnittenen Tipps und Maßnahmen befolgen, werden Sie die Beziehung in einen sichereren Hafen manövrieren können. Für den Fall, dass Sie sich zu einer Trennung entschließen, beschreiben wir die Fallstricke, denen Sie begegnen werden und die Sie möglicherweise davon abhalten, Ihr Vorhaben bis zum Ende durchzuziehen. Außerdem geben wir hilfreiche Tipps, wie Sie den Trennungsschmerz überleben können.

Zu guter Letzt zapfen wir die Denkweise von Menschen mit sicherem Beziehungstyp an. Wir sagen Ihnen, wie Sie Ihrem neuen oder langjährigen Partner Ihre Botschaft so vermitteln können, dass er sie versteht. Wenn Sie diese Fertigkeit beherrschen, äußern Sie Ihre Bedürfnisse nicht nur klar, selbstbewusst und ruhig, sondern erhalten auch wertvolle Informationen über Ihren Partner. Die Art seiner Reaktion kann nämlich sehr aufschlussreich sein. Wir beschäftigen uns außerdem mit den fünf Strategien, die der sichere Beziehungstyp zur Konfliktlösung einsetzt, und stellen entsprechende Übungen vor, damit Sie beim nächsten Konflikt besser gerüstet sind. Für ängstliche und vermeidende Beziehungstypen können diese Kapitel zu einem Rettungsanker werden, der sie zu einer gesunden und erfüllenden Beziehung führt. Aber auch als sicherer Beziehungstyp lernen Sie womöglich ein paar neue Tricks, die langfristig Ihre Zufriedenheit in der Beziehung erhöhen. Dabei handelt es sich um universelle Fertigkeiten, mit denen sichere Zeitgenossen reibungsloser in ihrer Welt zurechtkommen.

Wir hoffen, dass Ihr Leben sich verändern wird, wenn Sie erfahren, wie das Bindungsräderwerk funktioniert und wie Sie es sinnvoll für sich nutzen können. Unser Leben hat es verändert.

Teil eins

Beziehungstypen entschlüsseln – Der Test

3
Schritt eins: Welcher Beziehungstyp bin ich?

Um die Bindungstheorie auf *Ihr* Leben anzuwenden, müssen Sie zuerst sich und andere aus der Bindungsperspektive kennenlernen. Im folgenden Kapitel zeigen wir Ihnen, wie Sie den Beziehungstyp Ihres (potenziellen) Partners anhand verschiedener Hinweise ermitteln können. Wenden wir uns aber zunächst dem Menschen zu, den Sie am besten kennen, und zwar Ihnen.

Welcher Beziehungstyp bin ich?

Der folgende Test gibt Aufschluss über Ihren Beziehungstyp – die Art und Weise, wie Sie sich in einer intimen Beziehung dem anderen gegenüber verhalten. Der Test beruht auf einem Bindungsfragebogen namens Experience in Close Relationship (ECR), der erstmals 1998 von Kelly Brennan, Catherine Clark und Phillip Shaver publiziert wurde – im

Übrigen der gleiche Shaver, der uns bereits durch das »Liebesquiz« bekannt ist, das er mit Cindy Hazan veröffentlicht hatte. Der ECR enthielt kurze präzise Fragen, die bestimmte Aspekte der Paarbindung anhand von zwei zentralen Dimensionen beleuchteten: Angst und Vermeidung. Später überarbeitete Chris Fraley von der University of Illinois zusammen mit Niels Waller und Kelly Brennan den Fragebogen und konzipierte den ECR-R. Wir stellen hier eine abgewandelte Form vor, von der wir meinen, dass sie für den Alltag am besten geeignet ist.

Beziehungstypen sind konstant, aber formbar. Wenn Sie Ihren Beziehungstyp kennen, verstehen Sie sich selbst besser und haben für den Umgang mit anderen eine Leitlinie bei der Hand, die im Idealfall zu glücklicheren Beziehungen führt.

Kreuzen Sie das Kästchen neben einer Aussage an, wenn diese auf Sie zutrifft. (Wenn die Aussage nicht auf Sie zutrifft, kreuzen Sie *nichts* an.)

	Stimmt		
	A	**B**	**C**
Ich mache mir oft Sorgen, dass mein Partner aufhören könnte, mich zu lieben.	❑		
Es fällt mir leicht, liebevoll mit meiner Partnerin umzugehen.		❑	
Ich befürchte, dass mein Partner mich nicht mehr mögen wird, wenn er mich so kennenlernt, wie ich wirklich bin.	❑		

	Stimmt		
	A	B	C
Ich stelle fest, dass ich nach einer Trennung ziemlich schnell wieder auf die Beine komme. Es ist verrückt, dass ich mir jemanden einfach so aus dem Kopf schlagen kann.			❑
Wenn ich keine Beziehung habe, bin ich unruhig; ich habe dann das Gefühl, unvollständig zu sein.	❑		
Es fällt mir schwer, meine Partnerin emotional zu unterstützen, wenn sie deprimiert ist.			❑
Wenn mein Partner nicht da ist, habe ich Angst, dass er sich für jemand anderen interessieren könnte.	❑		
Es macht mir nichts aus, von einem Liebespartner abhängig zu sein.		❑	
Meine Unabhängigkeit ist mir wichtiger als meine Beziehungen.			❑
Ich zeige meiner Partnerin lieber nicht, wie es in mir aussieht.			❑
Wenn ich meinem Partner zeige, was ich für ihn empfinde, habe ich Angst, dass er meine Gefühle nicht erwidert.	❑		
Ich bin mit meinen Liebesbeziehungen im Großen und Ganzen zufrieden.		❑	
Ich habe nicht das Bedürfnis, in meinen Liebesbeziehungen große Dramen zu veranstalten.		❑	
Ich denke viel über meine Beziehungen nach.	❑		
Es fällt mir schwer, von einem Liebespartner abhängig zu sein.			❑

	Stimmt		
	A	B	C
Ich neige dazu, mich sehr schnell an eine Partnerin zu binden.	❑		
Es fällt mir nicht besonders schwer, meinem Partner meine Bedürfnisse und Wünsche mitzuteilen.		❑	
Manchmal bin ich wütend oder ärgerlich auf meine Partnerin, ohne zu wissen, warum.			❑
Ich bin sehr empfänglich für die Stimmungen meines Partners.	❑		
Ich glaube, dass die meisten Menschen im Grunde ihres Herzens ehrlich und zuverlässig sind.		❑	
Ich ziehe den gelegentlichen Sex mit unverbindlichen Partnern dem vertrauten Sex mit einem Partner vor.			❑
Es macht mir nichts aus, meiner Partnerin meine innersten Gedanken und Gefühle mitzuteilen.		❑	
Ich habe Angst, dass ich nie mehr jemanden finden könnte, wenn mein Partner mich verlässt.	❑		
Ich werde nervös, wenn meine Partnerin mir zu nahekommt.			❑
Bei einem Konflikt neige ich dazu, impulsiv etwas zu sagen oder zu tun, das ich später bereue, statt das Problem vernünftig anzugehen.	❑		
Ein Streit mit meiner Partnerin veranlasst mich im Allgemeinen nicht dazu, die gesamte Beziehung in Frage zu stellen.		❑	

	Stimmt		
	A	B	C
Meine Partner wollen oft, dass ich mehr Nähe zu ihnen herstelle, als mir lieb ist.			❑
Ich mache mir Sorgen, dass ich nicht attraktiv genug bin.	❑		
Manchmal halten die Leute mich für langweilig, weil ich in Beziehungen keine Dramen veranstalte.		❑	
Ich vermisse meine Partnerin, wenn wir getrennt sind, aber wenn wir zusammen sind, würde ich am liebsten die Flucht ergreifen.			❑
Wenn ich mit jemandem nicht einer Meinung bin, macht es mir nichts aus, meine Ansicht zu äußern.		❑	
Ich hasse das Gefühl, dass andere von mir abhängig sind.			❑
Wenn ich merke, dass jemand, der mich interessiert, ein Auge auf andere potenzielle Partner wirft, lasse ich mich davon nicht aus der Fassung bringen. Mag sein, dass ich einen Stich Eifersucht spüre, aber das geht sehr schnell vorbei.		❑	
Wenn ich merke, dass jemand, der mich interessiert, ein Auge auf andere potenzielle Partner wirft, bin ich erleichtert – es bedeutet, dass er nicht auf eine Exklusivbeziehung mit mir aus ist.			❑
Wenn ich merke, dass jemand, der mich interessiert, ein Auge auf andere potenzielle Partner wirft, deprimiert mich das.	❑		

	Stimmt		
	A	B	C
Wenn jemand, mit dem ich mich ein paarmal verabredet habe, anfängt, sich kühl und distanziert zu verhalten, frage ich mich vielleicht, was passiert ist, aber ich weiß, dass es wahrscheinlich nichts mit mir zu tun hat.		❑	
Wenn jemand, mit dem ich mich ein paarmal verabredet habe, anfängt, sich kühl und distanziert zu verhalten, ist mir das wahrscheinlich egal; vielleicht bin ich sogar erleichtert.			❑
Wenn jemand, mit dem ich mich ein paarmal verabredet habe, anfängt, sich kühl und distanziert zu verhalten, mache ich mir Sorgen, dass ich etwas falsch gemacht habe.	❑		
Wenn meine Partnerin sich von mir trennen wollen würde, würde ich mein Möglichstes tun, um ihr zu zeigen, was ihr entgeht. (Ein bisschen Eifersucht kann nicht schaden.)	❑		
Wenn jemand, mit dem ich seit ein paar Monaten zusammen bin, mir sagt, dass er die Beziehung beenden möchte, bin ich zunächst verletzt, aber ich komme darüber hinweg.		❑	
Wenn ich in einer Beziehung bekomme, was ich will, weiß ich manchmal nicht mehr, was ich eigentlich will.			❑
Ich habe kein großes Problem damit, mit meinem Expartner in (rein platonischem) Kontakt zu bleiben – schließlich haben wir Vieles gemeinsam.		❑	

* In Anlehnung an den ECR-R-Bindungsfragebogen von Fraley, Waller und Brennan (2000).

Anzahl der angekreuzten Kästchen in Spalte A:___
Anzahl der angekreuzten Kästchen in Spalte B:___
Anzahl der angekreuzten Kästchen in Spalte C:___

Auswertung

Je mehr Aussagen Sie in einer Kategorie angekreuzt haben, desto ausgeprägter sind die Merkmale des entsprechenden Beziehungstyps bei Ihnen. Kategorie A entspricht dem *ängstlichen* Beziehungstyp, Kategorie B dem *sicheren* Beziehungstyp und Kategorie C dem *vermeidenden* Beziehungstyp.

Ängstlich: Sie sind Ihrem Partner gern besonders nah und können sehr offen sein. Aber oft haben Sie Angst, dass Ihr Partner nicht so viel Nähe möchte wie Sie. Häufig beansprucht die Beziehung einen großen Teil Ihrer emotionalen Energie. Kleine Stimmungsschwankungen und Änderungen im Verhalten Ihres Partners nehmen Sie sehr sensibel wahr, und obwohl Ihr Gespür oft richtig ist, nehmen Sie das Verhalten Ihres Partners zu persönlich. Sie wittern viele negative Emotionen in der Beziehung und geraten leicht aus der Fassung. Das führt dazu, dass Sie ausrasten und Dinge sagen, die Sie später bereuen. Wenn der Partner Ihnen jedoch viel Sicherheit und Geborgenheit bietet, legen Sie Ihre Besorgtheit ab und sind zufrieden.

Sicher: Für Sie ist es etwas ganz Natürliches, Ihrem Partner gegenüber herzlich und liebevoll zu sein. Sie genießen die Nähe, ohne sich um die Beziehung allzu große Sorgen zu machen. Die Liebe stellt Sie nicht vor Probleme, und bei Irritationen regen Sie sich nicht so leicht auf. Sie teilen Ihrem Partner Ihre Bedürfnisse und Gefühle mit und sind auch gut darin, die emotionalen Signale Ihres Partners zu deuten und auf sie zu reagieren. An Ihren Problemen lassen Sie Ihren Partner genauso teilhaben wie an Ihren Erfolgen und sind für ihn da, wenn er Sie braucht.

Vermeidend: Für Sie ist es sehr wichtig, unabhängig und autark zu bleiben, und oft ziehen Sie die Autonomie einer verbindlichen Beziehung vor. Obwohl Sie anderen nah sein wollen, ist zu viel Nähe Ihnen unangenehm; deshalb neigen Sie dazu, den Partner auf Abstand zu halten. Große Sorgen um die Beziehung oder die Angst vor Ablehnung sind Ihnen fremd. Sie neigen dazu, sich Ihrem Partner gegenüber nicht zu öffnen, was dazu führt, dass dieser Ihre emotionale Distanziertheit beklagt. In einer Beziehung suchen Sie oft extrem wachsam nach allen Anzeichen, die darauf hindeuten könnten, dass Ihr Partner Sie kontrollieren möchte oder einen Übergriff auf Ihr Territorium vorhat.

Und wenn ich mir noch nicht sicher bin?

Wenn Menschen etwas über Beziehungstypen hören, fällt es ihnen oft nicht schwer, ihren eigenen Typ zu erkennen. Manche sagen uns auf Anhieb: »Ich bin ein ängstlicher Typ«, »Ich bin eindeutig vermeidend«, oder: »Ich glaube, ich bin sicher.« Anderen fällt es schwerer, ihren Typ zu ermitteln. Wenn Sie bei mehr als einem Beziehungstyp eine hohe Punktzahl erreicht haben, hilft Ihnen vielleicht das Wissen weiter, dass im Grunde zwei Dimensionen den Beziehungstyp bestimmen:

- der Grad, zu dem Sie sich mit Verbindlichkeit und Nähe wohlfühlen (beziehungsweise der Grad, zu dem Sie beides am liebsten *vermeiden* würden),
- das Ausmaß Ihrer Angst, Liebe und Aufmerksamkeit Ihres Partners zu verlieren, und der Grad Ihrer Fixierung auf die Beziehung.

Brennan und seine Kollegen haben dazu eine Grafik entworfen, die wir sehr nützlich finden. Sie zeigt die Beziehungstypen gewissermaßen aus der Vogelperspektive und veranschaulicht, wo Ihr Beziehungstyp im Vergleich zu anderen einzuordnen ist. Ihre Position entlang der Achsen gibt Auskunft über Ihren Beziehungstyp.

Die zwei Beziehungsdimensionen

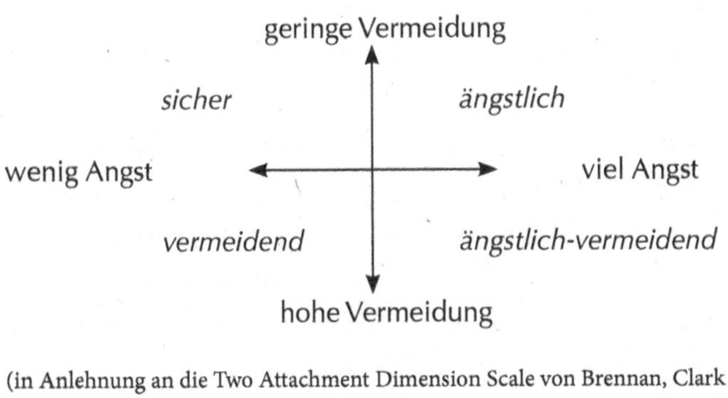

(in Anlehnung an die Two Attachment Dimension Scale von Brennan, Clark und Shaver)

- Wenn die Nähe zu Ihrem Partner/Ihrer Partnerin Ihnen angenehm ist (Sie Nähe also nicht vermeiden) und die Beziehung oder die Fähigkeit Ihres Partners, Ihre Liebe zu erwidern, Sie nicht permanent beschäftigt (Sie also wenig Angst haben), sondern mühelos mit der Beziehung klarkommen, sind Sie wahrscheinlich ein sicherer Beziehungstyp.
- Wenn Sie sich nach Verbindlichkeit und Nähe sehnen (also Nähe nicht vermeiden), aber Ihre Beziehungszukunft mit vielen Fragezeichen versehen und Kleinigkeiten im Verhalten Ihres Partners Sie schnell nervös machen (Sie also viel Angst um die Beziehung haben), sind Sie wahrscheinlich ein ängstlicher Beziehungstyp.
- Wenn Sie sich unwohl fühlen, wenn die Beziehung zu eng wird, und Sie Ihre Unabhängigkeit und Freiheit höher schätzen als die Beziehung (also Nähe eher vermeiden) und nicht dazu tendieren, sich um die Gefühle Ihres Partners oder seine Verbundenheit mit Ihnen viele Gedanken zu machen, sind Sie wahrscheinlich ein vermeidender Beziehungstyp.
- Wenn Nähe Ihnen unangenehm ist *und* Sie sich große Sorgen machen, ob Ihr Partner wohl für Sie da ist, liegt bei Ihnen eine seltene Kombination des ängstlichen mit dem vermeidenden Beziehungstyp vor. Nur ein geringer Prozentsatz der Bevölkerung fällt in diese Kategorie; wenn Sie zu ihr gehören, können Sie von unseren Informationen über den ängstlichen und den vermeidenden Beziehungstyp gleichermaßen profitieren.

Aus Kindermund

Wo kommen die Klassifikationen her? Interessanterweise kam man auf sie, als man das Verhalten von Kleinkindern beobachtete. Die Bindungsstile wurden zuerst von Forschern definiert, die sich ansahen, wie Kleinkinder (die normalerweise zwischen neun und achtzehn Monaten alt waren) sich in der Fremden Situation verhielten (dem auf S. 46 beschriebenen standardisierten Test, mit dem erfasst wird, wie das Kind nach einer stressauslösenden Trennung von der Bezugsperson auf diese reagiert, wenn sie wieder auftaucht).

Bei Kindern wurden die Bindungsstile anhand der nachfolgend beschriebenen Kriterien definiert; einige dieser Reaktionen lassen sich auch bei Erwachsenen mit dem entsprechenden Beziehungstyp erkennen.

Ängstlich: Diese Kinder sind extrem bekümmert, wenn die Mutter den Raum verlässt. Wenn sie wiederkommt, reagieren sie ambivalent – sie sind froh, sie zu sehen, gleichzeitig aber auch verärgert. Sie brauchen länger, bis sie wieder beruhigt sind, und selbst wenn das gelungen ist, hält es nicht an. Schon nach wenigen Augen blicken stoßen sie die Mutter wütend weg, werfen sich auf den Boden und brechen wieder in Tränen aus.

Sicher: Dieses Kind ist sichtlich traurig, wenn die Mutter den Raum verlässt. Wenn sie wiederkommt, freut es sich sehr und stürzt ihr entgegen, um sie zu begrüßen. Sobald es sich in ihrer Gegenwart wieder sicher fühlt, ist es schnell beschwichtigt, beruhigt sich und nimmt sein Spiel wieder auf.

Vermeidend: Wenn die Mutter den Raum verlässt, tut das Kind so, als sei nichts geschehen. Wenn sie wiederkommt, bleibt es gleichgültig, ignoriert sie und spielt ungerührt weiter. Aber das ist nur eine Fassade, die nicht die ganze Geschichte erzählt. Denn innerlich ist das Kind weder ruhig noch ausgeglichen. Forscher haben festgestellt, dass das Herz dieser Kinder genauso schnell schlägt wie das der Kinder, die ihren großen Kummer zeigen; auch bei dem Stresshormon Cortisol fanden sich hohe Werte.

4
Schritt zwei: Welcher Beziehungstyp ist mein Partner?

Den Beziehungstyp anderer Leute herauszufinden ist im Allgemeinen ein bisschen verzwickter, als den eigenen zu ermitteln. Erstens kennen Sie sich selbst am besten – Sie wissen nicht nur, wie Sie sich in einer Beziehung verhalten, sondern auch, was Sie fühlen und denken. Zweitens können Sie, um Klarheit zu bekommen, unseren Fragebogen ausfüllen. Aber in den Anfangsphasen einer Beziehung werden Sie wohl kaum einen Test aus der Tasche ziehen und anfangen, Ihr Gegenüber nach seinen früheren Beziehungen zu fragen. Zum Glück geben die meisten von uns alle einschlägigen Informationen preis, ohne sich dessen bewusst zu sein – allein durch das, was sie im Alltag ganz unbekümmert tun und sagen.

Die Kunst besteht darin zu wissen, wonach Sie suchen müssen, genau zu beobachten und gut zuzuhören. In Bindungsstudien bitten die Forscher die Probanden in ein Labor und fragen sie nach ihren Liebesbeziehungen. Die Einstellungen, die sie zu Verbindlichkeit und Nähe äußern, und das Ausmaß, zu dem sie sich mit der Beziehung beschäftigen, bestimmen ihren Beziehungstyp. Aber diese Informationen können Sie auch außerhalb des Labors bekommen, sobald Sie nur wissen, worauf Sie achten müssen.

Mit Ihrem Bindungswissen im Hintergrund werden Sie neue Bekannte mit anderen Augen sehen und, wenn Sie schon in einer Beziehung sind, Überraschendes über Ihren Partner erfahren.

Bei einer Verabredung mit einem potenziellen Partner denken Sie dann nicht mehr: »Mag er mich?«, sondern: »Ist das jemand, in den ich Gefühle investieren sollte? Ist er in der Lage, mir das zu geben, was ich brauche?« Wie die Beziehung sich weiter entwickelt, hängt dann davon ab, wie *Sie* sich entscheiden. Sie werden sich zum Beispiel fragen: »Zu wie viel Nähe ist dieser Mensch fähig? Sendet er widersprüchliche Signale aus, oder ist er aufrichtig an Nähe interessiert?« Dieses Kapitel gibt Ihnen eine Richtschnur an die Hand, mit der Sie nach und nach und mit zunehmender Übung immer besser lernen, den Beziehungstyp Ihres Gegenübers schon in den Anfangsphasen der Beziehung zu bestimmen. Denken Sie daran, dass Ihre Begeisterung für den anderen Ihre Objektivität gefährdet und Sie dazu tendieren lässt, ihn oder sie durch die rosarote Brille zu sehen. Alles, was nicht in dieses Kuschelbild hineinpasst, tritt dann in den Hintergrund. Dabei ist es gerade in der ersten Zeit des gegenseitigen Abtastens wichtig, *alle* auftauchenden Botschaften zu beachten und sich angstfrei mit ihnen zu beschäftigen. Das wiederum hilft Ihnen bei der Entscheidung darüber, ob diese Beziehung für Sie richtig ist, und sorgt dafür, dass sie sich positiv entwickelt.

Wenn Sie derzeit in einer Beziehung sind, haben Sie aufgrund des bisher Gesagten vielleicht schon eine Ahnung vom Beziehungstyp Ihres Partners – die Sie anhand der folgenden Seiten überprüfen können. Auch Ihre Gedanken nehmen jetzt eine andere Richtung. Statt zu fragen: »Warum schiebt er mich immer von sich weg?«, sagen Sie sich: »Es liegt gar nicht an mir – zu viel Nähe ist ihm einfach unangenehm.« Wenn Sie den Beziehungstyp Ihres Partners kennen, verstehen Sie besser, vor welchen charakteristischen Herausforderungen Sie als Paar stehen – und setzen so die Grundsätze der Bindungstheorie dazu ein, Ihre Beziehung zu verbessern.

Test: Bestimmen Sie den Beziehungstyp Ihres Partners

Der folgende Fragebogen hilft Ihnen, den Beziehungstyp Ihres (potenziellen) Partners zu ermitteln.

Der Fragebogen besteht aus drei Teilen. Jeder Teil beschreibt bestimmte Merkmale, die durch Beispiele veranschaulicht werden. *Bitte beachten Sie: Wenn das Merkmal grundsätzlich auf Ihren Partner zutrifft, vergeben Sie die höchste Punktzahl, also 3. Das tun Sie auch, wenn nur einer der angeführten Beispielsätze auf Ihren Partner zutrifft.* Lesen Sie die Beschreibung für ein Merkmal durch und entscheiden Sie dann auf der Basis all Ihrer Interaktionen und Gespräche mit Ihrem (potenziellen) Partner, ob diese Aussage auf ihn zutrifft. Je mehr sie zutrifft, desto mehr Punkte vergeben Sie; dabei gilt folgende Skalierung:

Schlüssel für die Punktevergabe

1. Trifft *überhaupt nicht* zu.
2. Trifft halbwegs zu.
3. Trifft *voll und ganz zu.*

Gruppe A

Punkte	Beschreibung
1 2 3	**1. Sendet widersprüchliche Signale aus.** • Wirkt distanziert und unnahbar, aber gleichzeitig verletzlich (was Sie für unwiderstehlich halten). • Ruft phasenweise viel an und dann wieder gar nicht. • Sagt Verbindlichkeit suggerierende Sätze wie: »Wenn wir zusammenziehen ...« und verhält sich dann so, als hätten Sie als Paar keine Zukunft.
1 2 3	**2. Legt sehr viel Wert auf seine/ihre Unabhängigkeit** – verachtet Abhängigkeit und »Bedürftigkeit«. • »Ich brauche viel Freiraum.« • »Meine Arbeit beansprucht so viel von meiner Energie, dass ich momentan in meinem Leben keinen Platz für eine ernsthafte Beziehung habe.« • »Ich könnte nie mit jemandem zusammen sein, der nicht in jeder Hinsicht selbstständig ist.«

Punkte	Beschreibung
1 2 3	**3. Wertet Sie** (oder frühere Partner) **ab** – und sei es im Scherz. • Macht Witze darüber, wie schlecht Sie im Landkartenlesen sind, oder wie »süß« es ist, dass Sie gut gepolstert sind. • Schildert, wie er oder sie zuvor schon Interesse an jemandem hatte, ihn oder sie dann aber wegen körperlicher Äußerlichkeiten nach ein paar Verabredungen zurückgewiesen hat. • Ist in einer früheren Beziehung fremdgegangen.
1 2 3	**4. Verwendet Distanzierungsstrategien –** emotionale und körperliche. • Hatte sechs Jahre eine Beziehung zu einem Partner, mit dem sie aber nicht zusammenlebte. • Geht zum Schlafen lieber nach Hause, hat lieber eine eigene Decke oder ein eigenes Bett. • Verbringt seinen Urlaub lieber allein. • Pläne bleiben im Ungewissen – wann Sie sich wiedersehen, ob Sie zusammenziehen werden. • Geht beim Bummeln oder Spazierengehen einen Schritt vor Ihnen.
1 2 3	**5. Betont in der Beziehung die Grenzen.** • Vermittelt Ihnen das Gefühl: »Das sind MEINE Freunde/Familienangehörigen – halt dich da raus!« • Möchte Sie nicht in seine/ihre Wohnung einladen, kommt lieber zu Ihnen.

Punkte	Beschreibung
1 2 3	**6. Hat eine überzogen romantische Ansicht davon, wie eine Beziehung sein sollte.** • Spricht davon, wie sehr er sich danach sehnt, eines Tages den perfekten Partner kennenzulernen. • Idealisiert eine frühere Beziehung, äußert sich aber nur verschwommen über das, was schiefgegangen ist. • »Ich weiß nicht, ob ich je wieder in der Lage sein werde, für jemanden das zu empfinden, was ich für meine/n Ex empfunden habe.«
1 2 3	**7. Misstrauisch – fürchtet, von einem Partner ausgenutzt zu werden.** • Ist sich sicher, dass neue Bekannte darauf aus sind, ihn unter Vorspiegelung falscher Tatsachen in eine Ehe zu lotsen. • Fürchtet, dass der Partner ihn finanziell ausnutzen wird.
1 2 3	**8. Hat eine starre Einstellung zu Beziehungen und kompromisslose Regeln** (an die Sie sich halten müssen). • Hat eine ausgeprägte Vorliebe für einen bestimmten »Typ« Partner: sehr gut aussehend oder sehr schlank oder blond zum Beispiel. • Ist sich sicher, dass es am besten ist, in getrennten Haushalten zu leben oder nicht zu heiraten. • Macht pauschale Aussagen wie: »Alle Frauen/Männer wollen dies und das«, oder: »Wenn man erst einmal verheiratet oder zusammengezogen ist, ändert der andere sich um 180 Grad.« • Unterhält sich nicht gerne am Telefon, auch wenn das Ihr wichtigster Weg ist, miteinander in Verbindung zu treten.

Punkte	Beschreibung
1 2 3	**9. Hat bei einem Streit das Bedürfnis, wegzugehen, oder »explodiert«.** • »Weißt du was, lass es einfach, ich will nicht darüber reden.« • Steht auf und geht wütend hinaus.
1 2 3	**10. Macht seine Absichten nicht deutlich – lässt Sie seine Gefühle erraten.** • Bleibt lange mit Ihnen zusammen, sagt aber nicht: »Ich liebe dich«. • Spricht davon, ein Jahr ins Ausland zu gehen, ohne zu erwähnen, was dann aus Ihnen beiden wird.
1 2 3	**11. Hat Schwierigkeiten, darüber zu reden, was zwischen Ihnen beiden los ist.** • Erzeugt eine so unbehagliche Atmosphäre, dass es Ihnen schwerfällt, die Frage nach der Zukunft der Beziehung überhaupt zu stellen. • Wenn Sie sagen, was Sie stört, kommt als Reaktion »Tut mir leid ...«, ohne dass die Angelegenheit weiter geklärt wird. • Bestimmte Themen sind tabu.

(Addieren Sie die Punkte für die Fragen 1–11)

Gesamtpunktzahl Gruppe A:______

Gruppe B

Punkte	Beschreibung
1 2 3	**1. Zuverlässig und gleichmäßig.** • Ruft an, wenn er sagt, er würde anrufen. • Macht Pläne und hält sich an sie. Wenn das nicht möglich ist, gibt er sofort Bescheid, entschuldigt sich und legt einen detaillierten alternativen Plan vor. • Nimmt ein Versprechen nicht zurück. Wenn er ein Versprechen nicht halten kann, erklärt er den Grund dafür.
1 2 3	**2. Trifft Entscheidungen mit Ihnen zusammen.** (nicht einseitig). • Bespricht Vorhaben, will nicht entscheiden, ohne zuvor Ihre Meinung gehört zu haben. • Macht Pläne, die Ihre Vorlieben berücksichtigen. Geht nicht davon aus, dass er es am besten weiß.
1 2 3	**3. Flexible Einstellung zu Beziehungen.** • Sucht nicht nach einem bestimmten Typ Partner, das heißt einem bestimmten Alter oder Aussehen. • Ist offen für unterschiedliche Arrangements – zum Beispiel zusammenzuziehen oder ein gemeinsames Konto zu haben, statt dass jeder seins behält. • Macht keine pauschalen Aussagen wie: »Alle Frauen/Männer wollen dies und das« oder: »Wenn man erst einmal verheiratet oder zusammengezogen ist, ändert der andere sich um 180 Grad.«

Punkte	Beschreibung
1 2 3	**4. Kann in der Beziehung gut kommunizieren.** • Macht es Ihnen leicht zu fragen, wie es um die Beziehung steht oder wie er Ihre gemeinsame Zukunft sieht (auch wenn die Antwort Ihnen nicht gefallen könnte). • Sagt Ihnen, wenn ihn etwas stört; flippt nicht aus und erwartet nicht, dass Sie es erraten.
1 2 3	**5. Kann bei Konflikten Kompromisse schließen.** • Tut sein Möglichstes, um zu verstehen, was Sie *wirklich* stört, und dieses Problem zu lösen. • Versucht bei einer Unstimmigkeit nicht, um jeden Preis zu beweisen, dass er recht hat.
1 2 3	**6. Hat keine Angst vor einer festen Bindung oder Abhängigkeit.** • Hat keine Angst, dass Sie versuchen, in sein Territorium einzudringen oder seine Freiheit zu beschneiden. • Hat keine Angst, dass Sie oder andere Partner versuchen, ihn mit unlauteren Mitteln in eine Ehe zu bugsieren, an sein Geld zu kommen, usw.
1 2 3	**7. Hält eine Beziehung nicht für harte Arbeit.** • Spricht nicht davon, dass eine Beziehung jede Menge Kompromisse und viel Arbeit verlangt. • Ist offen dafür, eine neue Beziehung zu beginnen, auch wenn die Umstände nicht ideal sind (etwa wenn der Beruf/das Studium viel Zeit beansprucht).

Punkte	Beschreibung
1 2 3	**8. Nähe erzeugt mehr Nähe (und nicht Distanz).** • Beruhigt Sie nach einem emotionalen oder für die Beziehung aufschlussreichen Gespräch und ist für Sie da. Bekommt keine kalten Füße! • Sagt Ihnen, wie viel Sie ihm bedeuten, wenn Sie miteinander geschlafen haben (nicht *nur*, wie gut der Sex war).
1 2 3	**9. Macht Sie von Anfang an mit Freunden und Familienangehörigen bekannt.** • Möchte Sie zu einem Teil seines Freundeskreises machen. Wird vielleicht nicht von sich aus vorschlagen, dass Sie seine Familie kennenlernen, aber wenn Sie ihn darum bitten oder ihm vorschlagen, Ihre Angehörigen kennenzulernen, wird er gern darauf eingehen.
1 2 3	**10. Äußert von sich aus seine Gefühle für Sie.** • Sagt Ihnen normalerweise von Anfang an, was er für Sie empfindet. • Verwendet großzügig die drei Worte »Ich liebe dich«.
1 2 3	**11. Spielt keine Spielchen.** • Lässt Sie nicht herumrätseln und versucht nicht, Sie eifersüchtig zu machen. • Rechnet nicht auf nach dem Motto: »Ich habe schon zwei Mal bei dir angerufen, jetzt bist du dran«, oder: »Du hast einen ganzen Tag gewartet, bis du wieder Kontakt zu mir aufgenommen hast, jetzt warte ich auch einen ganzen Tag.«

(Addieren Sie die Punkte für die Fragen 1–11)

Gesamtpunktzahl Gruppe B: ______

Gruppe C

Punkte	Beschreibung
1 2 3	**1. Möchte viel Nähe in der Beziehung.** • Ist schon früh in der Beziehung damit einverstanden, dass Sie zusammen in Urlaub fahren, zusammenziehen oder die gesamte Freizeit gemeinsam verbringen (auch wenn der Anstoß dazu nicht unbedingt von ihm kommt). • Möchte viel körperlichen Kontakt (Händchenhalten, streicheln, küssen).
1 2 3	**2. Äußert Unsicherheiten – hat Angst vor Ablehnung.** • Stellt Ihnen viele Fragen zu Ihren früheren Partnern, um einschätzen zu können, wo er im Vergleich dazu steht. • Versucht herauszufinden, ob Sie für Ihre/n Ex noch etwas empfinden. • Bemüht sich sehr, Ihnen zu gefallen. • Fürchtet, dass Sie nichts mehr für ihn empfinden oder das sexuelle Interesse an ihm verlieren könnten.
1 2 3	**3. Ist unglücklich, wenn er keine Beziehung hat.** • Sie spüren, dass er unbedingt eine Partnerin finden will, auch wenn er das nicht sagt. • Manchmal haben Sie bei einer Verabredung das Gefühl, bei einem Casting für die Position des »zukünftigen Ehemanns/der zukünftigen Ehefrau« zu sein.

Punkte	Beschreibung
1 2 3	**4. Spielt Spielchen, um Ihre Aufmerksamkeit/Ihr Interesse zu behalten.** • Tut distanziert und uninteressiert, wenn Sie ein paar Tage nicht angerufen haben. • Gibt vor, unerreichbar oder beschäftigt zu sein. • Versucht, bestimmte Situationen zu manipulieren, damit Sie mehr für ihn da oder stärker an ihm interessiert sind.
1 2 3	**5. Hat Schwierigkeiten zu äußern, was ihn stört. Erwartet, dass Sie es erraten.** • Erwartet, dass Sie aus subtilen Signalen schließen, dass er/sie sauer ist. (Dramatisiert, wenn das nicht funktioniert.)
1 2 3	**6. Flippt aus, statt zu versuchen, das Problem zu lösen.** • Droht im Verlauf eines Streits, die Beziehung zu beenden (ändert später aber seine Meinung). • Äußert seine Bedürfnisse nicht, reagiert aber ziemlich sauer, wenn sich Verletzungen angesammelt haben.
1 2 3	**7. Bezieht kaum etwas in der Beziehung nicht auf sich.** • Wenn Sie bis spätabends arbeiten müssen, während er/sie eine Party feiern will, interpretiert er/sie das als: »Du willst meine Freunde nicht treffen.« • Wenn Sie müde nach Hause kommen und nicht reden wollen, unterstellt er/sie: »Du liebst mich nicht mehr.«
1 2 3	**8. Lässt Sie in der Beziehung das Tempo bestimmen, um nicht verletzt zu werden.** • Sie rufen ihn an, er ruft Sie an. Sie sagen, Sie würden etwas für ihn empfinden, er sagt, er würde etwas für Sie empfinden (zumindest am Anfang). Will kein Risiko eingehen.

Punkte	Beschreibung
1 2 3	**9. Das gesamte Denken und Tun kreist besorgt um die Beziehung.** • Sie gehen am Ende einer Verabredung nach Hause und schlafen. Er geht nach Hause und verhackstückt jedes Detail der Verabredung mit Freunden. • Wenn Sie nicht zusammen sind, ruft er ständig an oder simst, *oder* er ruft überhaupt nicht an und wartet darauf, dass Sie anrufen (Abwehrstrategie). • Sie merken, dass er viel über die Beziehung nachdenkt.
1 2 3	**10. Hat Angst, dass Kleinigkeiten die Beziehung ruinieren könnten; meint, er müsse sich anstrengen, um für Sie interessant zu bleiben.** • Macht Bemerkungen wie: »Ich hab dich heute schon so oft angerufen, ich habe Angst, dass du mich bald satthast.« • »Ich habe mich bei deiner Familie nicht von meiner besten Seite gezeigt, jetzt werden sie mich sicher nicht leiden können.«
1 2 3	**11. Argwöhnt, dass Sie untreu sein könnten.** • Verschafft sich Ihr Passwort und checkt Ihre E-Mails. • Verfolgt extrem wachsam, was Sie tun und lassen. • Durchsucht Ihre Siebensachen nach Beweisen.

(Addieren Sie die Punkte für die Fragen 1-11)

Gesamtpunktzahl Gruppe C: ______

Auswertungsschlüssel

1. 11-17 Punkte: Sehr niedrig. Dieser Beziehungstyp ist Ihr Partner definitiv nicht.
2. 18-22 Punkte: Durchwachsen. Eine Tendenz zu diesem Beziehungstyp besteht.
3. 23-33 Punkte: Hoch. Ihr Partner ist eindeutig dieser Beziehungstyp.

Als Faustregel gilt: Je höher die Punktzahl, desto ausgeprägter ist die Tendenz zu diesem Typ. Bei 23 oder mehr Punkten liegt mit hoher Wahrscheinlichkeit ein einziger Beziehungstyp vor. Falls sich bei *zwei* Beziehungstypen eine hohe Punktzahl ergibt, bestehen große Chancen, dass es sich um den vermeidenden und den ängstlichen Stil handelt. Einige Merkmale dieser beiden Stile sind nach außen hin ähnlich (auch wenn sie auf ganz unterschiedlichen Einstellungen zur Paarbeziehung beruhen). Gehen Sie in diesem Fall zu den »Goldenen Regeln« auf S. 85 weiter, um zu einer eindeutigeren Beurteilung zu gelangen.

23 oder mehr Punkte in Gruppe A: Es sieht so aus, als wäre Ihr (potenzieller) Partner ein vermeidender Beziehungstyp. Das bedeutet, dass Sie Nähe und Verbindlichkeit nicht für selbstverständlich halten können. Ein sicherer oder ängstlicher Partner hat von sich aus den Wunsch nach Nähe; dem vermeidenden Beziehungstyp fehlt dieses elementare Verlangen. Er hat zwar das Bedürfnis nach einer Beziehung und nach Liebe – schließlich besitzt auch sein Gehirn den elementaren Impuls, auf eine Bindung hinzuarbeiten –, aber er hat tendenziell das Gefühl zu ersticken, wenn die Beziehung zu eng wird. Interaktionen und Gespräche im Alltag, egal ob es darum geht, welches Fernsehprogramm man anschaut oder wie man die Kinder erzieht, sind im Grunde Verhandlungen über Freiraum und Unabhängigkeit. Am Ende werden Sie seinen oder ihren Wünschen nachgeben – weil er oder sie sich sonst zurückzieht. Die Forschung belegt, dass zwei Vermeidende äußerst selten eine Beziehung miteinander eingehen. Ihnen fehlt einfach der Kitt, der Beziehungen zusammenhält.

23 oder mehr Punkte in Gruppe B: Ihr (potenzieller) Partner zählt zu den sicheren Beziehungstypen. Diese Menschen wünschen sich Nähe, aber eine Zurückweisung wirft sie auch nicht übermäßig aus der Bahn. Sie können sehr gut kommunizieren und verstehen es, ihre Botschaft zwar offen, aber nicht vorwurfsvoll an den Mann - oder die Frau - zu bringen. Sobald bei diesem Beziehungstyp die Nähe einmal hergestellt ist, brauchen Sie nicht mehr über sie zu verhandeln: *Sie ist jetzt selbstverständlich.* Das gibt Ihnen beiden die Freiheit, das Leben zu genießen und sich zu entfalten. Ein sicherer Partner hört sich Ihren Standpunkt an und versucht, die Dinge so zu arrangieren, dass es für Sie beide akzeptabel ist. Er weiß intuitiv, was Partnerschaft bedeutet: dass es, wenn es dem Partner gutgeht, auch ihm selbst gutgeht und umgekehrt. Dank dieser Eigenschaften können Sie ganz Sie selbst sein, was Forschungsergebnissen zufolge einer der wichtigsten Faktoren ist, die zur allgemeinen Lebenszufriedenheit und zum Wohlbefinden beitragen.

23 oder mehr Punkte in Gruppe C: Ihr (potenzieller) Partner ist ein ängstlicher Beziehungstyp. Das ist nicht unbedingt schlecht, wenn Sie sich die Mühe machen, sich in sein Denken hineinzuversetzen. Der ängstliche Beziehungstyp sehnt sich nach Nähe, registriert aber auch äußerst sensibel alles, was diese zu gefährden scheint. Manchmal interpretiert er etwas, was Sie ohne böse Absicht tun, als Bedrohung für die Beziehung. Wenn das passiert, wird er von Befürchtungen überschwemmt, ist aber nicht in der Lage, Ihnen zu sagen, was ihn so fertigmacht. Stattdessen reagiert er hochemotional und rastet aus. Möglicherweise entsteht ein Teufelskreis, denn er wird noch dünnhäutiger, fühlt sich noch leichter gekränkt und ist infolgedessen noch verzweifelter. Das klingt beängstigend, aber bevor Sie das Handtuch werfen, sollten Sie sich eines klarmachen: Wenn Sie den Ängsten Ihres Partners von Anfang an sensibel und konstruktiv den Wind aus den Segeln nehmen – was durchaus machbar ist –, gewinnen Sie einen liebevollen Partner, auf den Sie sich hundertprozentig verlassen können. Sobald Sie auf sein elementares Bedürfnis nach Geborgenheit und Sicherheit eingehen, kann seine Sensibilität zu einer Bereicherung werden; er wird sich auf Ihre Wünsche weitgehend einstellen und Ihnen hilfsbereit und engagiert zur Seite stehen. Vor allem wird er nach und nach lernen, seine Gefühle und Ängste konstruktiver zu äußern, und Sie werden immer weniger an ihm herumrätseln müssen.

Die Goldenen Regeln beim Entschlüsseln von Beziehungstypen

Wenn der Beziehungstyp Ihres Partners für Sie immer noch ein Buch mit sieben Siegeln ist, geben die folgenden fünf »Goldenen Regeln« Ihnen vielleicht den fehlenden Schlüssel an die Hand.

1. Stellen Sie fest, ob er Nähe und Verbindlichkeit sucht.

Das ist die allerwichtigste Frage, die Sie sich über Ihren Partner stellen sollten. Alle anderen Beziehungsmerkmale und Verhaltensweisen leiten sich von dieser einen Schlüsselfrage ab. Wenn die Antwort Nein lautet, können Sie ziemlich sicher sein, dass Ihr Partner ein vermeidender Beziehungstyp ist. Lautet die Antwort Ja, ist er entweder sicher oder ängstlich. (Mehr über die zwei Dimensionen, die einen Beziehungstyp definieren, haben Sie in Kapitel 3 erfahren.) Lassen Sie Vorurteile beiseite, wenn Sie versuchen, diese Frage zu beantworten. Es gibt nicht *den* vermeidenden Beziehungstyp, genauso wenig wie *den* sicheren oder *den* ängstlichen. Jemand kann arrogant und selbstbewusst sein und sich trotzdem nach Nähe sehnen. Oder im Gegenteil unscheinbar und schüchtern sein und gleichwohl mit Nähe nichts im Sinn haben. Fragen Sie sich: Was sagt dieses spezielle Verhalten über die Einstellung zu Verbindlichkeit und Nähe aus? Tut oder unterlässt er etwas, weil er Nähe vermeiden möchte?

Nehmen wir an, Sie sind seit kurzem mit einer Frau zusammen, die Kinder aus einer früheren Beziehung hat. Vielleicht möchte sie Sie nicht mit ihnen bekanntmachen, weil sie an das Wohl der Kinder denkt und glaubt, es sei zu früh für sie, Mamas neuen Mann kennenzulernen – eine Meinung, die durchaus legitim ist. Andererseits könnte es aber auch eine Ausrede sein, die Sie auf Abstand halten und ihr erlauben soll, weiter ihr eigenes Leben zu führen. Sehen Sie sich deshalb das Gesamtbild an und prüfen Sie, inwieweit dieses Verhalten sich darin einfügt. Rechtfertigen die Dauer und die Ernsthaftigkeit Ihrer Beziehung immer noch, dass sie die Kinder dermaßen schützt? Was in den Anfangsphasen einer Beziehung plausibel ist, wirkt zwei Jahre später absurd. Macht sie Sie mit anderen Familienmitgliedern und guten Freunden bekannt? Hat sie Ihr Wohl berücksichtigt und Ihnen die Situation erklärt, sodass Sie Ihre Gefühle dazu äußern konnten? Wenn Sie eine dieser Fragen mit Nein beantworten, geht es nicht nur um das Wohl der Kinder, sondern eher darum, Sie auf Abstand zu halten.

2. Schätzen Sie ein, wie sehr sein oder ihr Denken und Tun besorgt um die Beziehung kreist und wie empfindlich er oder sie auf Zurückweisung reagiert.

Ist er schnell verletzt durch das, was Sie sagen? Macht sie sich Gedanken um Ihre gemeinsame Zukunft oder darum, ob Sie sie so lieben, dass Sie ihr treu bleiben? Reagiert er sehr sensibel auf Kleinigkeiten, die eine Distanzierung andeuten, zum

Beispiel wenn Sie Entscheidungen treffen, die ihn nicht berücksichtigen? Wenn Sie diese Fragen mit Ja beantworten, ist er wahrscheinlich ein ängstlicher Beziehungstyp.

3. Verlassen Sie sich nicht nur auf ein »Symptom«, achten Sie auf die unterschiedlichsten Signale.

Es reicht nicht, nur ein Verhalten, eine Einstellung oder eine Überzeugung zu bewerten, wenn Sie den Beziehungstyp Ihres Partners ermitteln wollen. Der Beziehungstyp ergibt sich nicht nur aus *einem* Merkmal, sondern eher aus einer Kombination von Verhaltensweisen und Einstellungen, die sich zu einem stimmigen Muster zusammenfügen. Erst das Gesamtbild erzählt die wahre Geschichte. Es kann sehr frustrierend sein, die Kinder Ihrer Partnerin nicht kennenlernen zu dürfen, aber wenn sie bereit ist, über das Thema mit Ihnen zu sprechen, sich Ihre Enttäuschung anzuhören und andere Möglichkeiten findet, Sie in ihr Leben hineinzulassen, ist es nicht unbedingt ein Hinweis darauf, dass sie zu Nähe nicht fähig ist.

4. Wie reagiert er oder sie auf eine klare Kommunikation?

Das ist wahrscheinlich einer der wichtigsten Wege, um den Beziehungstyp Ihres Partners herauszufinden: *Haben Sie keine Angst, Ihre Bedürfnisse, Gedanken und Gefühle Ihrem*

Partner gegenüber zu äußern! (Mehr über ein klares und stimmiges Kommunizieren erfahren Sie in Kapitel 10.) Oft ist es so, dass wir uns in der Anfangsphase einer Beziehung aus verschiedenen Gründen selbst zensieren: Wir wollen nicht zu ungeduldig oder emotional bedürftig wirken oder meinen, es wäre zu früh, um ein bestimmtes Thema anzusprechen. Dabei kann es ein nützlicher Lackmustest für die Fähigkeit Ihres Partners sein, auf Sie einzugehen, wenn Sie von Anfang an Ihre Bedürfnisse und Gefühle ehrlich äußern. Wie er darauf reagiert, ist zumeist sehr viel aufschlussreicher als alles, was er von sich aus über sich verraten könnte:

- **Wenn er sicher ist** – wird er Ihre Bedürfnisse verstehen und sein Möglichstes tun, um ihnen entgegenzukommen.
- **Wenn sie ängstlich ist** – können Sie für sie ein nützliches Vorbild sein. Sie wird die Chance zu mehr Nähe begrüßen und ihrerseits anfangen, direkter und offener zu werden.
- **Wenn er vermeidend ist** – wird er sich mit der größeren Nähe, die durch Ihre emotionale Offenheit entstanden ist, sehr unwohl fühlen und auf eine der folgenden Arten reagieren:

- »Du bist zu empfindlich/anspruchsvoll/emotional bedürftig.«
- »Ich will nicht darüber reden.«
- »Hör auf, alles zu analysieren!«
- »Was willst du von mir? Ich hab nichts falsch gemacht.«

- Er wird in einer Angelegenheit Ihre Bedürfnisse berücksichtigen, nur um sich wenig später wieder über sie hinwegzusetzen.
- »Herrje, ich hab doch gesagt, dass es mir leidtut.«

5. Hören und achten Sie auf das, was er nicht sagt oder tut.

Was Ihr Partner nicht sagt oder tut, kann genauso informativ sein wie das, was er sagt und tut. Vertrauen Sie Ihrem Bauchgefühl. Sehen Sie sich die folgenden Beispiele an:

In der Silvesternacht küsst Rob um Mitternacht seine Freundin und sagt: »Ich bin so froh, dass ich mit dir zusammen bin. Hoffentlich ist das hier der Erste von vielen Silvesterabenden, die wir noch zusammen erleben werden.« Seine Freundin erwidert seinen Kuss, antwortet aber nicht. Zwei Monate später sind sie getrennt.

Bei einem Streit sagt Pat ihrem Freund Jim, es würde sie stören, dass sie nie rechtzeitig Pläne machen. Sie würde sich wohler und sicherer fühlen, wenn sie im Voraus Bescheid wüsste und er sie in das, was er vorhat, einweihen würde. Jim gibt ihr darauf keine Antwort, sondern wechselt einfach das Thema. Er ruft sie weiterhin erst im letzten Augenblick an. Sie erwähnt es noch einmal, aber wieder ignoriert er sie. Schließlich zieht Pat einen Schlussstrich.

In beiden Fällen war das, was Robs Freundin und Jim *nicht* sagten, aufschlussreicher als alle Worte.

Vermeidend	**Sicher**	**Ängstlich**
Sendet widersprüchliche Signale aus.	Zuverlässig und gleichmäßig.	Möchte viel Nähe in der Beziehung.
Legt sehr viel Wert auf seine Unabhängigkeit.	Trifft Entscheidungen mit Ihnen zusammen.	Äußert Unsicherheiten – hat Angst vor Ablehnung.
Wertet Sie (oder frühere Partner) ab.	Flexible Einstellung zu Beziehungen.	Ist unglücklich, wenn er/sie keine Beziehung hat.
Verwendet Distanzierungsstrategien – emotionale oder körperliche.	Kann in der Beziehung gut kommunizieren.	Spielt Spielchen, um Ihre Aufmerksamkeit/Ihr Interesse zu behalten.
Betont in der Beziehung die Grenzen.	Kann bei Konflikten Kompromisse schließen.	Hat Schwierigkeiten zu äußern, was ihn stört. Erwartet, dass Sie es erraten.
Hat eine übertrieben romantische Ansicht davon, wie eine Beziehung sein sollte.	Hat keine Angst vor einer festen Bindung oder Abhängigkeit.	Flippt aus.
Misstrauisch – fürchtet, von einem Partner ausgenutzt zu werden.	Hält eine Beziehung nicht für harte Arbeit.	Bezieht kaum etwas in der Beziehung *nicht* auf sich.

Vermeidend	**Sicher**	**Ängstlich**
Hat eine starre Einstellung zu Beziehungen und kompromisslose Regeln.	Nähe erzeugt mehr Nähe.	Lässt Sie in der Beziehung das Tempo bestimmen.
Hat bei einem Streit das Bedürfnis wegzugehen oder »explodiert«.	Macht Sie von Anfang an mit Freunden und Familienangehörigen bekannt.	Das gesamte Denken und Tun kreist besorgt um die Beziehung.
Macht seine Absichten nicht deutlich – lässt Sie seine Gefühle erraten.	Äußert von sich aus seine Gefühle für Sie.	Hat Angst, dass Kleinigkeiten die Beziehung ruinieren könnten; meint, er müsse sich anstrengen, um für Sie interessant zu bleiben.
Hat Schwierigkeiten, darüber zu reden, was zwischen Ihnen beiden los ist.	Spielt keine Spielchen.	Argwöhnt, dass Sie untreu sein könnten.

Goldene Regeln

Stellen Sie fest, ob er oder sie Verbindlichkeit und Nähe sucht.

Beurteilen Sie, in welchem Ausmaß sein Denken und Tun besorgt um die Beziehung kreist und wie empfindlich er auf Zurückweisung reagiert.

Verlassen Sie sich nicht nur auf ein *Symptom*, achten Sie auf die unterschiedlichsten Signale.
Beurteilen Sie, wie er auf eine effiziente Kommunikation reagiert.
Hören und achten Sie auf das, was er oder sie *nicht* sagt beziehungsweise tut.

Beziehungstypen entschlüsseln – der Workshop

Lesen Sie die folgenden Selbstbeschreibungen. Erkennen Sie den Beziehungstyp? Decken Sie unsere Antworten mit einem Stück Papier ab, wenn Sie sich wirklich testen wollen, und denken Sie an die Schlüsselmerkmale und die Goldenen Regeln (siehe Übersicht oben).

1. Barry, geschieden, 46

Beziehung? Davon will ich jetzt nichts wissen. Ich lecke noch die Wunden von meiner Scheidung. Jetzt will ich nachholen, was ich während meiner Ehe versäumt habe. Ich will das Gefühl haben, dass Frauen mich begehren. Ich will jede Menge Sex. Ich weiß aber, dass ich vorsichtig sein muss, denn jede Frau, mit der ich ein paarmal ausgehe, fängt sofort an, darüber zu spekulieren, was für ein super Vater ich für ihre Kinder wäre und wie die Kombination unserer Familiennamen sich anhören würde. Ich habe jetzt etwa seit einem Jahr eine

Beziehung. Sie heißt Caitlin und ist in jeder Hinsicht eine klasse Frau. Ich weiß, dass sie gern hätte, dass unsere Beziehung verbindlicher würde, aber es wird lange dauern, bis ich wieder so weit bin, dass ich einer anderen Frau vertrauen, mich binden und lieben kann. Aber auch so weiß ich genau, was ich *nicht* will und bei was ich keine Kompromisse machen werde. Zum Beispiel? Nun, sie müsste finanziell unabhängig sein, denn eine Frau, die mich bis aufs Hemd auszieht, habe ich schon. Ich habe nicht vor, für zwei zu sorgen! Aber es gibt auch noch ein paar andere Dinge, die bei mir nicht in Frage kommen.

Beziehungstyp: ___________________

Antwort: vermeidend. Vielleicht meinen Sie, dieser Mann habe schließlich gerade eine Scheidung hinter sich und sei deshalb zwangsläufig vorsichtig. Das mag wohl sein, aber bis zum Beweis des Gegenteils ist er vermeidend. Er sagt, er würde selbst dann keine Kompromisse schließen, wenn er verliebt wäre, er würde seine Unabhängigkeit schätzen und misstrauisch sein. Ist Ihnen aufgefallen, dass er von »ihren Kindern« spricht? Er könnte die Kinder meinen, die seine Bekannte aus einer früheren Ehe hat, aber vorstellbar ist, dass er auch bei Fantasien über *gemeinsame* Kinder von »ihren Kindern« spricht. Seine Art zu reden erzeugt eine Distanz. Außerdem fürchtet er, von Frauen ausgenutzt zu werden, die ihn durch eine Ehe binden und finanziell ausnehmen wollen. Denken Sie an die erste Goldene Regel: Stellen Sie fest, ob er Verbindlichkeit und Nähe sucht. Barry tut das eindeutig nicht; er sagt, er wolle begehrt werden und jede Menge Sex haben, aber emotionale Unterstützung oder Nähe erwähnt er nicht.

2. Bella, Single, 24.

Mark und ich sind seit anderthalb Jahren zusammen. Wir sind sehr glücklich. Verstehen Sie mich nicht falsch, nicht alles war vom ersten Tag an perfekt. Zuerst haben verschiedene Dinge an Mark mich gestört. Zum Beispiel war er, als wir uns kennenlernten, sexuell unerfahren, und ehrlich gesagt musste ich ihm im Bett Nachhilfestunden geben. Schließlich wollte ich nicht für den Rest meines Lebens sexuell frustriert sein! Aber das ist Schnee von gestern. Außerdem bin ich viel flippiger als er. Mark ist eher der ernste, bodenständige Typ; zuerst dachte ich wirklich, er wäre mir zu langweilig. Aber ich hätte keine bessere Wahl treffen können – Mark ist herzlich und zuverlässig – Eigenschaften, die unbezahlbar sind. Ich liebe ihn wahnsinnig.

Beziehungstyp: ___________

Antwort: sicher. Der deutlichste und entscheidendste Hinweis auf diesen Beziehungstyp ist die Tatsache, dass sie Mark im Bett Hilfestellung gegeben hat. Es beweist, dass sie ein Beziehungsproblem offen und erfolgreich ansprechen konnte. Sie trifft auf ein Problem, möchte es lösen und ist selbstsicher genug, es anzugehen. Wenn Bella ängstlich wäre, würde sie sich vielleicht selbst für Marks sexuelle Defizite verantwortlich machen; sie wäre zu dem Schluss gekommen, dass sie für ihn einfach nicht attraktiv genug ist und er sich deshalb nicht besonders anstrengt, ihr zu gefallen. Oder sie hätte gute Miene zum bösen Spiel gemacht, um die Beziehung nicht zu gefährden. Wenn Bella vermeidend wäre, würde sie sich nicht selbst die Schuld an Marks Defiziten geben, sondern ihn heruntermachen – eine Distanzierungsstrategie –, und wahrscheinlich hätte sie ihn nicht so sachlich instruiert, wie sie es getan hat. Deutlich wird auch, dass Bellas Einstellung zu Beziehungen flexibel ist. Obwohl Mark nicht ihrer Definition von einem »idealen Mann« entspricht, hat sie diese gedankliche Hürde ohne großes Zögern genommen und ist – noch wichtiger – im Nachhinein mit ihrer Entscheidung sehr zufrieden. Wenn sie vermeidend wäre, hätte sie vielleicht den gleichen Kompromiss geschlossen, aber das Gefühl gehabt, irgendwie betrogen worden zu sein. Schließlich äußert Bella ihre Gefühle für Mark offen und spontan.

3. Janet, Single, 23.

Endlich habe ich einen Wahnsinnsmann kennengelernt, einen wirklich klasse Typ. Tim und ich haben uns zwei Mal getroffen, und ich spüre schon, wie ich mich verliebe. Es ist so schwer, jemanden zu finden, der zu mir passt – mich zieht nur ein bestimmter Typ Mann an, und dann kann man sich ausrechnen, wie hoch wohl die Wahrscheinlichkeit ist, dass er mich auch attraktiv findet. Nicht besonders hoch. Aber nachdem ich jetzt Tim kennengelernt habe, will ich unbedingt alles richtig machen. Ich kann mir keinen Fehler leisten. Ein falscher Zug von mir, und ich könnte die ganze Beziehung vermasseln. Ich lasse ihn das Tempo in der Beziehung bestimmen, denn ich will nicht zu forsch wirken. Ob es okay wäre, wenn ich ihm eine SMS schicke? Das würde locker und spontan wirken, oder? Oder vielleicht doch lieber eine witzige Mail über meinen E-Mail-Verteiler?

Beziehungstyp: ____________

Antwort: ängstlich. Janet ist ein typisches Beispiel für den ängstlichen Beziehungstyp. Sie sucht nach Nähe, fühlt sich allein unvollständig und macht sich viele Gedanken um die Beziehung. Natürlich ist jeder Beziehungstyp bei den ersten Verabredungen vom anderen begeistert und denkt viel an ihn. Aber bei Janet geht das einen Schritt weiter – sie hält Beziehungen für selten und zerbrechlich und glaubt, irgendeine kleine unpassende Äußerung oder Geste von ihr könne das Aus für die Beziehung bedeuten. Deshalb wälzt sie gedanklich jeden Schritt unzählige Male hin und her, um bloß keinen »Fehler« zu machen. Sie lässt Tim den Ton und das Tempo in der Beziehung bestimmen. Als unsicherer Mensch spielt sie außerdem ihre Spielchen mit ihm, das heißt sie überlegt sich, wie sie indirekt mit ihm in Kontakt treten kann, ohne sich selbst in die Schusslinie zu begeben: Sie erfindet eine Mailing-Liste als Ausrede dafür, ihm eine E-Mail schicken zu können.

4. Paul, Single, 37.

Ich habe gerade meine Beziehung zu Amanda beendet. Ich bin sehr enttäuscht, aber ich weiß, dass ich ohnehin mein Leben nicht mit ihr hätte verbringen können. Wir waren ein paar Monate zusammen, und zuerst war ich sicher, die Frau meiner Träume gefunden zu haben. Aber verschiedene Dinge an ihr fingen an, mich zu stören. Erstens bin ich überzeugt, dass sie eine Schönheitsoperation hatte, und das törnt mich echt ab. Außerdem ist sie kein bisschen selbstbewusst, und das finde ich unattraktiv. Und wenn ich für jemanden nichts mehr empfinde, kann ich keine Sekunde länger bleiben. Ich muss einfach weitersuchen. Ich weiß, dass irgendwo die Richtige auf mich wartet, und egal wie lange es dauert, irgendwann werden wir uns begegnen und zusammen sein. Das spüre ich instinktiv. Ich sehe, wie sie lächelt, und fühle, wie sie mich umarmt. Ich weiß, dass ich mich sofort ruhig und ausgeglichen fühlen werde, wenn wir uns begegnen. Auch wenn ich noch so oft Schiffbruch erleide, ich verspreche mir, dass ich weitersuchen werde.

Beziehungstyp: ____________

Antwort: vermeidend. Das wird Sie vielleicht wundern. Paul sehnt sich nach der Frau seiner Träume, muss also entweder sicher oder ängstlich sein? Falsch. Wenn er seine ideale »wahre Liebe« beschreibt, sollten bei Ihnen alle Alarmglocken läuten. Jeder Beziehungstyp hat eine bestimmte Erklärung dafür parat, warum er oder sie noch allein ist: Ängstliche meinen, dass mit ihnen etwas nicht stimmt, Sichere sehen die Dinge realistischer, und Vermeidende klingen eben oft wie Paul – sie machen äußere Umstände für ihr Single-Dasein verantwortlich, zum Beispiel dass sie die Richtige noch nicht gefunden haben. Dieses Beispiel zeigt außerdem, dass das, was *nicht* gesagt wird, wichtiger sein kann als das, was gesagt wird: Wenn Sie verstehen wollen, warum Paul »die Richtige« noch nicht gefunden hat, obwohl er sich zwecks Partnersuche mit vielen Frauen verabredet hat, müssen Sie zwischen den Zeilen lesen. Aufschlussreich für Pauls Beziehungstyp ist auch, *wie* er seine Beziehung zu Amanda beschreibt: Erst ist er ganz begeistert von ihr, aber nachdem sie sich nähergekommen sind, fallen ihm die Kleinigkeiten auf, die ihn stören. Es ist bezeichnend für den vermeidenden Beziehungstyp, dass er den Partner abwertet, wenn die Beziehung zu eng wird; es ist für ihn eine Möglichkeit, emotional auf Distanz zu gehen.

5. Logan, Single, 34.

Ich hatte in meinem Leben nur drei Beziehungen, Mary eingeschlossen. Ich erinnere mich daran, dass das Mary ziemlich irritierte, als wir uns vor ein paar Jahren kennenlernten. Sie hat mich immer wieder über meine früheren Beziehungen ausgequetscht, und als sie merkte, dass ich ihr in dieser Hinsicht wirklich alles erzählt hatte und nichts verschwieg, wunderte sie sich und fragte mich, ob ich nicht das Gefühl hätte, etwas verpasst zu haben. Ob ich keine Angst gehabt habe, zu lange allein zu bleiben? Oder keine mehr abzubekommen? Ganz ehrlich, der Gedanke, dass ich keine finden würde, ist mir nie gekommen. Klar, ich habe meine Enttäuschungen erlebt, aber ich dachte mir, ich würde bestimmt wieder jemanden kennenlernen, wenn der richtige Zeitpunkt da wäre. Und das war dann auch so. Ich wusste fast sofort, dass ich Mary liebte, und sagte ihr das auch. Wann hat sie meine Gefühle erwidert? Eigentlich weiß ich es nicht so genau, aber schon bevor sie es mir sagte, wusste ich, dass sie verrückt nach mir war.

Beziehungstyp: ___________

Antwort: sicher. Verschiedene Anhaltspunkte weisen auf diesen Beziehungstyp hin. Logans Gedanken kreisen nicht ständig um die Beziehung, und er hat auch keine Angst, allein zu bleiben, was den ängstlichen Beziehungstyp ausschließt (ganz im Gegensatz zu seiner Freundin Mary). Bleibt die Frage, ob Logan vermeidend oder sicher ist. Mehrere Kriterien schließen den vermeidenden Typ aus: Erstens scheint er Mary ziemlich viel über seine früheren Beziehungen zu erzählen, alle Karten auf den Tisch zu legen und sich über ihre Neugier nicht zu ärgern (und seine Beziehungsgeschichte auch nicht aufzuhübschen, wie der ängstliche Beziehungstyp es tun würde). Zweitens hat er kein Problem damit, Mary von Anfang an zu sagen, was er für sie empfindet – ein unverkennbares Merkmal des sicheren Beziehungstyps. Wenn er vermeidend wäre, würde er eher widersprüchliche Signale senden. Und er spielt keine Spielchen – er weiß nicht mehr genau, wann Mary seine Gefühle erwidert hat; er ist einfach er selbst und verhält sich authentisch, ohne viel hin und her zu überlegen.

6. Suzanne, Single, 33.

Der heutige Valentinstag wird für mich das Jahr einläuten, in dem ich meinen zukünftigen Mann finden werde. Ich bin das Alleinsein satt; ich bin es leid, in meine leere Wohnung zurückzukommen, allein ins Kino zu gehen und mit mir selbst oder einem Fremden Sex zu haben. Jetzt fängt das Jahr an, in dem ich einen wundervollen Mann kennenlernen werde, der mir gehört! Früher habe ich alles für meine Partner getan und bin ziemlich auf die Nase gefallen. Ich habe nicht mehr geglaubt, dass ich noch einen netten Mann finden könnte. Aber diese Angst, verletzt zu werden, muss ich überwinden. Ich bin bereit, mich wieder auf die Piste zu wagen, ein Risiko einzugehen und mein Herz zu verlieren. Schließlich heißt es nicht zu Unrecht: Ohne Fleiß kein Preis! Und wenn ich mein Herz nicht öffne, wie soll da jemand hineinkommen? Schluss mit dem Selbstmitleid! Ich verdiene es, glücklich zu sein!

Beziehungstyp: __________

Antwort: ängstlich. Hier haben wir es eindeutig mit einer Ängstlichen zu tun, die schon oft verletzt wurde. Sie geht völlig in dem Gedanken auf, einen Partner zu finden. Sie will sich ins Getümmel stürzen und ihren Seelenpartner finden, aber weil sie nicht mit den Grundsätzen der Bindungstheorie vertraut ist, weiß sie nicht, wen sie meiden und wem sie vertrauen soll. Suzanne ist grundverschieden von Paul, der in Beispiel 4 zu Wort kam. Sie sucht nicht nach dem »idealen« Partner. Wir ahnen, was bei ihr der Knackpunkt ist und weshalb sie den Richtigen noch nicht gefunden hat – sie lässt sich mit Leib und Seele ein und wird verletzt, und trotzdem sehnt sie sich weiter nach Nähe. Paul will sich erst einlassen, wenn er die »Richtige« kennengelernt hat. Menschen wie Suzanne sind einer der Gründe, aus denen wir dieses Buch geschrieben haben. Sie möchte unbedingt jemanden finden, aber sie ist ein gebranntes Kind und fürchtet, zurückgewiesen zu werden. Sie weiß, wie weh es tut, wenn sie sich mit dem falschen Mann einlässt, und hat inzwischen so viel Angst vor diesem Schmerz, dass sie kurz davor ist aufzugeben. Weil sie sich nach Nähe sehnt, fühlt sie sich einsam und unvollständig, aber sie hat keine Ahnung, nach welchen Kriterien sie potenzielle Partner einschätzen soll. Das Erkennen des Beziehungstyps kann gerade Menschen wie Suzanne helfen, den Himmel der Partnersuche zu durchstreifen, sich von Vermeidenden fernzuhalten und unbeschadet in den Armen eines fürsorglichen, sicheren Partners zu landen.

Teil zwei

Die drei Beziehungstypen im Alltag

5
Ein sechster Sinn für Gefahr: Der ängstliche Beziehungstyp

Im 17. Jahrhundert schrieb der berühmte Philosoph Baruch Spinoza, dass »alles Glück oder Unglück allein in der Beschaffenheit des Gegenstandes liegt, dem wir in Liebe anhangen.«* Also wählen Sie klug, wenn Sie sich auf jemanden einlassen, denn es geht um nichts weniger als Ihr Glück. Wir glauben, dass das besonders für Menschen mit einem ängstlichem Beziehungstyp gilt. Wenn sie die Wirkmechanismen nicht kennen, nach denen Beziehungen ablaufen, besteht die Gefahr, dass sie in einer Partnerschaft sehr unglücklich werden, wie das Beispiel von Amirs Kollegin Emily zeigt.

---

* Spinoza, Abhandlung über die Verbesserung des Verstandes, Einleitung, Sämtl. Werke, Bd. 5, Hamburg 1993, S. 3ff.

Sie sind nur so unsicher wie die Beziehung, in der Sie sind

Als Emily ihre psychiatrische Facharztausbildung machte, beschloss sie, auch Psychoanalytikerin werden zu wollen. Doch bevor sie mit den Kursen am Institut für Psychoanalyse anfangen konnte, wurde von ihr verlangt, selbst mindestens ein Jahr lang eine Psychoanalyse zu machen, das heißt vier Mal wöchentlich zur Therapie zu gehen, sich auf die Couch zu legen und über alles zu sprechen, was ihr in den Sinn kam. Anfangs lief das bei Emily reibungslos. Sie wirkte psychisch sogar so gesund, dass ihr Analytiker meinte, in maximal zwei Jahren wäre sie mit der Analyse durch – eine Novität, denn im Allgemeinen dauert eine Analyse mindestens vier bis fünf Jahre.

Dann lernte Emily David kennen, in den sie sich ziemlich schnell verliebte. David, ein angehender Schauspieler, entpuppte sich als schlechte Wahl. Er sandte widersprüchliche Signale aus, was seinen Wunsch nach einer Beziehung betraf, und das war für Emily wie ein Damoklesschwert. Ja, es veränderte ihr Verhalten dermaßen, dass es sie schließlich völlig aus der Bahn warf. Damals joggten wir oft zusammen im Central Park, und sie hatte dann ihren Piepser und ihr Handy dabei (das, wie damals alle Handys, relativ groß und schwer war). Alle paar Minuten sah sie erst auf dem einen und dann auf dem anderen Gerät nach, ob er wohl angerufen hatte. Am Arbeitsplatz brachte sie Stunden damit zu, Davids Aktivitäten im damals neuen Internet zu verfolgen; sie legte sich eine fiktive Internet-Persona zu und sprach ihn in den

Chatrooms an, die er häufig besuchte. Mit anderen Worten: Sie war von dieser Beziehung geradezu besessen.

Ihr Analytiker konnte sich die bestürzende Veränderung seiner vielversprechendsten Klientin nicht erklären. Von einem belastbaren, seelisch gesunden Menschen verwandelte Emily sich allmählich in einen Menschen mit »masochistischen Borderline-Persönlichkeitsmerkmalen«. Jetzt sah es so aus, als würde ihre Analyse Jahre dauern.

Ein störanfälliges Bindungssystem

Aber bei Emily lagen weder Masochismus noch eine Borderline-Störung vor. Ihr Fall war einfacher: Ihr Bindungssystem war aktiviert worden. Bei Personen mit ängstlichem Beziehungstyp, und zu ihnen gehörte Emily, reagiert das *Bindungssystem* extrem empfindlich: jener Mechanismus in unserem Gehirn, der überwacht, ob unsere Bezugspersonen für uns erreichbar sind. Wenn Sie ein ängstlicher Beziehungstyp sind, registrieren Sie sehr schnell, wenn Ihre Beziehung bedroht ist. Schon die leiseste Andeutung, dass etwas nicht in Ordnung sein könnte, aktiviert Ihr Bindungssystem, und sobald es einmal angeworfen ist, können Sie sich erst wieder beruhigen, wenn Sie von Ihrem Partner den unmissverständlichen Hinweis bekommen, dass er für Sie da und die Beziehung nicht in Gefahr ist. Das Bindungssystem springt auch bei den anderen Beziehungstypen an, aber nicht schon bei den subtilen Kleinigkeiten, die von den Ängstlichen unter uns wahrgenommen werden.

Um zu zeigen, wie sensibel das Bindungssystem des ängstlichen Beziehungstyps reagiert, entwickelte Chris Fraley in seinem Labor an der University of Illinois in Urbana-Champaign – derselbe Forscher, der den ECR-R Bindungsfragebogen konzipierte – in Zusammenarbeit mit Paula Niedenthal von der Université Blaise Pascal in Clermont-Ferrand eine Methode, mit der die Empfänglichkeit dieses Typs für Umgebungssignale gemessen werden konnte: Beim »Morph movie«-Verfahren etwa zeigt ein computergenerierter Film ein Gesicht, das eine bestimmte Emotion zeigt (zum Beispiel Wut) und sich allmählich in ein Gesicht mit neutralem Ausdruck verwandelt. Die Probanden wurden gebeten, den Film bei dem Bild zu stoppen, bei dem die ursprüngliche Emotion ihrer Meinung nach verschwunden war. Die Forscher stellten fest, dass Personen mit ängstlichem Beziehungstyp das Verschwinden der Emotion früher wahrnahmen als andere Testteilnehmer. Auch wenn die Aufgabe umgekehrt wurde – ein neutraler Gesichtsausdruck sich nach und nach in einen stark gefühlsbetonten Ausdruck verwandelte – bemerkten die ängstlichen Probanden das Einsetzen der Emotion früher. Diese Ergebnisse deuten darauf hin, dass der ängstliche Beziehungstyp die Änderungen im emotionalen Ausdruck seiner Mitmenschen tatsächlich wachsamer registriert und die von ihnen ausgehenden Signale zutreffender und feinfühliger wahrnimmt. Der Befund ist allerdings mit Vorsicht zu genießen. Die Studie zeigte nämlich auch, dass Personen mit ängstlichem Beziehungstyp dazu neigen, voreilige Schlüsse zu ziehen – und dann dazu tendieren, die emotionale Verfassung anderer Menschen falsch zu deuten. Nur wenn das Experiment so angelegt war, dass die ängstlichen Teilnehmer etwas länger warten mussten – sie wurden daran gehindert, sofort zu reagieren, sobald sie eine Änderung entdeckten – und mehr Informationen erhielten, bevor sie ihr Urteil abgaben –, waren sie gegenüber den anderen Teilnehmern im Vorteil. Daraus lässt sich für den ängstlichen Beziehungstyp eine wichtige Lektion ableiten: Wenn Sie nur ein bisschen länger warten, bevor Sie reagieren und voreilige Schlüsse ziehen, können Sie mit schlafwandlerischer Sicherheit Ihre Umwelt zutreffend entschlüsseln und dies auch zu Ihrem Vorteil nutzen. Mit Schüssen aus der Hüfte dagegen reihen Sie nur Fehlurteil an Fehlurteil und schaden letztendlich sich selbst.

Sobald das Bindungssystem des ängstlichen Beziehungstyps aktiviert ist, kreisen seine Gedanken um ein einziges Ziel: die Nähe zum Partner wiederherstellen. Diese Gedanken werden als *Aktivierungsstrategien* bezeichnet. Damit sind alle Gedanken und Empfindungen gemeint, die Sie dazu drängen, Ihrem Partner körperlich oder emotional nah zu sein. Sobald er auf Sie in einer Weise reagiert, die Ihr Sicherheitsgefühl wiederherstellt, können Sie zu Ihrem ausgeglichenen, normalen Selbst zurückkehren.

Aktivierungsstrategien

Gedanken und Gefühle, die Sie drängen, die Nähe Ihres Partners zu suchen

- Sie denken an den Partner und können sich kaum auf etwas anderes konzentrieren.
- Ihnen fallen nur seine guten Eigenschaften ein.
- Sie stellen den Partner auf ein Podest; dabei unterschätzen Sie Ihre eigenen Talente und Fähigkeiten und überschätzen seine.
- Sie haben ein mulmiges Gefühl, das nur vergeht, wenn Sie mit ihm in Verbindung stehen.
- Sie sind überzeugt, dass dies Ihre einzige Chance auf Liebe ist; typisch für diese Meinung sind Äußerungen wie:
- »Ich passe nur zu ganz wenigen Menschen – wie hoch ist da wohl die Wahrscheinlichkeit, dass ich noch einmal jemanden finden werde, der so ist wie er/sie?«
- »Es wird Jahre dauern, bis ich jemand Neues kennenlerne; ich werde noch als Einsiedler enden.«
- Auch wenn Sie in einer Beziehung nicht glücklich sind, meinen Sie, Sie sollten sie besser nicht beenden. Typisch für diese Ansicht sind Äußerungen wie:
- »Wenn er/sie mir erst einmal den Laufpass gegeben hat, wird er oder sie sich in eine/n tollen Partner/in verwandeln – für jemand anderen.«
- »Er/Sie kann sich ändern.«
- »Alle Paare haben Probleme – in dieser Hinsicht sind wir nichts Besonderes.«

In Emilys Fall hatte ihr Bindungssystem den richtigen Riecher. Im Verlauf ihrer Beziehung fand sie heraus, dass David sich im Internet stundenlang Pornos ansah, während sie bei der Arbeit und er angeblich bei einem Casting war. Sie fand auch heraus, dass er in verschiedenen Chatrooms online mit anderen Frauen flirtete (einschließlich ihrer fiktiven Persona). Trotzdem fiel es ihr schwer, mit ihm Schluss zu machen. Sie wurde bombardiert von Aktivierungsstrategien wie den oben Genannten: Sie dachte, er würde sich schon noch ändern, schließlich habe jeder Probleme, und so weiter. Es dauerte über ein Jahr, bis sie den Mut aufbrachte, die Beziehung zu beenden. In dieser Zeit und noch ziemlich lange nach der Trennung sprach Emily in ihrer Analyse hauptsächlich über ihn. Jahre später, als sie einen wunderbaren Mann geheiratet und wieder zu ihrem stabilen Selbst zurückgefunden hatte, sah sie fassungslos auf diese ganze Episode zurück. Nun kann sie kaum glauben, dass sie die Zeit in ihrer Therapie damit vergeudet hat, sich die tieferen Ursachen ihres »fanatischen« Verhaltens in dieser Beziehung anzusehen. Hätte sie früher einen passenden Mann kennengelernt – einen, der nicht ständig ihr Bindungssystem aktivierte –, hätte sie sich die Erforschung ihrer »masochistischen Borderline-Persönlichkeit« sparen können.

So funktioniert das Bindungssystem

Für jemanden, der schnell Beziehungen eingeht und ein sehr sensibles Bindungssystem hat, ist es äußerst wertvoll zu wissen, wie dieses System funktioniert. Bei vielen Menschen mit einem ängstlichen Beziehungstyp ist das Bindungssystem chronisch aktiviert, ohne dass ihnen das bewusst ist. Die Abbildung auf der nächsten Seite zeigt, wie das Bindungssystem in der Praxis funktioniert.

Finden Sie Ihren Weg in die Sicherheitszone

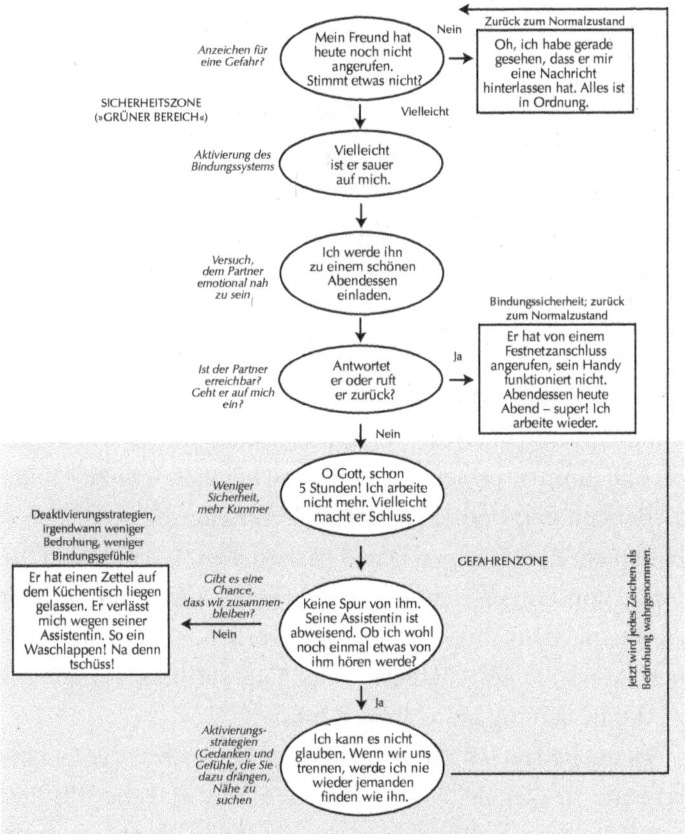

(nach dem integrativen Modell von Shaver und Mikulincer, 2002)

Als Emily mit David zusammen war, lebte sie, was die Beziehung angeht, in der *Gefahrenzone.* Sie fühlte sich wie eine Seiltänzerin ohne Sicherheitsnetz: ängstlich bemüht, ihr emotionales Gleichgewicht zu bewahren, während sie immer neue Aktivierungszyklen durchlief, die nur selten von kurzen, unbeschwerten Atempausen unterbrochen wurden – bis der Kreislauf von vorne begann. Alles, was sie dachte, fühlte und tat war von dem Umstand beherrscht, dass David nicht wirklich für sie da war. Fast ständig hatte sie das Gefühl, dass die Beziehung bedroht war, und permanent war sie damit beschäftigt, diese Bedrohung kleinzuhalten, indem sie ihm nahe blieb – sei es, dass sie am Arbeitsplatz viele wertvolle Online-Stunden damit zubrachte, so zu tun, als sei sie jemand anders, oder dass sie in der Psychoanalyse oder mit Freunden nur über ihn sprach. Auf diese Weise war er ihr mental immer präsent. All diese scheinbar irrlichternden Gedanken und Verhaltensweisen – Aktivierungsstrategien – hatten ein Ziel: Nähe zu David herzustellen. Wenn David für Emily konstant erreichbar gewesen wäre, wären die Aktivierungsstrategien im Keim erstickt worden, statt unkontrolliert zu eskalieren. Auf diese Weise hätte sie die *Sicherheitszone* der Beziehung nie verlassen müssen.

Heute passiert es Emily nicht mehr, dass sie in der Gefahrenzone steckenbleibt. Ihr jetziger Mann ist liebevoll, fürsorglich und, am allerwichtigsten, für sie da. Trotzdem ist sie sich bewusst, wie viel Macht ein aktiviertes Bindungssystem entwickeln kann. Sollte sie je wieder eine Beziehung zu jemandem eingehen, der nicht durchgängig für sie da ist, würde sie höchstwahrscheinlich zu ihrem alten »besessenen« Ich zurückkehren. Die Vorstellung, dass es noch einmal so weit kommen könnte, jagt ihr einen Schauder über den Rücken.

Leben im »grünen Bereich«: Ryan und Shauna

Ryan und Shauna waren Kollegen, die sich ineinander verliebten. Sie waren erst seit ein paar Monaten zusammen, als Ryan seinen Arbeitsplatz aufgab und bei einer renommierten Firma einen hochbezahlten Job annahm. Zum ersten Mal verbrachte das Paar die Arbeitstage nicht mehr zusammen. Als Ryan mit seinen neuen Kollegen die erste Geschäftsreise unternahm, vermisste er Shauna und versuchte, sie anzurufen. Der Anruf ging nach zweimaligem Klingeln an ihre Sprachbox. Er wusste, dass das nicht normal war, wurde nervös und rief ein zweites Mal an. Dieses Mal landete er direkt bei der Sprachbox. Er hinterließ keine Nachricht. Es verletzte ihn, dass sie ihn bei seinem ersten Anruf weggedrückt und bei seinem zweiten Anruf ihr Telefon ganz abgeschaltet hatte. In seiner geschäftlichen Besprechung konnte er sich nun kaum mehr konzentrieren, aber er schwor sich, sie für den Rest der Reise nicht mehr anzurufen. Zum Glück schickte Shauna ihm eine Stunde später eine SMS und entschuldigte sich dafür, das Gespräch nicht angenommen zu haben – sie hatte nicht antworten können, weil ihr Chef bei Ryans Anruf direkt neben ihr gestanden hatte. Ryan war erleichtert und rief sie sofort zurück.

Ryan mit seinem ängstlichen Beziehungstyp hat einen sechsten Sinn für alle Signale, die die Beziehung betreffen; er registriert auch die kleinsten Details, die mit der Verfügbarkeit seiner Freundin zu tun haben: Er achtet darauf, wie oft das Telefon klingelt, bevor der Anruf an die Sprachbox geht. Er zieht den richtigen Schluss, dass Shauna erst den »Ignorieren«-Knopf gedrückt und dann ihr Telefon ganz ausgeschaltet hat – Hinweise, die anderen Beziehungstypen vielleicht gar nicht aufgefallen wären. Ryan reagierte besonders empfindlich, weil er es gewohnt war, Shauna drei Büros von sich entfernt zu wissen, und jetzt war er auf der ersten Geschäftsreise mit seiner neuen Firma. Zum Glück für Ryan hat Shauna einen sicheren Beziehungstyp und konnte mühelos und effizient auf ihn reagieren, den Kontakt wiederherstellen und sein Bindungssystem beruhigen. Anders als Emily fand Ryan sich nicht in der Gefahrenzone der Beziehung wieder, weil seine Befürchtungen schnell zerstreut wurden.

Wenn Ängstliche in einer Beziehungssituation nervös werden, reicht schon eine minimale Beruhigung durch den Partner – in Shaunas Fall war es eine SMS –, damit sie wieder zu ihrem normalen Selbst zurückfinden. Aber wenn diese Beruhigung ausbleibt, wachsen ihre Beziehungsängste ins Unermessliche, und dann ist mehr als eine kurze SMS nötig, um ihr Bindungssystem zu beruhigen. Das ist für jeden, der in einer Beziehung lebt, eine wichtige Erkenntnis. Je mehr Sie sich von Anfang an auf die Bedürfnisse Ihres Partners einstellen – und er auf Ihre –, desto weniger Energie brauchen Sie später dafür aufzuwenden, sein oder ihr Wohlbefinden wiederherzustellen.

Wenn Shauna nicht so reagiert hätte, wie sie es getan hat, wäre es Ryan weiter schwergefallen, sich bei der Arbeit zu konzentrieren (Aktivierungsstrategie). Wenn sie irgendwann später angerufen hätte, hätte er wahrscheinlich entweder abweisend reagiert oder wäre am Telefon explodiert (Protestverhalten). Beides wäre der Beziehung vermutlich schlecht bekommen.

Protestverhalten – Wenn Ihr Bindungssystem Sie aus der Bahn wirft

Übersteigerte Versuche, den Kontakt wiederherzustellen:

- Oft anrufen, simsen oder e-mailen, auf einen Anruf warten, am Arbeitsplatz Ihres Partners in der Hoffnung herumlungern, ihn zu sehen.

Rückzug:

- Schweigend in die Zeitung »versunken« dasitzen, ganz wörtlich dem Partner den Rücken zudrehen, nicht sprechen, mit anderen telefonieren und ihn ignorieren.

Aufrechnen:

- Darauf achten, wie lange es dauert, bis er Ihren Anruf erwidert, und genauso lange warten, bis Sie ihn zurückrufen; darauf warten, dass er den ersten Schritt zur »Versöhnung« macht und bis dahin distanziert tun. Als Ryan beschloss, Shauna keine Nachricht zu hinterlassen, nachdem sie seine Anrufe abgeblockt hatte, verfiel er in dieser Buchhaltermentalität (»Wenn sie meine Anrufe nicht beantwortet, hinterlasse ich ihr auch keine Nachricht.«)

Feindseliges Verhalten:

- Die Augen verdrehen, wenn der Partner etwas sagt; wegsehen, aufstehen und aus dem Zimmer gehen, während er spricht (manchmal kann das feindselige Verhalten in offene Gewalt ausarten).

Mit Trennung drohen:

- Drohen – »Wir kommen nicht miteinander klar. Ich will das nicht mehr mitmachen«, »Ich habe gewusst, dass wir eigentlich nicht zueinanderpassen«, »Ohne dich wird es mir besser gehen« – und dabei hoffen, dass der Partner Sie daran hindert, die Trennungsdrohung wahr zu machen.

Manipulieren:

- Beschäftigt oder unnahbar tun. Anrufe ignorieren, sagen, Sie hätten etwas vor, obwohl das nicht stimmt.

Den Partner eifersüchtig machen:

- Planen, sich mit einem Expartner zum Mittagessen zu verabreden, mit Freundinnen in eine Single-Bar gehen, dem Partner erzählen, jemand habe Sie heute angebaggert.

Als *Protestverhalten* werden alle Verhaltensweisen bezeichnet, mit denen versucht wird, den Kontakt zum Partner wiederherzustellen und seine Aufmerksamkeit zu erhalten. Es kann viele verschiedene Formen annehmen und umfasst alles, was den anderen so aufschreckt, dass er Sie wahrnimmt und auf Sie reagiert.

Protestverhaltensweisen und Aktivierungsstrategien können Sie dazu verleiten, etwas zu tun, was der Beziehung schadet. Deshalb sollten Sie sie unbedingt erkennen lernen. (Die Beziehungsbestandsaufnahme in Kapitel 9 kann Ihnen helfen, ein Protestverhalten zu bemerken und mit schwierigen Situationen konstruktiver umzugehen.) Die Verhaltensweisen und Strategien können auch noch weitergehen, nachdem der Partner schon lange weg ist. Liebeskummer ist genau das – die Sehnsucht nach einem Menschen, der für uns unerreichbar geworden ist, obwohl wir von unserer biologischen und emotionalen Veranlagung her darauf programmiert sind, ihn zurückzugewinnen. Auch wenn Sie vom Verstand her wissen, dass Sie mit diesem Menschen nicht zusammen sein sollten, ist Ihr Bindungssystem damit nicht immer einverstanden. Der Bindungsprozess folgt eigenen Gesetzen und Zeitplänen. Das bedeutet, dass sie weiter an den anderen denken und es nicht schaffen, ihn aus Ihrem Herzen zu verbannen.

Der ängstliche Beziehungstyp ist offenbar besonders anfällig dafür, immer wieder in Situationen zu geraten, die sein Bindungssystem aktivieren. Das belegt eine Studie, die von Omri Gillath, Silvia Bunge und Carter Wendelken zusammen mit den renommierten Bindungsforschern Phillip Shaver und Mario Mikulincer durchgeführt wurde. Die Forscher setzten die fMRT-Technik ein und baten zwanzig Frauen, an verschiedene Beziehungsszenarios zu denken – und dann damit aufzuhören. Ergebnis? Wenn Frauen mit ängstlichem Beziehungstyp an ein negatives Szenario dachten (einen Konflikt, eine Trennung, den Tod des Partners), leuchteten emotionsrelevante Hirnareale heller auf als bei Frauen mit anderen Beziehungstypen – diese Areale wurden also aktiver. Hirnregionen dagegen, die mit der Emotionskontrolle in Verbindung gebracht werden, etwa der orbitofrontale Kortex, wurden *weniger* stark aktiviert als bei Frauen mit anderen Beziehungstypen. Fazit: Das Gehirn von ängstlichen Beziehungstypen reagiert stärker auf Verlustgedanken, während gleichzeitig jene Regionen weniger beansprucht werden, die normalerweise die negativen Emotionen dämpfen. Ängstlichen Beziehungstypen fällt es also wesentlich schwerer, das Bindungssystem »abzustellen«, sobald es einmal aktiviert wurde.

Als ängstlicher Beziehungstyp sollten Sie also unbedingt wissen, wie das Bindungssystem funktioniert, denn das ist Ihre Chance auf eine glückliche, erfüllende Beziehung.

Wir haben unsere Orientierungshilfe für den ängstlichen Beziehungstyp gesplittet: in einen ersten Teil, der sich an diejenigen unter Ihnen wendet, die gegenwärtig keine Beziehung haben. Für Sie wäre es am besten, einen Partner mit sicherem Beziehungstyp zu finden. Wie von Zauberhand gelenkt, vermeiden Sie so Verdruss, bevor er überhaupt entstehen kann. Allerdings kann es schwieriger sein als gedacht, sich auf die »sichere« Seite zu schlagen. Im Anschluss beschreiben wir daher, wie Sie den Weg zu einem sicheren Partner finden und dabei alle Klippen umschiffen. Ein zweiter Teil ist für *alle* Vertreter des ängstlichen Beziehungstyps gedacht: für diejenigen, die aktuell in einer Beziehung sind, und für diejenigen, die gerade nach dem richtigen Partner suchen. Für Sie geht es darum, Ihre Einstellungen zu Beziehungen aus der Sicht der Bindungstheorie zu überdenken und sich Fertigkeiten anzueignen, die Sie dem sicheren Beziehungstyp abschauen. Mit dieser zweiten Rettungsleine beschäftigen wir uns in Teil drei und Teil vier dieses Buches.

Wie Sie als ängstlicher Typ eine Beziehung finden, in der Sie glücklich werden

Emily, die wir zu Beginn dieses Kapitels kennengelernt haben, hatte keine Ahnung von der Bindungsforschung. Sie wusste nicht, dass sie ein ängstlicher Beziehungstyp ist. Genauso wenig wusste sie, dass David – der Mann, von dem sie besessen war – ein vermeidender Beziehungstyp war. Hätte sie es gewusst, wäre ihr klar gewesen, dass es ihr in engen, stabilen Beziehungen gutgeht, in denen der Partner für sie da ist, und dass Ungewissheit und emotionale Unerreichbarkeit ihr Bindungssystem aktivieren und sie nervös machen, sie also, mit einem Wort, kreuzunglücklich ist. Sie hätte auch gewusst, dass bestimmte Menschen – nämlich Vermeidende – ihre Ängste und das Gefühl, nicht gut genug zu sein, verstärken, während andere – nämlich Sichere – diese Gefühle verringern. Aber wie die meisten Ängstlichen ließ sie sich paradoxerweise ausgerechnet mit einem Vermeidenden ein – obwohl Ergebnisse aus der Paarbindungsforschung eindeutig belegen, dass Ängstliche mit dem sicheren Beziehungstyp am besten fahren. Warum ist das so? Und, noch wichtiger: Wie können Sie glücklich werden und unnötigen Kummer vermeiden?

Kosmische Anziehungskräfte am Werk?

Eine ganze Reihe von Studien hat sich mit der Frage beschäftigt, ob bei der Anziehungskraft zwischen zwei Menschen ihr Beziehungstyp eine Rolle spielt. Zwei Paarbindungsforscher, Paula Pietromonaco von der University of Massachusetts und Katherine Carnelley von der University of Southampton in Großbritannien haben herausgefunden, dass Vermeidende tatsächlich Ängstliche als Partner vorziehen. Und eine Studie von Jeffry Simpson von der University of Minnesota hat gezeigt, dass ängstliche Frauen eher eine Beziehung zu vermeidenden Männern eingehen. Ist es also möglich, dass Menschen, die ihre Unabhängigkeit erbittert verteidigen, sich ausgerechnet einen Partner suchen, der ihre Autonomie am ehesten beschneiden wollen wird? Oder dass Menschen, die sich nach Nähe sehnen, von Menschen angezogen sind, die sie auf Abstand halten wollen? Und wenn es sich so verhalten sollte: Warum ist das so?

Pietromonaco und Carnelley glauben, dass diese beiden Beziehungstypen sich gewissermaßen ergänzen. Beide bestätigen sich gegenseitig, was sie über sich und Beziehungen generell denken. Die defensive Selbstwahrnehmung des vermeidenden Partners als stark und unabhängig wird bekräftigt, und genauso seine Überzeugung, der andere wolle ihm mehr Nähe aufdrängen, als ihm lieb ist. Der ängstliche Beziehungstyp findet seine Wahrnehmung bestätigt, dass er mehr Nähe will, als der Partner geben kann, und ebenso seine Erwartung, dass Bezugspersonen ihn letztendlich im Stich lassen. In gewisser Weise wird also jeder Bindungstyp davon angezogen, dass er ein vertrautes Drehbuch wieder und wieder aufführen kann.

Die Achterbahn der Gefühle

Aber auch aus einem weiteren Grund könnten Sie als ängstlicher Beziehungstyp von einem vermeidenden Partner angezogen sein. Emily fühlte sich allmählich unsicher, als ihr David auf subtile Weise zu verstehen gab, dass die Beziehung auf wackligen Füßen stand und er für sie nicht durchgängig erreichbar sein würde. Das passiert oft, wenn Sie als Ängstliche mit einem Vermeidenden anbandeln, und unter Umständen schon sehr früh in der Beziehung. Ziemlich bald bekommen Sie ambivalente Signale. Er (oder sie) ruft an, lässt sich aber Zeit damit; er (oder sie) ist an Ihnen interessiert, gibt aber zu verstehen, dass Sie nicht der/die Einzige sind. Ihnen bleibt nichts anderes übrig, als herumzurätseln. Jedes Mal, wenn Sie eine uneindeutige Botschaft bekommen, wird Ihr Bindungssystem aktiviert, und Sie schweben wegen der Beziehung in tausend Ängsten. Aber dann macht er Ihnen ein Kompliment oder lässt sich zu einer romantischen Geste hinreißen, bei der Ihr Herz schneller schlägt, und Sie sagen sich, er müsse doch wohl wirklich etwas für Sie übrighaben; Sie sind in Hochstimmung. Leider hält die Seligkeit nicht lange an. Denn in die eindeutig positiven Signale mischen sich schnell zweideutige, und auf der Achterbahn der Gefühle geht es wieder abwärts. Jetzt sind Sie angespannt, warten auf die nächste kleine Bemerkung oder Geste, die Sie beruhigt. Wenn Sie das eine Zeitlang mitgemacht haben, findet in Ihrem Denken eine interessante Verschiebung statt: Sie fangen an, die Angst, die Sorge, die Fixiertheit und die ach so kurzen Seligkeitsphasen für Liebe zu halten. Sie setzen ein aktiviertes Bindungssystem mit Leidenschaft gleich.

Nach einiger Zeit sind Sie quasi darauf gepolt, von genau den Menschen angezogen zu sein, bei denen die Chance, dass sie Sie glücklich machen, am geringsten ist. Ein ständig aktiviertes Bindungssystem ist das Gegenteil dessen, was die Natur in puncto befriedigende Liebe für uns im Sinn hatte. Wie wir gesehen haben, war es eine der wichtigsten Erkenntnisse von Bowlby und Ainsworth, dass wir eine sichere Basis brauchen, die uns Kraft und Geborgenheit gibt, wenn wir uns entfalten wollen. Unser Bindungssystem muss sich in einem Zustand der Ruhe und Sicherheit befinden.

Denken Sie also daran: Ein aktiviertes Bindungssystem ist *keine* leidenschaftliche Liebe. Wenn Sie das nächste Mal mit jemandem anbandeln und feststellen, dass Sie ängstlich und unsicher und von der Beziehung geradezu besessen sind – nur um ab und zu ein Hochgefühl zu erleben –, dann sollten Sie sich sagen, dass das höchstwahrscheinlich ein aktiviertes Bindungssystem und *keine Liebe* ist! Wahre Liebe im evolutionären Sinne bedeutet, innerlich ruhig, mit sich im Frieden zu sein – so etwas wie ein stilles Wasser, das tief gründet.

Als ängstlicher Beziehungstyp sollten Sie sich nicht mit einem Vermeidenden einlassen, denn:

Sie: wollen Nähe und Vertrautheit.	**Er (oder sie):** will eine gewisse – emotionale und/oder körperliche – Distanz beibehalten.
Sie: haben einen siebten Sinn für alle Anzeichen von Zurückweisung (wachsames Bindungssystem)	**Er (oder sie):** sendet ambivalente Signale aus, die oft als Zurückweisung empfunden werden.
Sie: haben Schwierigkeiten, ihm offen und ehrlich zu sagen, was Sie brauchen und was Sie stört (effiziente Kommunikation), und legen stattdessen ein Protestverhalten an den Tag.	**Er (oder sie):** ist nicht gut darin, Ihre verbalen und nonverbalen Hinweise zu deuten, und hält das auch nicht für seine Aufgabe.
Sie: haben das Bedürfnis, beruhigt zu werden und sich geliebt zu fühlen.	**Er (oder sie):** neigt dazu, Sie herunterzumachen, damit eine Distanz entsteht, die sein eigenes Bindungssystem deaktiviert.
Sie: müssen genau wissen, wie es um die Beziehung steht.	**Er (oder sie):** lässt die Dinge lieber im Ungewissen. Selbst in einer festen Beziehung bleiben immer ein paar Fragezeichen.

Ein bisschen Statistik – warum es wahrscheinlicher ist, dass Sie einen Vermeidenden kennenlernen, wenn Sie auf Partnersuche sind

Es gibt vor allem einen Grund, aus dem Sie wahrscheinlich unverhältnismäßig viele Vermeidende kennenlernen werden. Dreierlei spricht dafür:

- Der vermeidende Beziehungstyp beendet seine Beziehungen tendenziell häufiger. Eine Studie hat ergeben, dass unter wiederverheirateten Geschiedenen die Vermeidenden diejenigen waren, bei denen eine weitere Scheidung am wahrscheinlichsten war. Weil sie darüber hinaus liebevolle Gefühle unterdrücken, kommen sie sehr schnell über einen Partner hinweg und können fast sofort wieder mit der Partnersuche anfangen. *Will heißen: Vermeidende tauchen häufiger und länger im Datingpool auf.*
- Der sichere Beziehungstyp probiert im Allgemeinen nicht etliche Partner durch, bevor er den einen findet, mit dem sie sich glücklich niederlässt. Sobald es bei ihm gefunkt hat, geht er eine langfristige, verbindliche Beziehung ein. *Anders gesagt: Der sichere Beziehungstyp taucht erst nach sehr langer Zeit im Datingpool wieder auf, wenn überhaupt.*
- Studien haben gezeigt, dass Vermeidende sich eher nicht mit anderen Vermeidenden einlassen – es fehlt der emotionale Kitt, der sie zusammenhalten würde. Eine Studie, die sich frisch liierte Paare ansah, fand nicht ein einziges Paar, das aus zwei vermeidenden Partnern bestand. *Woraus*

folgt: Vermeidende tun sich nicht mit ihresgleichen, sondern eher mit einem anderen Beziehungstyp zusammen.

Daraus folgt:
Wenn Sie jemanden kennenlernen, ist die Wahrscheinlichkeit, dass es sich um den vermeidenden Beziehungstyp handelt, sehr viel höher als der relative Anteil dieses Typs an der Gesamtbevölkerung – der bei 25 Prozent liegt. Denn Vermeidende kehren nicht nur schneller in den Datingpool zurück, sie gehen auch untereinander keine Beziehungen ein (zumindest nicht lange), und sie bandeln auch nicht mit dem sicheren Beziehungstyp an, denn der ist im Pool relativ knapp. Mit wem also tun sie sich zusammen? Genau: Mit Ihnen und anderen Angehörigen des ängstlichen Beziehungstyps.

Was passiert, wenn Sie jemanden kennenlernen, der ein sicherer Beziehungstyp ist?

Nehmen wir an, Sie haben die statistischen Hürden genommen und die Bekanntschaft eines Menschen mit sicherem Beziehungstyp gemacht. Ist Ihnen klar, dass Sie eine Goldgrube aufgetan haben, oder lassen Sie sie achtlos links liegen? Vor ein paar Jahren versuchte Rachel, Nachbarin Chloe mit ihrem Bekannten Trevor zu verkuppeln – der für sie ein guter, weil sicherer Fang gewesen wäre. Trevor, der damals Medizin studierte, war auf Partnersuche, nachdem seine Freundin, mit der er zwischen 18 und 28, also zehn Jahre, zusammen gewesen war, ihn verlassen hatte. Er hatte sich nicht trennen wollen, obwohl sie ständig etwas an ihm auszusetzen gehabt hatte; schließlich hatte sie den Schlussstrich gezogen. Er trauerte lange, aber jetzt war er bereit, jemand Neues kennenzulernen. Trevor sah sehr gut aus, hatte Humor und war ein hervorragender Sportler. Er war integer und ausgeglichen und kam aus einer gutsituierten, gebildeten Familie. Alles Merkmale, die Sie sich bei einem Partner wünschen würden, oder?

Nicht unbedingt. Chloe traf sich ein Mal mit ihm und fand ihn absolut uninteressant. Sie räumte ein, dass er sehr gut aussah und sogar attraktiv war, aber »es hatte einfach nicht gefunkt«. Rachel war damals völlig perplex. Sie verstand nicht, warum Chloe nichts von ihm wissen wollte.

Im Nachhinein verstehen wir es: Wenn Sie als ängstlicher Beziehungstyp einen Sicheren kennenlernen, passiert das Gegenteil von dem, was passiert, wenn Sie einen Vermeidenden kennenlernen. Die Signale eines Menschen mit sicherem Beziehungstyp sind aufrichtig, direkt und stimmig. Sichere haben keine Angst vor Nähe und wissen, dass sie es wert sind, geliebt zu werden. Sie haben es nicht nötig, um den heißen Brei herumzureden oder Verstecken zu spielen. Wischiwaschi-Botschaften kommen nicht vor, genauso wenig wie Hochspannung und Ungewissheit. Infolgedessen bleibt Ihr Bindungssystem relativ ruhig. Weil Sie gewohnt sind, ein aktiviertes Bindungssystem mit Liebe gleichzusetzen, kommen Sie zu dem Schluss, dass dieser Partner nicht »der Richtige« sein kann, denn Ihre Alarmglocken läuten ja nicht. Sie assoziieren ein Bindungssystem, das sich nicht muckst, mit Langeweile und Gleichgültigkeit. Dieser Trugschluss kann dazu führen, dass Sie sich den perfekten Partner durch die Lappen gehenlassen.

Chloe musste einiges an Kummer erleben, weil sie annahm, ein aktiviertes Bindungssystem sei die Voraussetzung für Liebe. Tony, der schließlich ihr Mann wurde, wirkte zunächst vertrauenswürdig und interessant, ließ aber keine Gelegenheit aus, sie zu demütigen.

Zum Glück hatte sowohl Chloes als auch Trevors Geschichte ein Happyend. Trevor blieb nicht lange im Datingpool. Er fand schnell eine passende Partnerin, mit der er seitdem zusammen ist. Sie bereisten die Welt, heirateten und hatten Kinder. Er ist ein wundervoller Vater und Ehemann. Chloe indessen blieben schwierige Zeiten nicht erspart, aber nach ein paar unglücklichen Jahren mit Tony nahm sie ihr Leben in die Hand und lernte die Stabilität und Liebe schätzen, die ein sicherer Partner zu bieten hat. Sie ließ sich von Tony scheiden und lernte später Bruce kennen, der ähnlich liebevoll und fürsorglich ist wie Trevor.

Ein solches Happyend kann jeder haben. Es ist nicht nur Glückssache. Der Trick besteht darin, nicht nach Höhen und Tiefen süchtig zu werden und ein aktiviertes Bindungssystem nicht mit Leidenschaft oder Liebe zu verwechseln. Lassen Sie sich nicht davon »anmachen«, dass jemand emotional nicht für Sie da ist.

Als ängstlicher Beziehungstyp sollten Sie sich mit einem Sicheren einlassen, denn:

Sie: wollen Nähe und Verbindlichkeit.	**Er (oder sie):** fühlt sich mit Nähe wohl und versucht nicht, Sie auf Abstand zu halten.
Sie: haben einen siebten Sinn für alle Anzeichen von Zurückweisung (wachsames Bindungssystem).	**Er (oder sie):** ist stimmig und verlässlich und sendet keine ambivalenten Signale aus, die Sie verunsichern. Wenn Sie anfangen, sich Sorgen zu machen, weiß er, wie er Sie beruhigen kann.
Sie: haben Schwierigkeiten, ihm offen und ehrlich zu sagen, was Sie brauchen und was Sie stört (effiziente Kommunikation) und legen stattdessen ein Protestverhalten an den Tag.	**Er (oder sie):** betrachtet Ihr Wohlbefinden als oberste Priorität und tut alles, was er kann, um Ihre verbalen und nonverbalen Hinweise zu verstehen.
Sie: haben das Bedürfnis, beruhigt zu werden und sich geliebt zu fühlen.	**Er (oder sie):** fühlt sich wohl damit, Ihnen von Anfang an und immer wieder zu sagen, was er für Sie empfindet.
Sie: müssen genau wissen, wie es um die Beziehung steht.	**Er (oder sie):** ist sehr beständig; fühlt sich ebenfalls wohl mit Verbindlichkeit.

Was passiert, wenn Sie sich an die üblichen Flirt-Tipps halten?

Nehmen wir an, Sie beschließen, sich an die Empfehlungen der vielen populären Beziehungsratgeber zu halten, die Ihnen sagen, wie Sie einen Partner an Land ziehen können, zum Beispiel: Machen Sie sich rar, sagen Sie, Sie wären beschäftigt, auch wenn es nicht stimmt, rufen Sie ihn nicht an – warten Sie darauf, dass er Sie anruft, tun Sie so, als wäre die Beziehung Ihnen nicht besonders wichtig, tun Sie geheimnisvoll. Es heißt, auf diese Weise würden Sie sich nichts vergeben, unabhängig bleiben und den Respekt Ihres Partners oder Ihrer Partnerin erwerben. In Wirklichkeit jedoch verhalten Sie sich nicht so, wie es Ihren wahren Bedürfnissen und Gefühlen entspricht. Sie schieben sie beiseite, um selbstsicher und autonom zu wirken. Nun, in einem Punkt haben diese Bücher und ihre Tipps tatsächlich *recht:* Mit einem solchen Verhalten *können* Sie attraktiver wirken. Aber weil diese Ratgeber nichts von der Bindungsforschung wissen, erwähnen sie nicht, dass die genannten Verhaltensweisen Sie für eine ganz *bestimmte* Art von Partnern attraktiver machen – die Vermeidenden. Warum? Weil sie im Grunde dafür plädieren, dass Sie Ihre Bedürfnisse ignorieren und den anderen bestimmen lassen, wie viel Nähe/Distanz es in der Beziehung geben soll. Der vermeidende Partner kann so gewissermaßen auf zwei Hochzeiten tanzen – er kann die Erregung und die Nähe genießen, die von Ihnen ausgehen, wenn Sie mit ihm zusammen sind, ohne in der übrigen Zeit Ihre Bedürfnisse nach Nähe und Verbundenheit berücksichtigen zu müssen.

Dadurch, dass Sie dem anderen etwas vorspielen, erlauben Sie ihm, zu seinen Bedingungen mit Ihnen zusammen zu sein und zu kommen und zu gehen, wie es ihm oder ihr gefällt.

Weil solche Spielchen von Ihrer Seite aus nicht ehrlich sind, gehen sie langfristig nach hinten los. Erstens wird Ihr vermeidender Partner Sie schnell durchschauen – er ist sehr gut darin, Menschen zu orten, die seiner Unabhängigkeit an den Kragen wollen. Zweitens werden Sie irgendwann denken, dass es an der Zeit ist, Flagge zu zeigen. Denn in Wirklichkeit wollen Sie ja jede Menge Nähe, Sie wollen viel und intensiv mit Ihrem Partner zusammen sein und Ihre Deckung herunternehmen. Wenn Sie das dann schließlich tun, werden Sie feststellen, dass Ihr vermeidender Partner plötzlich kalte Füße bekommt und anfängt, auf Distanz zu gehen. Sie verlieren also auf jeden Fall, denn Sie haben einen Partner angezogen, der *für Sie nicht der richtige ist.*

Der ängstliche Beziehungstyp auf Partnersuche – eine Coaching-Session

1. Erkennen und akzeptieren Sie Ihre wahren Beziehungsbedürfnisse.

Empfehlen wir Ihnen, ständig hinter Ihrem Partner her zu sein, jeden seiner Wünsche zu erfüllen und ihn alle naselang anzurufen? Keineswegs. Wir empfehlen eine völlig andere Methode. Sie ergibt sich aus der Einsicht, dass Sie aufgrund

Ihres ängstlichen Beziehungstyps bestimmte klare Bedürfnisse in einer Beziehung haben. Und wenn diese Bedürfnisse nicht befriedigt werden, können Sie nicht wirklich glücklich sein. Wenn Sie also einen Partner finden wollen, der Ihre Bedürfnisse befriedigt, müssen Sie daher als Erstes anerkennen, dass Sie das Bedürfnis nach Nähe haben, dass Sie wollen, dass der Partner für Sie da ist und die Beziehung hundertprozentig stabil ist – auch müssen Sie überzeugt sein, dass dieses Bedürfnis berechtigt ist. Denn es ist weder gut noch schlecht, es ist schlicht und einfach das, was Sie brauchen. Lassen Sie sich von anderen Leuten keine Schuldgefühle einreden, etwa weil Sie »bedürftig« oder »abhängig« seien. Schämen Sie sich nicht dafür, dass Sie sich unvollständig fühlen, wenn Sie keine Beziehung haben, oder dass Sie Ihrem Partner nah sein und sich auf ihn verlassen wollen.

Nutzen Sie dann diese Erkenntnis. Fangen Sie an, Ihre neuen Bekannten danach einzuschätzen, ob sie wohl in der Lage sein werden, diese Bedürfnisse zu befriedigen. Statt zu überlegen, wie Sie *sich* ändern können, damit Sie Ihrem Partner gefallen – wie so viele Beziehungsratgeber predigen –, sollten Sie überlegen: Kann dieser Mensch mir geben, was *ich* brauche, damit ich glücklich bin?

2. Erkennen Sie vermeidende Beziehungskandidaten von Anfang an und sortieren Sie sie aus.

Der zweite Schritt besteht darin, vermeidende Beziehungskandidaten schon in der Anfangsphase zu erkennen und auszumustern. Dabei kann unser Beziehungsfragebogen ab S. 218 gute Dienste leisten. Aber auch aus anderen Indizien lässt sich schließen, ob Ihr Gegenüber vermeidend ist. Der Sherlock-Holmes-Erfinder Arthur Conan Doyle prägte in einer seiner Detektivgeschichten den Begriff »smoking gun«, »rauchender Colt«. Seitdem steht diese Formulierung für den schlagenden Beweis, und das nicht nur im Bereich des Verbrechens. »Smoking guns« im Hinblick auf den vermeidenden Beziehungstyp sind die folgenden Anzeichen oder Botschaften:

»Smoking guns«, die den vermeidenden Beziehungstyp verraten

- **Sendet widersprüchliche Signale** – was seine Gefühle zu Ihnen oder seine Bindung an Sie betrifft.
- **Sehnt sich nach einer idealen Beziehung** – lässt *aber* anklingen, dass diese Beziehung nicht mit Ihnen stattfinden wird.
- **Möchte unbedingt »den Richtigen/die Richtige« kennenlernen** – findet *aber* immer irgendetwas, was ihr/ihm an dem anderen oder den Umständen nicht passt und so eine feste Bindung unmöglich macht.
- **Kümmert sich nicht um Ihr emotionales Wohlbefinden** – auch dann nicht, wenn Sie ihn darauf ansprechen.

- **Gibt Ihnen zu verstehen, Sie wären »emotional zu bedürftig«, »zu empfindlich« oder würden »überreagieren«** – wertet so Ihre Gefühle ab und sät Selbstzweifel.
- **Ignoriert Dinge, die Sie sagen und die ihm/ihr nicht passen** – reagiert nicht oder wechselt das Thema.
- **Behandelt Ihre Befürchtungen, als stünden Sie »vor Gericht«** – reagiert auf die *Fakten*, ohne *Ihre Gefühle* zu berücksichtigen.
- **Ihre Botschaften dringen nicht zu ihm durch** – obwohl Sie alles tun, um Ihre Bedürfnisse mitzuteilen, scheint er die Botschaft nicht mitzubekommen oder ignoriert sie.

Bitte beachten Sie, dass nicht so sehr einzelne Verhaltensweisen zu »smoking guns« werden, sondern eher die gesamte emotionale Haltung: eine Ambivalenz in Bezug auf die Beziehung in Kombination mit der nachdrücklichen Botschaft, dass Ihre emotionalen Bedürfnisse für ihn nicht so wichtig sind. Es kann durchaus sein, dass er ab und zu das Richtige sagt, sein Verhalten aber erzählt eine andere Geschichte.

Wie Sie im nächsten Abschnitt sehen werden, lässt sich mit einer klaren Kommunikation so mancher »rauchende Colt« unschädlich machen.

3. Partnersuche ohne Mätzchen: Seien Sie Sie selbst und kommunizieren Sie klar.

Der nächste Schritt besteht darin, dass Sie Ihre Bedürfnisse äußern. Die meisten Ängstlichen tappen direkt in die Falle, die von Beziehungsratgebern – und der Gesellschaft insgesamt – für sie aufgestellt wurde. Sie halten sich selbst für zu anspruchsvoll und zu abhängig und versuchen deshalb, das Verlangen des (vermeidenden) Partners nach Distanz und Abgrenzung zu respektieren. Eine coole, unabhängige Fassade entspricht einfach eher dem gesellschaftlichen Konsens. Also kehren Sie Ihre Wünsche unter den Teppich und übertünchen Ihre Unzufriedenheit. Faktisch tun Sie sich damit keinen Gefallen, denn wenn Sie Ihre Bedürfnisse äußern, erreichen Sie zwei Ziele gleichzeitig. Erstens sind Sie Sie selbst, was erwiesenermaßen zur generellen Lebenszufriedenheit beiträgt, und wenn Sie glücklich und zufrieden sind, ist das wahrscheinlich eins der attraktivsten Attribute, die Sie einem Partner bieten können. Und zweitens können Sie, wenn Sie Sie selbst sind – und das ist genauso wichtig – von Anfang an feststellen, ob Ihr Partner willens und bereit ist, Ihre wahren Bedürfnisse zu befriedigen. Nicht jeder hat Beziehungsbedürfnisse, die zu den Ihren passen, und das ist in Ordnung. Lassen Sie diesen Menschen einen Partner finden, der auf Distanz gehalten werden *will*, aber finden *Sie* jemanden, der *Sie* glücklich macht.

Was meinen wir nun mit »Seien Sie Sie selbst« und »Äußern Sie Ihre Bedürfnisse«? Wir möchten es am Beispiel von Amirs Patientin Janet erklären. Janet war 28 und seit über einem Jahr mit Brian zusammen, als dieser beschloss, die Beziehung zu beenden. Für eine verbindliche Partnerschaft war er nicht bereit und brauchte seinen Freiraum. Sie war am Boden zerstört und konnte monatelang nicht aufhören, an ihn zu denken. Es kam ihr gar nicht in den Sinn, mit einem anderen Mann auszugehen, so stark fühlte sie sich ihm immer noch verbunden. Als habe er ihre Gebete erhört, rief er sechs Monate später an und wollte wieder mit ihr zusammen sein. Janet war im siebten Himmel. Als die aufgefrischte Beziehung ein paar Wochen alt war, fragte Amir Janet, wie es ihr gehe. Sie sagte, sie würden die Sache sehr langsam angehen, und wie vorher würde sie ihn das Tempo bestimmen lassen. Sie wusste, dass er Angst hatte, sich zu binden, und wollte ihn nicht noch einmal vergraulen.

Amir legte ihr eindringlich ans Herz, dieses Mal ihre Wünsche ganz klar zu äußern, statt wieder in das alte Muster zu verfallen, das Brian ihr in der ersten Beziehungsrunde aufoktroyiert hatte. Schließlich war er derjenige gewesen, der wieder mit ihr zusammen sein wollte, und er musste beweisen, dass er sich geändert hatte und es wert war, von ihr geliebt zu werden. Amir schlug vor, sie solle die Dinge rundheraus beim Namen nennen und zum Beispiel sagen: »Ich liebe dich wirklich sehr; ich muss wissen, ob du immer für mich da sein wirst. Ich will wissen, ob ich jeden Tag mit dir reden kann, und nicht nur dann, wenn es dir passt. Ich will nicht aus lauter Angst, dich zu vertreiben, meinen Wunsch verstecken, mit dir zusammen zu sein.«

Aber Janet glaubte, wenn sie nur lange genug durchhielte, wenn sie ihm seinen Freiraum ließe und ihm viel Zeit gäbe, würde er lernen, sie zu achten und zu lieben. Dass er sie attraktiver finden würde, wenn sie cool und selbstsicher täte. Nun, eigentlich kann es nicht überraschen, dass Janets Beziehung zu Brian sich schleichend verschlechterte und schließlich völlig im Sande verlief. Er rief immer weniger an, machte weiterhin, was er wollte, ohne darauf zu achten, wie es ihr damit ging, und verschwand schließlich aus ihrem Leben, ohne dass ein echtes Trennungsgespräch stattgefunden hätte. Wenn Janet ihr wahres Selbst gezeigt hätte und durch eine klare und deutliche Kommunikation ihre Gefühle und Bedürfnisse offen angesprochen hätte, hätte sie das Trauerspiel sehr viel früher beendet; sie hätte gewusst, dass sie ihr Bestes gegeben hatte, Brian aber einfach nicht imstande war, ihr das zu geben, was sie brauchte. Brian seinerseits hätte vom ersten Tag an begriffen, dass er sich auf die Situation einstellen und Janets Bedürfnisse würde berücksichtigen müssen, wenn es ihm mit der Neuauflage der Beziehung ernst war. Er hätte genau gewusst, was von ihm erwartet wurde, ohne irgendwelche Mutmaßungen anstellen zu müssen.

(Wie Sie Ihr wahres Selbst klar kommunizieren können, erläutern wir in Kapitel 11.)

4. Das Überflussdenken

Erinnern Sie sich daran, dass wir zu Beginn dieses Kapitels gesagt haben, dass sich im Datingpool unverhältnismäßig viele Vermeidende tummeln? Das erfolgreiche Navigieren in diesem Pool wird daher durch eine Einstellung erleichtert, die wir als »Überflussdenken« bezeichnen und sich in der Lebensweisheit spiegelt: »Auch andere Mütter haben schöne Söhne (oder Töchter).« Damit meinen wir die Erkenntnis, dass es in diesem Pool viele einzigartige, wunderbare Menschen gibt, die für Sie fabelhafte Partner sein können. Versuchen Sie, mehreren Menschen eine Chance zu geben, ohne sich sofort auf einen festzulegen – wobei Sie natürlich um »smoking guns« einen großen Bogen machen.

Das aber erfordert, dass Sie Ihre Denkweise radikal ändern. Sie tendieren zu der Annahme, es sei unwahrscheinlich, dass Sie einen passenden Partner kennenlernen. Aber so muss es nicht sein. Es gibt viele nette, intelligente Menschen, die Sie glücklich machen können, aber es gibt auch viele, die nicht die Richtigen für Sie sind. Wenn Sie potenzielle Seelenverwandte kennenlernen wollen, gibt es nur eins: Sie müssen mit möglichst vielen Menschen in Kontakt kommen. Hier kommt wieder die Wahrscheinlichkeitsrechnung ins Spiel – je mehr Menschen Sie kennenlernen, desto größer ist die Chance, dass Sie denjenigen finden, der gut zu Ihnen passt.

Aber es geht nicht nur um Wahrscheinlichkeiten. Als ängstlicher Beziehungstyp neigen Sie dazu, sich sehr schnell zu binden, eventuell nur aufgrund der körperlichen Anziehung. Eine heiße Sexnacht oder auch nur ein leidenschaftlicher Kuss, und schwupp, schon geht Ihnen dieser Mensch nicht mehr aus dem Sinn: Ihr Bindungssystem ist aktiviert, was bedeutet, dass Sie sich nach der Nähe des anderen sehnen und Himmel und Hölle in Bewegung setzen, damit die Beziehung funktioniert – und das, *bevor Sie den anderen richtig kennen und entscheiden können, ob Sie ihn mögen oder nicht.* Wenn er der einzige Beziehungskandidat ist, kommt Ihnen schon in einem sehr frühen Stadium die Fähigkeit abhanden, zu beurteilen, ob dieser Mensch für Sie wirklich der oder die Richtige ist.

Mit dem Überflussdenken bewahren Sie sich die Fähigkeit, potenzielle Partner objektiver einzuschätzen. Im Grunde desensibilisieren Sie Ihr Bindungssystem und bringen es mit einem Trick dazu, Ihnen das Leben zu erleichtern. Es wird nicht mehr ruckzuck durch eine spezielle Person aktiviert, denn es ist damit beschäftigt zu prüfen, ob noch andere Kandidaten für Sie da sein werden, was die Fixierung auf einen einzigen Menschen unwahrscheinlicher macht. Wenn Sie sich bei jemandem nicht gut aufgehoben oder respektiert fühlen, können Sie ihn ohne schlechtes Gewissen ad acta legen, denn Sie haben nicht Ihre gesamten Hoffnungen auf ihn gesetzt. Warum sollten Sie Ihre Zeit mit jemandem vertun, der nicht nett zu Ihnen ist, wenn Sie andere potenzielle Partner in petto haben, die Sie fürstlich behandeln?

Wenn Sie Kontakte zu mehreren Personen aufnehmen – was im Zeitalter von Internet und Facebook kein Problem mehr ist –, wird es auch einfacher, Ihre Bedürfnisse und Wünsche klarzumachen; Sie fürchten nicht, auf diese Weise einen vereinzelten Interessenten zu vertreiben; Sie brauchen keinen Eiertanz zu veranstalten oder Ihre wahren Gefühle zu verstecken. Kurzum: Sie finden heraus, ob jemand Ihre Bedürfnisse befriedigen kann, *bevor* Sie den Punkt erreichen, an dem es für Sie kein Zurück mehr gibt.

Bei Nicky, 31, wirkte diese Art der Partnersuche wahre Wunder. Sie war attraktiv, kontaktfreudig und gescheit, und doch schaffte sie es selten über die ersten Tage oder Wochen einer Beziehung hinaus. Mit ihrem hochgradig ängstlichen Beziehungstyp war sie zwar auf Geborgenheit und Nähe aus, zugleich aber so davon überzeugt, dass sie nie einen passenden Partner finden würde, dass das Singledasein unausweichlich zu sein schien.

In Liebesdingen war sie extrem dünnhäutig, und auf die deshalb häufig vorkommenden Verletzungen reagierte sie mit Abwehr: Sie erwiderte Anrufe nicht und ließ nichts von sich hören (setzte ein Protestverhalten ein), bis in der Beziehung nichts mehr ging. Anschließend quälte sie sich selbst, indem sie die Angelegenheit gedanklich wieder und wieder durchging (eine Aktivierungsstrategie). Auch fiel ihr sehr schwer, loszulassen und nach vorne zu blicken. Weil sie nichts von sich hören ließ und nicht zurückrief, zog sie außerdem scharenweise vermeidende Männer an, denen die fehlende Kommunikation gerade recht war. Aber Nicky war nicht glücklich.

Auf unsere Anregung hin bat sie schließlich ihren gesamten Bekanntenkreis, nach potenziellen Partnern für sie Ausschau zu halten, und meldete sich außerdem bei mehreren Online-Singlebörsen an. Sie lernte eine Menge neuer Leute kennen und erhöhte dadurch ihre Chancen, den richtigen Mann zu finden – einen mit sicherem Beziehungstyp. Weil sie sich mit vielen Männern verabredete und keine Zeit hatte, sich wegen eines bestimmten Kandidaten große Sorgen zu machen, änderte sich ihre Einstellung. Während sie vorher jeden Mann, den sie kennenlernte und mochte (und sie war wählerisch) als letzte Chance aufs Glücklichsein betrachtet hatte, herrschte jetzt kein Mangel an Kandidaten. Natürlich erlebte sie auch Enttäuschungen; manche Männer kamen aus dem einen oder anderen Grund nicht über die erste Verabredung hinaus. Aber was sich änderte, war ihr ängstliches Denkmuster – das mentale Modell, nach dem bei ihr Beziehungen funktionierten:

- Sie machte die Erfahrung, dass viele Männer sie für attraktiv hielten, auch wenn diese sich letztendlich nicht als ihre Traumpartner erwiesen. Deshalb interpretierte sie Verabredungsflops nicht mehr als Beweis für ein Problem, das mit ihr zu tun hatte. Ihr Selbstbewusstsein nahm zu, und das zeigte sich auch nach außen.
- Wenn jemand, an dem sie interessiert war, anfing, auf Distanz zu gehen oder sich auf andere Weise vermeidend zu verhalten, fiel es ihr sehr viel leichter, die Sache abzuhaken, ohne wertvolle Zeit zu verlieren. Sie konnte sich dann sagen: »Dieser Mensch ist einfach nicht der Richtige für mich, aber vielleicht ziehe ich beim Nächsten das große Los.«
- Wenn sie jemanden kennenlernte, den sie wirklich mochte, fixierte sie sich weniger auf ihn und verzichtete auf ihr bisheriges Protestverhalten. Ihre Überempfindlichkeit und die Abwehrhaltung, die sie zu einem selbstschädigenden Verhalten veranlasst hatten, waren weg (oder hatten zumindest abgenommen).

Ein Jahr nach dem Beginn ihres Dating-Experiments lernte sie George kennen, der warmherzig und liebevoll war und sie anbetete. Bei ihm öffnete sie sich und ließ ihre Verletzlichkeit zu. Heute witzelt sie oft, durch eine merkwürdige Fügung des Schicksals sei letztendlich sie diejenige unter all ihren Freundinnen und Freunden – von denen viele seit der Collegezeit in langjährigen Beziehungen lebten –, mit der glücklichsten, stabilsten Partnerschaft!

5. Geben Sie dem sicheren Beziehungstyp eine Chance.

Jedes Überflussdenken läuft ins Leere, wenn Sie nicht erkennen, dass jemand bestens zu Ihnen passt. Sobald Sie bei einem neuen Bekannten einen sicheren Beziehungstyp erkannt haben, sollten Sie keinesfalls aus einem Impuls heraus entscheiden, ob er der Richtige für Sie ist oder nicht. Denken Sie daran, dass der andere Sie anfangs vielleicht sogar langweilt – es ist einfach nicht so viel Dramatik im Spiel, wenn Ihr Bindungssystem nicht aktiviert wird. Geben Sie der Beziehung ein bisschen Zeit. Als ängstlicher Beziehungstyp werden Sie die fehlende Aufregung automatisch als fehlende Anziehungskraft interpretieren. Und es ist nicht einfach, eine jahrelange Gewohnheit abzuschütteln. Halten Sie ein bisschen länger durch! Sie werden ein reibungslos dahinschnurrendes Bindungssystem und seine Vorzüge schätzen lernen.

Vorsicht, Klischees!

Eine Unterscheidung der Beziehungstypen anhand der Geschlechtergrenzen führt oft zu dem Irrtum, das Vermeiden mit dem männlichen Geschlecht gleichzusetzen. Forschungsergebnisse belegen jedoch, dass viele Männer weit von einem vermeidenden Beziehungsverhalten entfernt sind – sie teilen sich mit, sind liebevoll und zärtlich, ziehen sich bei einem Konflikt nicht zurück und sind konsequent für ihre Partnerin da (haben also einen sicheren Beziehungstyp). Falsch wäre es auch, den ängstlichen Beziehungstyp mit dem weiblichen Geschlecht gleichzusetzen; die meisten Frauen gehören dem sicheren Beziehungstyp an, und der ängstliche Beziehungstyp findet sich auch bei vielen Männern. Andererseits gibt es auch Frauen mit vermeidendem Beziehungstyp. Denken wir aber vor allem daran, dass die Mehrheit der Bevölkerung – bei den Männern genauso wie bei den Frauen – einen sicheren Beziehungstyp hat.

Eine letzte Bemerkung

Eine letzte Bemerkung für Sie, die ängstliche Leserin/den ängstlichen Leser. Niemandem hat die Bindungstheorie mehr zu bieten als Ihnen. Denn unter den Folgen einer unpassenden Beziehung und eines aktivierten Bindungssystems leiden Sie am meisten; aber Sie haben auch am meisten zu gewinnen, wenn Sie verstehen, wie das Bindungssystem funktioniert, welche Beziehungen Sie glücklich machen können und welche Situationen Sie in ein Nervenbündel zu verwandeln drohen. Wir haben erlebt, dass ängstliche Frauen und Männer es mit Hilfe der in diesem Kapitel skizzierten Tipps geschafft haben, der Einsamkeit zu entkommen und die ersehnte Partnerschaft zu finden. Wir haben auch erlebt, dass Männer und Frauen in langjährigen Partnerschaften, die das Schlimmste in ihnen zum Vorschein brachten, ihrer Beziehung eine neue Qualität geben konnten, nachdem sie die Bindungsgrundsätze verstanden und angewandt hatten. Für sie begann eine neue Phase in ihrer Beziehung, die durch mehr Sicherheit gekennzeichnet war.

6
Liebe auf Distanz: Der vermeidende Beziehungstyp

Der einsame Wanderer

Die meisten von uns sind fasziniert von Menschen, die ohne Hindernisse und Verpflichtungen allein in die Welt hinausgehen und nicht meinen, die Bedürfnisse anderer befriedigen oder berücksichtigen zu müssen. Von fiktiven Charakteren wie Forrest Gump bis zu leibhaftigen Pionieren wie Diane Fossey haben diese einsamen Wanderer oft strenge Leitsätze und ideologische Motive.

In Jon Krakauers Bestseller *In die Wildnis* lässt Chris McCandless, ein guter, sportlicher Student, mit Anfang zwanzig sein normales Leben hinter sich und bricht allein und nur mit dem Allernötigsten ausgestattet in die Wildnis von Alaska auf. Sein Ziel: Er will sich ohne die Hilfe anderer von dem ernähren, was die Natur ihm gibt. Im Verlauf seiner Reise trifft Chris immer wieder auf Menschen, die ihn zu einem Teil ihres Lebens machen wollen: Ein älterer Mann bietet an, ihn zu adoptieren, ein junges Mädchen verliebt sich in ihn, und ein Pärchen lädt ihn ein, mit ihm zusammenzuleben. Aber Chris ist entschlossen, es allein zu schaffen.

Bevor er seinen anvisierten Bestimmungsort erreicht, hat er einen letzten menschlichen Kontakt mit einem Mann namens Gallien, der ihn im Auto mitnimmt:

> *Während der Fahrt nach Süden in Richtung Berge hatte Gallien verschiedentlich vergeblich versucht, Alex [Chris' Pseudonym] von seinem Plan abzubringen. Er bot sogar an, Alex den ganzen Weg zurück nach Anchorage zu fahren, damit er dem Jungen zumindest ein paar anständige Ausrüstungsgegenstände kaufen konnte. »Nein, aber trotzdem danke«, erwiderte Alex. »Ich werde schon mit dem zurechtkommen, was ich habe.« Als Gallien fragte, ob seine Eltern oder irgendein Freund wüsste, was er vorhatte – irgendjemand, der Alarm schlagen konnte, wenn er in Schwierigkeiten geriet und überfällig war –, erwiderte Alex ruhig, nein, niemand wisse von seinen Plänen, und dass er überhaupt seit fast drei Jahren mit seiner Familie nicht mehr gesprochen habe. »Ich bin mir absolut sicher«, beteuerte er Gallien, »dass mir nichts zustoßen wird, mit dem ich nicht allein fertig werden kann.«*

Nach der Trennung von Gallien überquert Chris einen zugefrorenen Fluss und wagt sich tief in die Wildnis hinein, wo er von der Außenwelt völlig abgeschnitten ist. Ein paar Monate kommt er alleine zurecht, indem er Pflanzen sammelt und Tiere jagt. Aber als er im nächsten Frühling die Rückkehr versucht, entdeckt er, dass Regen und die Schneeschmelze den Fluss haben anschwellen lassen und die Strömung so stark ist, dass ihm der Weg in die Zivilisation versperrt ist. Ihm bleibt nichts anderes übrig, als in sein Basislager zurückzukehren, wo er schließlich stirbt. In seinen letzten Lebenstagen schreibt er in sein Tagebuch: »Glück ist nur echt, wenn es geteilt wird.«

Menschen mit vermeidendem Beziehungstyp halten wir für so etwas wie einsame Wanderer auf der Reise durch das Leben und die Beziehungswelt. Wie Chris idealisieren sie die Autonomie und verachten Abhängigkeit. Wenn Sie ein vermeidender Beziehungstyp sind, so ist die Lektion, die Chris am Ende lernte – dass Erfahrungen nur einen Sinn haben, wenn sie mit anderen geteilt werden –, auch der Schlüssel zu *Ihrem* Glück.

In diesem Kapitel wollen wir uns ansehen, wie Sie, der einsame Wanderer, es schaffen, auch dann auf Distanz zu bleiben, wenn Sie mit jemandem zusammen sind, den Sie lieben. Wir helfen Ihnen zu erkennen, warum Sie sich in Beziehungen so und nicht anders verhalten, und wie dieses Verhalten verhindert, dass Sie in Ihren Liebesbeziehungen wahrhaft glücklich werden. Wenn Sie indessen zu den drei Vierteln der Menschheit gehören, die nicht vermeidend sind, kennen Sie wahrscheinlich jemanden mit diesem Beziehungstyp – oder bekommen irgendwann einmal mit ihm zu tun. Dieses Kapitel hilft Ihnen, ihn oder sie besser zu verstehen.

Ein Überlebensvorteil ist alles andere als eine Garantie für Liebe

Man nimmt an, dass die verschiedenen Beziehungstypen sich entwickelt haben, um die Überlebenschancen der Menschen in ihrer jeweiligen Umwelt zu erhöhen. Der sichere Beziehungstyp hatte dabei die Nase vorn, denn unsere Vorfahren lebten überwiegend in engen Gruppenverbänden, in denen die eigene Zukunft und die der Nachkommen am ehesten gewährleistet war, wenn man kooperierte. Damit das Überleben der Spezies Mensch aber auch unter allen anderen Umständen gesichert war, die eventuell eintreten würden, war mehr als eine Strategie vonnöten. Unter widrigen Umständen nämlich, wenn viele durch Hunger, Krankheiten oder Naturkatastrophen umkamen, waren andere Fertigkeiten wichtiger als das Zusammenarbeiten. Dann gewannen eher die Menschen den Kampf um die begrenzten Ressourcen, die fähig waren, eigene Wege zu gehen und autark zu sein. Deshalb tendierte ein Teil der Bevölkerung zu einem vermeidenden Beziehungsverhalten.

Leider gerät der Überlebensvorteil für die Menschheit nicht zwangsläufig zu einem Vorteil für das vermeidende Individuum. Chris McCandless wäre vielleicht noch am Leben, wenn er bereit gewesen wäre, sich mit anderen zusammenzutun. Studien belegen jedenfalls, dass Vermeidende in ihren Beziehungen tendenziell weniger glücklich und zufrieden sind.

Die gute Nachricht ist: So muss es nicht sein; Sie sind nicht dazu verdammt, ein Sklave evolutionärer Kräfte zu bleiben. Sie können lernen, was Ihnen nicht in die Wiege gelegt wurde, und Ihre Chancen auf eine bereichernde Beziehung verbessern.

Im Alleinflug?

Ein vermeidender Beziehungstyp zeigt sich immer auch nach außen. Er bestimmt vor allem, was Sie in Beziehungen erwarten, wie Sie Beziehungssituationen interpretieren und wie Sie sich Ihrem Freund oder Ihrer Partnerin gegenüber verhalten. Egal ob Sie Single sind oder in einer durchaus stabilen Beziehung leben – immer lavieren Sie so, dass Sie andere nicht wirklich an sich heranlassen.

Die vermeidende Susan beschreibt sich selbst als einen Freigeist. Sie hat Beziehungen zu Männern – manchmal über ein Jahr –, aber irgendwann reicht es ihr – sie bricht zur nächsten Eroberung auf und spricht scherzhaft von der Schar »gebrochener Herzen«, die sie hinter sich zurücklässt. Sie hält emotionale Bedürftigkeit für eine Schwäche und verachtet Menschen, die von ihrem Partner abhängig werden; spöttisch bezeichnet sie solche Verbindungen als »Beziehungsknast«.

Haben Susan und andere vermeidende Frauen und Männer einfach nicht das Bedürfnis, eine sinnvolle Verbindung zu einem Menschen einzugehen, der ihnen wichtig ist? Und wenn es so sein sollte: Widerspricht es nicht dem obersten Grundsatz der Bindungstheorie – dass nämlich das Bedürfnis nach körperlicher und emotionaler Nähe zu einem Partner ein universelles Phänomen ist?

Es ist nicht leicht, diese Frage zu beantworten. Der vermeidende Beziehungstyp ist nicht gerade ein offenes Buch und neigt dazu, seine Gefühle eher zu unterdrücken als mitzuteilen. Aber Studien aus der Bindungsforschung können uns hier weiterhelfen. Ihre ausgeklügelten Versuchsanordnungen erlauben einen Blick hinter die bewussten Motive der Menschen und können in die vermeidende Gedankenwelt da eindringen, wo die direkte Kommunikation versagt. Besonders aufschlussreich waren die folgenden Untersuchungen:

Sechs Studien haben unabhängig voneinander untersucht, wie empfänglich der vermeidende Beziehungstyp für Bindungsthemen ist. Zum Beispiel wurde gemessen, wie lange die Probanden brauchten, um Worte zu melden, die kurz auf einem Bildschirm aufleuchteten. Die Tests beruhten auf der gut belegten Prämisse, dass die Geschwindigkeit, mit der Sie ein bestimmtes Wort melden, anzeigt, wie präsent dieses Thema in Ihrem Denken ist. Die Forscher fanden heraus, dass Personen mit vermeidendem Beziehungstyp Worte wie »Bedürfnis« und »verstrickt« – die sie mit negativen Verhaltensmerkmalen ihres Partners assoziieren – schneller als andere Testteilnehmer bemerkten; Worte wie »Trennung«, »Streit« und »Verlust«, die ihre eigene Bindungsproblematik betrafen, erkannten sie dagegen weniger schnell. Offenbar denken Vermeidende schnell negativ über ihren Partner, den sie für emotional bedürftig und übermäßig abhängig halten – ein wichtiges Element ihrer Einstellung zu Beziehungen –, während sie ihre eigenen Beziehungsbedürfnisse und -ängste ignorieren. Es sieht so aus, als würden sie andere für deren Abhängigkeit verachten und selbst immun gegen diese Bedürfnisse sein. Aber ist das wirklich so?

Im zweiten Teil der Studien lenkten die Forscher die Vermeidenden ab, indem sie ihnen während der Worterkennungsaufgabe eine weitere Aufgabe gaben – zum Beispiel ein Rätsel lösen oder auf einen zusätzlichen Reiz reagieren. Bei dieser Versuchsanordnung reagierten die Vermeidenden auf Worte, die ihre eigene Bindungsproblematik betrafen (»Trennung«, »Verlust«, »Tod«), genauso schnell wie andere Probanden. Wenn eine andere Aufgabe sie ablenkte, ging ihre Fähigkeit zu verdrängen also offenbar zurück, und ihre wahren Gefühle und Befürchtungen konnten zum Vorschein kommen.

Die Experimente belegen, dass Sie auch als vermeidender Beziehungstyp Ihre Bindungsmechanismen behalten – was bedeutet, dass eine drohende Trennung auch Sie emotional belastet. Allerdings werden diese Gefühle nur dann an die Oberfläche geschwemmt, wenn Ihre mentale Energie anderswo benötigt wird und Sie gewissermaßen ohne Deckung erwischt werden.

Die Studien zeigen auch, dass vermeidende Beziehungstypen wie Susan so frei eigentlich gar nicht sind; durch ihre Abwehrhaltung *wirken* sie nur so. Susan ist es offenbar wichtig, Menschen abzuwerten, die von einem Partner abhängig sind. Andere Studien haben ergeben, dass die Abwehrbastionen von Vermeidenden schnell zusammenbrechen, wenn sie mit einem belastenden Lebensereignis konfrontiert werden, etwa einer Scheidung, der Geburt eines schwerbehinderten

Kindes oder einem militärischen Trauma. Dann wirken und verhalten sie sich so wie der ängstliche Beziehungstyp.

Zusammen, doch getrennt: ein Kompromiss, der niemanden zufriedenstellt

Wie unterdrückt der vermeidende Beziehungstyp seine Bindungsbedürfnisse und sorgt in seinen Beziehungen für Distanz? Sehen wir uns genauer an, wie er sich den Menschen vom Leib hält, der ihm am nächsten steht; punktuelle Deaktivierungsstrategien im Alltag gehören genauso dazu wie bestimmte Haltungen und Überzeugungen.

- Mike, 27, war in den letzten fünf Jahren mit jemandem zusammen, den er intellektuell nicht für gleichwertig hält. Obwohl die beiden sich sehr lieben, ist Mike mit der Beziehung immer irgendwie unzufrieden. Er hat ständig das Gefühl, dass etwas fehlt, und dass hinter der nächsten Ecke ein besserer Partner auf ihn wartet.
- Kaia, 31, hat seit zwei Jahren einen Freund, mit dem sie auch zusammenwohnt. Trotzdem denkt sie immer noch wehmütig an die Freiheit, die sie als Single hatte. Sie scheint vergessen zu haben, dass sie damals in Wirklichkeit sehr einsam und unglücklich war.
- Stavros, 40, ein attraktiver und charmanter Unternehmer, möchte liebend gern heiraten und Kinder haben. Er weiß genau, was für eine Frau er sucht. Sie muss jung sein – nicht älter als 28 –, gut aussehen, beruflichen Ehrgeiz ha-

ben und, vor allem: Sie muss bereit sein, mit ihm in seine griechische Heimat zurückzukehren. Obwohl er seit über zehn Jahren auf der Suche ist, hat er die Richtige noch nicht gefunden.

- Tom, 49, ist seit Jahrzehnten mit einer Frau verheiratet, die er einmal angebetet hat. Jetzt hat er das Gefühl, in der Falle zu sitzen, und ergreift jede Gelegenheit, etwas ohne sie zu unternehmen – er geht allein auf kurze Reisen oder besucht Veranstaltungen mit seinen Freunden.

All diese Menschen haben eines gemeinsam: einen vermeidenden Beziehungstyp. In ihrem Innersten fühlen sie sich einsam, auch wenn sie in einer Beziehung sind. Während es dem sicheren Beziehungstyp leichtfällt, den Partner mit all seinen Fehlern zu akzeptieren, sich auf ihn zu verlassen und zu glauben, er sei besonders und einmalig, ist diese Haltung für den vermeidenden Beziehungstyp eine enorme Herausforderung. Wenn Sie vermeidend sind, lassen Sie sich zwar auf Liebespartner ein, bleiben mental aber immer auf Distanz und halten sich ein Hintertürchen offen. Die Nähe zu einem anderen Menschen, das Gefühl, erst mit ihm zusammen vollständig zu sein – gewissermaßen ein emotionales Zuhause gefunden zu haben – ist etwas, das Sie nur schwer akzeptieren können.

Deaktivierungsstrategien: Mit diesen Methoden halten Sie sich im Alltag den Partner auf Armeslänge – oder mehr – vom Leib

Die durchaus unterschiedlichen Methoden, mit denen Mike, Kaia, Stavros und Tom ihre Partner auf Distanz halten, werden in ihrer Gesamtheit als *Deaktivierungsstrategien* bezeichnet. Damit sind alle Verhaltensweisen und Überzeugungen gemeint, die Nähe ausschließen sollen. Die Strategien unterdrücken das Bindungssystem, jenen biologischen Mechanismus in unserem Gehirn, der dafür verantwortlich ist, dass wir einem bevorzugten Partner nah sein wollen. Erinnern Sie sich an das Experiment, in dem die Forscher zeigen konnten, dass Vermeidende das Bedürfnis nach Nähe in einer Beziehung haben, aber alles tun, um es zu unterdrücken? Deaktivierungsstrategien sind die Methoden, mit denen sie solche Bedürfnisse im Alltag unterdrücken.

Sehen Sie sich die folgende Liste mit Deaktivierungsstrategien an. Je intensiver Sie diese Methoden einsetzen, desto einsamer und weniger glücklich werden Sie sich in einer Beziehung fühlen.

Einige gängige Deaktivierungsstrategien

- Sagen (oder denken): »Ich bin noch nicht bereit für eine feste Beziehung« – und trotzdem zusammenbleiben, manchmal für Jahre.
- Sich auf gewisse Unvollkommenheiten des Partners einschießen: seine oder ihre Art zu reden, sich zu kleiden, zu essen oder .... (tragen Sie ein, was Sie stört) und zulassen, dass das Ihren liebevollen Gefühlen das Wasser abgräbt.
- Sich nach dem/der Ex sehnen – (dem/der »Phantom-Ex« – mehr darüber später).
- Mit anderen flirten – eine verletzende Taktik, die Unsicherheit in der Beziehung sät.
- Nicht »Ich liebe dich« sagen – aber den Eindruck erwecken, dass Sie für den anderen etwas empfinden.
- Sich zurückziehen, wenn die Dinge gut laufen (zum Beispiel nach einem intimen Zusammensein mehrere Tage nicht anrufen).
- Beziehungen eingehen, die keine Zukunft haben, zum Beispiel mit jemandem, der verheiratet ist.
- »Geistig abschalten«, wenn Ihr Partner mit Ihnen spricht.
- Dinge für sich behalten und/oder im Unklaren lassen, um sich weiter unabhängig fühlen zu können.
- Körperliche Nähe vermeiden – nicht dasselbe Bett teilen wollen, keinen Sex haben wollen, ein paar Schritte vor Ihrem Partner gehen.

Mit diesen – unbewusst eingesetzten – Deaktivierungsstrategien sorgt der vermeidende Beziehungstyp im Alltag dafür, dass der Mensch, den er liebt (oder lieben wird), seiner

Unabhängigkeit nicht die Flügel stutzt. Letztendlich aber verhindern sie, dass *er* oder *sie* in der Beziehung glücklich wird.
Deaktivierungsstrategien allein reichen allerdings nicht aus, um sich eine Bindung vom Leib zu halten. Sie sind nur die Spitze des Eisbergs. Auch Ihre generelle Einstellung zu Beziehungen stellt sicher, dass die Distanz zum Partner gewahrt bleibt und Ihr Beziehungsglück auf Hindernisse stößt.

Denkmuster, die Sie im Regen stehen lassen

Als Vermeidender haben Sie eine verzerrte Sicht auf das, was Ihr Partner sagt und tut. Leider sind diese nicht eben konstruktiven Denkmuster Ihnen in den seltensten Fällen bewusst.

Selbständigkeit mit Unabhängigkeit verwechseln

Joe, 29: »In meiner Kindheit hat mein Vater mir ständig gesagt, ich solle mich auf niemanden verlassen. Das hat er so oft wiederholt, dass es für mich zu einem Mantra wurde: ›Du kannst dich nur auf dich selbst verlassen!‹ Ob das tatsächlich so ist, habe ich mich erst gefragt, als ich mit einer Therapie anfing. ›Beziehungen? Wer braucht schon so was?‹, meinte ich zu meinem Seelenklempner. ›Warum sollte ich meine Zeit damit vergeuden, mit jemandem zusammen zu sein, wenn ich mich nur auf mich selbst verlassen kann?‹ Mein Therapeut öffnete mir die Augen. ›Das ist Unsinn!‹ sagte er. ›Natürlich können – und sollen – Sie sich auf andere Leute verlassen, das machen Sie ja sowieso ständig. Alle tun das.‹ Es war eine richtige Erleuchtung. Es fiel mir wie Schuppen von den Augen, dass er recht hatte. Ich war total erleichtert, von einer Vorstellung Abschied zu nehmen, die mich vom Rest der Menschheit trennte.«

Joe ist nicht der Einzige, der meint, er könne sich nur auf sich selbst verlassen – und erfahren muss, dass ihn das ziemlich einsam macht. Studien zeigen, dass Menschen mit dieser Einstellung sich mit Nähe und Verbindlichkeit sehr unwohl fühlen. Obwohl festgestellt wurde, dass Vermeidende sehr zuversichtlich glaubten, niemanden zu brauchen, hatte diese Überzeugung ihren Preis: Bei allen Kriterien für die Nähe in persönlichen Beziehungen schnitten sie am schlechtesten ab: Sie waren am wenigsten bereit, sich zu öffnen, fühlten sich am wenigsten wohl mit Intimität und baten mit der geringsten Wahrscheinlichkeit andere um Hilfe.

Joes Erzählung zeigt, dass die ausgeprägte Überzeugung, sich nur auf sich selbst verlassen zu können, eher ein Nachteil als ein Vorteil ist. In einer Liebesbeziehung verringert sie Ihre Fähigkeit, Nähe herzustellen, Persönliches mitzuteilen und sich auf den Partner einzustellen. Viele Vermeidende meinen, wenn sie sich nur auf sich selbst verlassen würden, wären sie unabhängig. Obwohl es für uns alle wichtig ist, auf eigenen Füßen stehen zu können, schneiden wir uns von einer wichtigen Lebensader ab, wenn wir die Autonomie über- und die Hilfe durch andere unterschätzen.

Dass Sie sich nur auf sich selbst verlassen, führt außerdem dazu, dass Sie die Bedürfnisse des Partners ignorieren und

Ihre eigenen Bedürfnisse in den Mittelpunkt stellen. Und das bringt Sie um eine der bereicherndsten menschlichen Erfahrungen: das erhebende Gefühl, dass Sie (und der Mensch, den Sie lieben) Teil von etwas sind, das größer ist als Sie selbst.

Den Wurm und nicht den Apfel sehen

Sie können Ihren Partner auch dadurch auf Distanz halten, dass Sie »den Wurm und nicht den Apfel sehen«. Carole zum Beispiel war seit neun Monaten mit Bob zusammen und immer unglücklicher. Sie meinte, Bob sei der falsche Mann für sie, und nannte dafür alle möglichen Gründe: Er war ihr intellektuell nicht gewachsen, zu unkultiviert, emotional zu abhängig, auch gefiel ihr nicht, wie er sich anzog oder sich im Zusammensein mit anderen Leuten verhielt. Gleichzeitig besaß er eine Sensibilität, die sie noch bei keinem anderen Mann gefunden hatte. Bei ihm fühlte sie sich geborgen und akzeptiert, er überschüttete sie mit Geschenken und hatte unendliche Geduld mit ihren Schweigephasen, ihren Stimmungen und ihrem Spott. Trotzdem meinte sie, sie müsse ihn unbedingt verlassen. »Es wird nie funktionieren«, sagte sie immer wieder. Schließlich trennte sie sich von ihm. Monate später stellte sie überrascht fest, wie schwer das Leben ohne ihn war. Einsam, deprimiert und verzweifelt beklagte sie die verlorene Beziehung als die beste, die sie je gehabt hatte.

Caroles Erfahrung liegt voll und ganz auf der Linie des vermeidenden Beziehungstyps. Er neigt dazu, bei seinem

Partner eher die Schwächen als die Stärken zu sehen. Mario Mikulincer, Dekan der New School of Psychology am Interdisciplinary Center in Israel und einer der führenden Paarbindungsforscher, und seine Kollegen Victor Florian und Gilad Hirschberger vom Institut für Psychologie an der Bar-Ilan University in Israel haben dazu eine Studie durchgeführt. Sie baten Paare, die täglichen Interaktionen mit dem Partner in einem Tagebuch festzuhalten. Die Wissenschaftler fanden heraus, dass die vermeidenden Beziehungstypen ihre Partner weniger positiv beurteilten als Nichtvermeidende. Das taten sie *auch an den Tagen, an denen ihr Tagebucheintrag darauf schließen ließ, dass der Partner sich hilfsbereit, warmherzig und fürsorglich verhalten hatte.* Dr. Mikulincer erklärt dieses Verhaltensmuster mit der generell abwertenden Einstellung, die Vermeidende zu Verbundenheit haben. Wenn etwas geschieht, das nicht in dieses Konzept passt – der Partner sich zum Beispiel fürsorglich und liebevoll verhält –, neigen sie dazu, dieses Verhalten zu ignorieren oder zumindest als unbedeutend abzutun.

Als Carole mit Bob zusammen war, benutzte sie eine ganze Reihe von Deaktivierungsstrategien, aber am liebsten schoss sie sich auf seine negativen Eigenschaften ein. Obwohl sie seine Stärken kannte, kreisten ihre Gedanken nur um das, was sie für seine zahllosen Schwächen hielt. Erst als sie sich getrennt hatten und die Nähe zwischen ihnen sie nicht mehr bedrohte, brachen ihre Abwehrstrategien zusammen. Jetzt konnte sie den Kontakt zu dem darunterliegenden Zusammengehörigkeitsgefühl herstellen, das die ganze Zeit da gewesen war, und Bobs Vorzüge richtig einschätzen.

Stellen Sie sich vor, Sie wären eine Mutter oder ein Vater und würden die Signale, die Ihr Kleinkind Ihnen gibt, einfach nicht verstehen. Sie wüssten nicht, ob das Kind hungrig oder müde ist, ob es auf den Arm genommen oder in Ruhe gelassen werden will, ob die Windeln nass sind oder es Bauchschmerzen hat. Das Leben wäre für Sie beide sehr schwierig. Ihr Kind müsste sich sehr viel mehr anstrengen – und länger weinen oder schreien –, um sich verständlich zu machen.

Als vermeidender Beziehungstyp fühlen Sie sich oft wie dieser Elternteil. Sie sind nicht gut darin, die vielen verbalen und nonverbalen Signale, die Sie beim täglichen Austausch mit Ihrem Partner erhalten, in ein schlüssiges Bild seines Befindens zu übersetzen. Denn mit Ihrer »Ich-schaffe-es-schon-alleine«-Mentalität geht einher, dass Sie sich nicht großartig darum kümmern, wie es dem Menschen geht, der ihnen am nächsten steht. Sie meinen, das wäre nicht Ihre Aufgabe, und er müsse selbst für sein Wohlbefinden sorgen. Wegen dieses fehlenden Verständnisses klagen die Partner von Vermeidenden oft, sie würden emotional nicht genügend unterstützt. Auch empfinden sie in der Beziehung weniger Zusammengehörigkeit, Geborgenheit und Zufriedenheit.

Dr. Jeffry Simpson, Professor für Psychologie an der University of Minnesota, untersucht, wie die Bindungsorientierung der Partner sich auf das Funktionieren der Beziehung und ihr Wohlbefinden auswirkt, vor allem unter Stress. Außerdem erforscht er die empathische Genauigkeit – die Bedingungen, unter denen Menschen die Gefühle ihres Partners richtig oder falsch einzuschätzen vermögen. Gemeinsam mit Steve Rholes von der Texas A & M University entwickelte er ein Experiment, das prüfte, ob die Fähigkeit, die Gedanken des Partners zu deuten, vom jeweiligen Bindungsstil abhing. Die Forscher baten die Probanden, in Gegenwart ihrer Partner die Attraktivität und den Sexappeal von Personen des jeweils anderen Geschlechts anhand von Fotos zu beurteilen. Anschließend sollten die Testteilnehmer die Reaktion des Partners auf die Beurteilung einschätzen. Es stellte sich heraus, dass die vermeidenden Probanden die Gedanken und Gefühle des Partners während des Experiments weniger treffsicher wahrnahmen als die Ängstlichen. Wenn Vermeidende auf einem Foto jemanden als sehr attraktiv beurteilt hatten, interpretierten sie die Reaktion des Partners häufig als gleichgültig, obwohl der sich in Wirklichkeit ziemlich geärgert hatte.

John Gray beschreibt in seinem Bestseller *Männer sind anders. Frauen auch* das Aha-Erlebnis, das ihn dazu veranlasste, dieses Buch zu schreiben. Seine Frau Bonnie hatte in einer sehr schmerzhaften Entbindung ihr gemeinsames Kind zur Welt gebracht, und ein paar Tage später begann er wieder zu arbeiten (alle Anzeichen deuteten darauf hin, dass Bonnie auf dem Weg der Besserung war). Als er abends nach Hause kam, stellte er fest, dass seiner Frau die Schmerzmittel ausgegangen waren und sie sich infolgedessen den ganzen Tag gequält hatte, wobei sie sich auch noch um das Neugeborene hatte kümmern müssen. Als er sah, wie aufgebracht sie war, missdeutete er ihren Ärger als Vorwurf und begann sofort, sich zu verteidigen – er versuchte zu beweisen, dass er an diesem Umstand unschuldig war. Schließlich wusste er nicht, dass ihr die Tabletten ausgegangen waren. Warum hatte sie ihn nicht angerufen? Nach einem hitzigen Wortwechsel war er kurz davor, wütend aus dem Haus zu stampfen, als Bonnie ihn aufhielt: »Halt! Bitte geh nicht fort«, sagte sie. »Gerade jetzt brauche dich am meisten. Ich habe Schmerzen. Ich habe seit Tagen nicht mehr geschlafen. Bitte hör mich an.« An diesem Punkt ging John zu ihr und nahm sie schweigend in die Arme. Er schreibt: »An diesem Tag ließ ich sie jedoch nicht im Stich – zum allerersten Mal … Ich war fähig, ihr in dem Moment etwas zu geben, in dem sie es wirklich brauchte.«

Dieser Vorfall – der Stress und die Verantwortung, ein neugeborenes Baby im Haus zu haben, und die effiziente Kommunikation seiner Frau – führte John ein Arbeitsmodell für Beziehungen vor Augen, das dem sicheren Beziehungstyp entsprach. Es machte ihm bewusst, dass es seine Verantwortung und seine heilige Pflicht war, dafür zu sorgen, dass es seiner Frau gut ging. Für ihn war das eine Offenbarung. Von jemandem, der sich vorrangig um die eigenen Bedürfnisse gekümmert und auf die Bitten und Missfallensäußerungen seiner Partnerin mit Abwehr reagiert hatte, wurde er zu jemandem, der auf die Mentalität des sicheren Beziehungstyps einschwenkte. Das ist nicht einfach, aber möglich – wenn Sie so aufgeschlossen sind, Ihren Partner wirklich wahrzunehmen.

Die Sehnsucht nach dem Phantom-Ex, das Warten auf »die Richtige«

Das sind die zwei raffiniertesten Methoden, mit denen Sie die Liebe auf Abstand halten: Sie reden sich ein, Sie würden sich nach jemandem sehnen, den Sie früher einmal gekannt haben, oder die *Richtige* würde gleich hinter der nächsten Ecke auf Sie warten. Aber damit stehen Sie sich selbst im Weg. Denn die Vorstellung, es gäbe den einen »perfekten« Partner, gehört zu den wirkungsvollsten Strategien, mit denen der vermeidende Beziehungstyp sich andere vom Leibe hält. So kann er nämlich glauben, mit ihm selbst wäre alles in Ordnung und der jetzige Partner das Problem – der einfach nicht gut genug ist. Das schafft nicht nur eine Kluft zwischen Ihnen und Ihrem Partner, es verwirrt ihn auch; denn wenn er hört, dass Sie Ihren Ex so sehr vermissen oder sich dermaßen nach dem perfekten Seelenpartner sehnen, bestärkt ihn das in seiner Überzeugung, dass Sie *doch* Nähe und Verbindlichkeit wollen – obwohl Sie beidem in Wirklichkeit aus dem Weg gehen.

Der Phantom-Ex

Vermeidende, die eine Liebesbeziehung abgewertet haben, solange sie bestand, wachen nach deren Ende oft plötzlich auf und haben dann all das Negative vergessen, das sie an ihrem Partner gestört hat; verwundert fragen sie sich, wieso die Beziehung überhaupt schiefgegangen ist, und schwelgen in Erinnerungen an die verlorene Liebe. Diesen Zustand nennen wir das *Phantom-Ex-Phänomen.*

Wie bei Carole, die ihre Zuneigung für Bob erst wiederentdeckte, als sie sich von ihm getrennt hatte, geschieht etwas Merkwürdiges, wenn vermeidende Beziehungstypen zwischen sich und den ehedem uninteressanten Partner Zeit und Distanz geschaufelt haben: Die Liebe und die Bewunderung für ihn kehren zurück! Aus sicherer Entfernung hat die bedrohliche Nähe sich in Luft aufgelöst und damit auch das Bedürfnis, die wahren Gefühle zu unterdrücken. Jetzt können sie sich all die fabelhaften Eigenschaften ihres Ex ausgiebig vor Augen führen und sich einreden, er sei der beste Partner gewesen, den sie je hatten. Natürlich können sie nicht artikulieren, warum dieser Mensch nicht der Richtige für sie war, oder sich deutlich daran erinnern, warum sie die Beziehung überhaupt beendet haben (oder sich so ekelhaft benommen haben, dass der andere keine andere Wahl hatte, als zu gehen). Im Grunde stellen sie den Verflossenen auf ein Podest und beweihräuchern die »Liebe ihres Lebens«, die jetzt für immer verloren ist. Manchmal versuchen sie, die Beziehung wieder aufzunehmen, und setzen einen Teufelskreis aus Annäherung und Rückzug in Gang. Oder sie versuchen zwar nicht, mit dem Ex wieder zusammenzukommen – obwohl der sogar verfügbar wäre –, denken aber trotzdem ständig an ihn.

Die Fixierung auf einen früheren Partner erstickt neue Beziehungen im Keim; es ist eine Deaktivierungsstrategie, die verhindert, dass Sie einem anderen Menschen nahekommen. Auch wenn Sie mit Ihrem Phantom-Ex wahrscheinlich nie wieder zusammenkommen werden, lässt schon das Wissen, dass es ihn gibt, jeden anderen Partner im Vergleich dazu bedeutungslos erscheinen.

Der oder die »einzig Richtige«

Haben Sie schon einmal mit jemandem angebandelt, den Sie zunächst umwerfend fanden, bei dem sich aber, sobald Sie ihm näherkamen, unabweislich das Gefühl einstellte, letztendlich sei der doch nicht so eine Wucht? Das kann sogar dann passieren, wenn Sie schon einige Zeit oder auch ziemlich intensiv mit dem Betreffenden zusammen waren und fest geglaubt hatten, er sei der einzig Richtige für Sie. Doch plötzlich überkommt Sie ein Frösteln. Ihnen fällt auf, dass er eine merkwürdige Art hat, seine Suppe zu löffeln, oder dass es Sie nervt, wie er sich die Nase putzt. Nach der anfänglichen Hochstimmung haben Sie zunehmend das Gefühl zu ersticken, und Ihnen wird immer klarer, dass Sie ein bisschen Abstand brauchen. Sie merken nicht, dass diese negative Gefühlswelle in Wirklichkeit eine unbewusst ausgelöste Deaktivierungsstrategie sein könnte, die Ihre Bindungsbedürfnisse unterdrücken soll.

Weil Sie nicht nach innen schauen wollen – und meinen, jeder von uns habe die gleiche Befähigung zur Nähe –, kommen Sie zu dem Schluss, dass Sie einfach nicht verliebt genug sind, und ziehen sich zurück. Ihr Partner ist am Boden zerstört und protestiert, aber das bestärkt Sie nur in Ihrer Überzeugung, dass er doch nicht der »Richtige« ist. Sie wandern von Flirt zu Flirt, werfen wieder und wieder diesen Teufelskreis an und glauben dabei die ganze Zeit, dass eine mühelose Beziehung auf einer ganz anderen Ebene möglich würde, sobald Sie »den Richtigen« erst gefunden haben.

Können Vermeidende sich ändern?

Bei der Lektüre dieses Kapitels dürfte deutlich geworden sein, dass Vermeidende nicht wirklich unabhängig sind, sondern ständig gegen ein starkes Bindungssystem ankämpfen, das sie mit ebenso starken Deaktivierungsstrategien zu unterdrücken versuchen. Weil die distanzierenden Verhaltensweisen, Gedanken und Überzeugungen so machtvoll sind, könnte man leicht zu dem Schluss kommen, sie seien unmöglich auszumerzen und zu verändern. Aber das stimmt nicht. *Wahr* ist: Vermeidende Beziehungstypen nehmen oft an, ihre Unzufriedenheit in einer Beziehung habe wenig mit ihnen selbst und viel mit den äußeren Umständen zu tun – damit, dass sie immer die falschen Leute kennenlernen, nicht den »Richtigen« finden oder sich mal wieder mit einem Partner eingelassen haben, der sie in einen Käfig sperren will. Selten suchen sie die Gründe für ihre Unzufriedenheit bei sich selbst, und noch seltener konsultieren sie einen Therapeuten oder sind bereit, dessen Hilfe anzunehmen, wenn der Partner sie darum bittet. Und leider werden sie sich wahrscheinlich tatsächlich nicht ändern, solange sie nicht nach innen schauen oder therapeutische Hilfe in Anspruch nehmen.

Manchmal allerdings, wenn Vermeidende einen Tiefpunkt in ihrem Leben erreichen – wenn Einsamkeit sie erdrückt, eine schlimme Erfahrung ihr Leben auf den Kopf stellt oder sie einen schweren Unfall haben –, ändern sie ihre Denkweise. Wenn Sie diesen Punkt erreicht haben, bringen die folgenden acht Maßnahmen Sie echter Verbundenheit einen Schritt näher. Dazu müssen Sie vor allem Ihre Selbstwahrnehmung schärfen. Dass Sie die Denkmuster erkennen, die Sie an echter Nähe hindern, ist jedoch nur der Anfang. Im nächsten und *schwierigeren* Schritt müssen Sie herausfinden, in welchen Situationen diese Einstellungen und Verhaltensweisen zum Tragen kommen, und sich dann daranmachen, sie zu ändern.

Coaching-Session: Acht Dinge, die Sie heute tun können, damit die Liebe Sie erreicht

1. **Erkennen Sie Ihre Deaktivierungsstrategien.** Handeln Sie nicht impulsiv. Wenn Sie von jemandem hin und weg sind und dann plötzlich das unbestimmte Gefühl bekommen, dass er nicht der Richtige für Sie ist, sollten Sie einen Moment innehalten und sich fragen: Ist das nicht eigentlich eine Deaktivierungsstrategie? Sind die kleinen Mängel, die Ihnen jetzt auffallen, nicht der Versuch Ihres vermeidenden Bindungssystems, Sie zum Rückzug zu veranlassen? Denken Sie daran, dass Ihr Bild verzerrt ist und Sie Nähe brauchen, auch wenn Sie sich mit ihr nicht wohlfühlen. Wenn Sie anfangs diesen Menschen für supertoll gehalten haben, haben Sie viel zu verlieren, wenn Sie ihn jetzt wegschieben.
2. **Vergessen Sie Ihre Autonomie, konzentrieren Sie sich auf gegenseitige Unterstützung.** Wenn Ihr Partner das Gefühl hat, eine sichere Basis zu haben, auf die er sich verlassen kann (und nicht meint, er müsste sich die Nähe zu Ihnen hart erarbeiten), und wenn Sie nicht das Bedürfnis

haben, zu ihm oder ihr auf Distanz zu gehen, sind Sie beide viel besser dafür gerüstet, den Blick nach außen zu richten und eigene Angelegenheiten zu verfolgen. Sie können sich über mehr Unabhängigkeit freuen, und Ihr Partner wird selbstsicherer. (Mehr über das »Abhängigkeitsparadox« in Kapitel 2.)

3. **Finden Sie einen sicheren Partner.** Wie Sie in Kapitel 7 sehen werden, machen Menschen mit sicherem Beziehungstyp oft auch ihren ängstlichen oder vermeidenden Partner sicherer. Mit einem ängstlichen Partner dagegen wird Ihr Vermeidungsverhalten vermutlich eskalieren – was oft in einen Teufelskreis mündet. Nehmen Sie lieber den sicheren Weg. Sie brauchen weniger auf Abwehr zu schalten, es gibt weniger Streit, und Sie fühlen sich weniger bedrängt.
4. **Erkennen Sie Ihre Tendenz, ein Verhalten falsch zu interpretieren.** Der negative Blick auf das Verhalten und die Absichten Ihres Partners schleppt viele ungute Schwingungen in die Beziehung ein. Ändern Sie dieses Muster! Erkennen Sie diese Tendenz, registrieren Sie, wann sie sich breitmacht, und suchen Sie nach einer plausibleren Erklärung für das Verhalten Ihres Partners. Rufen Sie sich ins Gedächtnis, dass dies Ihr Partner ist, dass Sie beschlossen haben, mit ihm oder ihr zusammen zu sein, und dass es Ihnen bessergehen wird, wenn Sie darauf vertrauen, dass er oder sie Ihr Bestes will.
5. **Schreiben Sie auf, für was Sie Ihrem Partner dankbar sein können.** Machen Sie sich jeden Tag bewusst, dass Sie dazu neigen, negativ über Ihren Partner zu denken.

Als vermeidender Beziehungstyp sind Sie einfach so veranlagt. Setzen Sie sich deshalb das Ziel, das Positive im Verhalten Ihres Partners zu sehen. Mag sein, dass das nicht leicht ist, aber mit Übung und Ausdauer wird es Ihnen immer besser gelingen. Vergegenwärtigen Sie sich jeden Abend, was tagsüber passiert ist. Notieren Sie mindestens eine Art, auf die Ihr Partner heute – und sei es geringfügig – zu Ihrem Wohlbefinden beigetragen hat. Schreiben Sie auf, warum Sie dankbar dafür sind, dass er Ihr Leben teilt.

6. **Löschen Sie den Phantom-Ex aus Ihrem Erinnerungsspeicher.** Halten Sie inne, wenn Sie feststellen, dass Sie Ihren superwahnsinnstollen Ex-Partner idealisieren, und erkennen Sie an, dass er keine realistische Option ist (und nie war). Wenn Sie daran denken, wie kritisch Sie die Beziehung gesehen haben – und wie viel Misstrauen Sie gegen die Beziehung hatten –, brauchen Sie Ihren Ex als Deaktivierungsstrategie nicht länger einzusetzen und können sich auf jemand Neuen konzentrieren.
7. **Vergessen Sie den »einzig Richtigen«.** Wir bestreiten nicht, dass es so etwas wie einen Seelenpartner gibt. Im Gegenteil, wir glauben ganz fest daran. Aber wir sind auch überzeugt, dass Sie dafür etwas tun müssen. Warten Sie nicht, bis der »einzig Richtige« auftaucht, der alle Anforderungen auf Ihrer Checkliste erfüllt und mit dem dann alles glattläuft. *Machen* Sie jemanden zu Ihrem Seelenpartner, indem Sie sich für ihn entscheiden, ihn (mit Hilfe der hier angebotenen Strategien) an sich heranlassen und zu einem ganz besonderen Teil von sich selbst machen.

8. **Wenden Sie die Ablenkungsstrategie an.** Als vermeidender Beziehungstyp fällt es Ihnen leichter, Nähe zu Ihrem Partner herzustellen, wenn während des Zusammenseins ein zusätzlicher Fokus Ihre Aufmerksamkeit beansprucht (denken Sie an das Experiment mit der Ablenkungsaufgabe). Wenn Sie gemeinsam etwas unternehmen – zusammen wandern, segeln oder kochen –, kommen Sie leichter aus Ihrer Abwehrhaltung heraus und finden eher Zugang zu Ihrer liebevollen Seite. Durch diesen kleinen Trick entsteht in der gemeinsam verbrachten Zeit wie von selbst mehr Nähe.

Weitere Tipps, mit denen sich ein Vermeidungsverhalten aushebeln lässt, finden Sie in Kapitel 8.

7
Nähe willkommen: Der sichere Beziehungstyp

Sie meinen, es wäre langweilig, etwas über den sicheren Beziehungstyp zu schreiben? Er ist zuverlässig, beständig und aufrichtig. Er versucht nicht, Nähe auszuweichen, und macht sich wegen seiner Beziehungen nicht verrückt. In seinen Liebesbeziehungen finden keine Dramen statt – keine Höhen und Tiefen, keine Jo-Jo-Effekte und keine emotionalen Achterbahnen, jedenfalls nicht in nennenswertem Ausmaß. Was also bliebe über diesen Typ zu sagen?

Ziemlich viel! Je intensiver wir Paarbeziehungen studiert und dabei erfahren haben, wie tiefgreifend eine sichere Bindung das Leben verändern kann, desto mehr haben wir die sicheren Männer und Frauen dieser Welt bewundern und schätzen gelernt. Sie sind auf die seelischen und körperlichen Signale ihres Partners eingestellt und wissen, wie sie auf sie reagieren können. Ihr Gefühlssystem dreht angesichts einer Bedrohung weder vollends durch (wie beim ängstlichen Typ), noch macht es dicht (wie beim vermeidenden Typ).

Auf den folgenden Seiten erfahren Sie mehr über die Merkmale dieses Typs, und warum er so außergewöhnlich ist. Und obwohl Männer und Frauen mit diesem Typ in Beziehungsdingen im Allgemeinen keine Hilfe brauchen, könnten sie irgendwann in eine Partnerschaft hineinstolpern, die nicht funktioniert und ihnen sogar schadet; damit das nicht passiert, geben wir im Folgenden auch ihnen einige Hinweise.

Ausgleichende Wirkung

Die Forschung zeigt wieder und wieder, dass ein sicherer Beziehungstyp der beste Indikator für eine glückliche Beziehung ist. Studien belegen, dass Personen mit sicherem Beziehungstyp von einem höheren Maß an Zufriedenheit in ihrer Partnerschaft berichten als Befragte mit anderen Beziehungstypen. Patrick Keelan hat im Rahmen seiner Dissertation an der University of Toronto eine Studie durchgeführt, die dieses Thema beleuchtet. Zusammen mit dem verstorbenen Psychologieprofessor Kenneth Dion und dessen langjähriger Forscherkollegin und Ehefrau Karen Dion, die an der University of Toronto Psychologie lehrt, begleitete er vier Monate lang über einhundert Universitätsstudenten durch die Anfangsstadien einer Beziehung. Die Forscher stellten fest, dass bei den sicheren Beziehungstypen das Maß an Zufriedenheit, Verbundenheit und Vertrauen in diesem Zeitraum konstant hoch blieb. Die Probanden mit einem der unsicheren Beziehungstypen dagegen berichteten, im Verlauf der vier Monate habe die Intensität aller drei Kriterien abgenommen.

Was aber passiert, wenn ein sicherer und ein unsicherer Beziehungstyp sich zusammentun? In einem weiteren Experiment baten die Forscher Beobachter, das Verhalten von Paaren bei gemeinsamen Interaktionen zu bewerten. Nun, es war eigentlich keine Überraschung, dass die sicheren Paare – diejenigen, bei denen beide Partner diesem Beziehungstyp angehörten – besser klarkamen als die unsicheren Paare – bei denen beide Partner entweder ängstlich oder vermeidend waren. Sehr viel interessanter war, dass zwischen sicheren und »gemischten« Paaren – bei denen nur ein Partner sicher war – kein Unterschied zu beobachten war. In beiden Gruppen zeigten sich weniger Konflikte, und beide wurden als funktionaler bewertet als die »unsicheren« Paare.

Menschen mit sicherem Beziehungstyp gelingen Partnerschaften also nicht nur sehr viel besser, sie haben auch eine ausgleichende Wirkung: Irgendwie schaffen sie es, die Zufriedenheit und die Denk- und Verhaltensstrukturen des unsicheren Partners auf ihr eigenes hohes Niveau anzuheben. Das ist ein überaus wichtiger Befund. Er bedeutet, dass das Zusammensein mit einem sicheren Partner sie so aufbaut, dass sie sicherer werden.

Ist das Zauberei?

Was haben Personen mit sicherem Beziehungstyp an sich, dass sie diese »magische« Wirkung in Beziehungen entfalten? Sind sie immer die freundlichsten, sympathischsten oder umgänglichsten Zeitgenossen? Kann man sie an ihrem

Charme, ihrer Gelassenheit oder ihrem Selbstvertrauen erkennen? Die Antwort auf all diese Fragen lautet: nein. Genauso wenig wie bei den anderen Beziehungstypen verraten charakterliche oder körperliche Merkmale den sicheren Typ. Er tritt in fast allen Schattierungen des Persönlichkeitsspektrums auf:

- Aaron, 30, ein Chemiker, ist introvertiert und hasst gesellschaftliche Ereignisse. Seine freie Zeit verbringt er überwiegend mit Arbeiten, Lesen oder mit seinen Brüdern und seinen Eltern; es fällt ihm schwer, neue Kontakte zu knüpfen. Seine erste sexuelle Erfahrung hatte er vor zwei Jahren.
- Brenda, 27, Filmproduzentin, ist eine Gesellschaftsnudel. Sie kennt jeden und ist immer da, wo etwas los ist. Von 18 bis 24 hatte sie einen festen Freund und seitdem Kontakte zu mehreren anderen Männern.
- Gregory, 50, Elektroingenieur und geschiedener Vater von zwei Kindern, ist sehr kontaktfreudig und umgänglich. Er erholt sich noch von seiner gescheiterten Ehe und ist auf der Suche nach Ehefrau Nummer zwei.

Sichere Beziehungstypen präsentieren sich äußerlich als bunter Querschnitt durch die Bevölkerung. Etwas anderes jedoch zeichnet sie aus, etwas, das schwerer zu erkennen ist, zumindest auf den ersten Blick. Janet, 41, erlebte dieses »Etwas« aus erster Hand.

Vor dem Wochenende hatte sie eine Menge Arbeit im Büro unerledigt liegengelassen, und beim Aufwachen am

Montagmorgen packte sie prompt die Panik. Davon überzeugt, den riesigen Stapel Akten auf ihrem Schreibtisch niemals abarbeiten zu können, fühlte sie sich absolut inkompetent. Sie drehte sich zu ihrem Mann Stan um, der im Bett neben ihr lag, und erzählte ihm – aus heiterem Himmel –, wie enttäuscht sie darüber sei, dass es mit *seiner* Firma nicht so recht vorwärtsging, und dass sie sich große Sorgen mache, dass *er* es nicht schaffen könnte. Stan wunderte sich, reagierte aber auf Janets Angriff ohne sichtbare Anzeichen von Feindseligkeit. »Ich verstehe, dass du Angst hast, und vielleicht würde es dich trösten, wenn ich auch Angst hätte, aber wenn das hier ein Versuch sein soll, mich aufzubauen, damit ich meine Arbeit besser schaffe – was dir ja tatsächlich oft gelingt –, dann ist diese Methode dafür nicht geeignet.«

Janet war wie vom Donner gerührt. Sie wusste, dass er recht hatte – dass sie nur die Ängste geäußert hatte, die sie wegen ihrer eigenen Arbeit hatte. Stan, der sah, dass sie den Tränen nah war, bot an, sie zur Arbeit zu fahren. Im Auto entschuldigte sie sich. Sie hatte nicht gemeint, was sie gesagt hatte, war aber so in Panik gewesen, dass ihr alles hoffnungslos erschienen war.

Ihr wurde jetzt klar, was für ein wunderbar verlässlicher Mann Stan war. Wenn *er sie* aus heiterem Himmel angegriffen hätte, hätte sie zurückgeschlagen, und der 3. Weltkrieg wäre ausgebrochen. Sie wäre nicht gelassen genug geblieben, um herauszufinden, was wirklich los war, und um zu verstehen, dass es nicht um sie, sondern um ihn ging. Stans Fähigkeit, mit der Situation so umzugehen, wie er es getan hatte, war Ausdruck eines echten Talents für Gefühle. »Ich muss mir merken, wie gut es tut, ein solches Geschenk zu bekommen, und daran denken, irgendwann etwas davon zurückzugeben«, dachte sie für sich.

Wenn die Gefahr unbemerkt bleibt

Menschen mit sicherem Beziehungstyp wie Stan zeichnet etwas aus, das ganz real, aber nach außen nicht sichtbar ist: Sie erwarten instinktiv, dass ihr Partner liebevoll ist und auf sie eingeht, und machen sich keine großen Sorgen darum, dass er sie irgendwann nicht mehr lieben könnte. Sie fühlen sich mit Nähe und Verbindlichkeit extrem wohl und verfügen über eine geradezu unheimliche Fähigkeit, eigene Bedürfnisse zu äußern und auf die Bedürfnisse des Partners einzugehen.

Eine ganze Reihe von Studien hat die Tür zum Unbewussten von Testpersonen einen Spalt weit geöffnet (und gemessen, wie lange sie brauchen, um Wörter zu melden, die schnell auf einem Bildschirm aufleuchten, wie in Kapitel 6 beschrieben) und dabei die Reaktionen von Personen mit ängstlichem, vermeidendem oder sicherem Beziehungstyp verglichen. Es stellte sich heraus, dass Sichere einen leichteren unbewussten Zugriff auf Themen wie Liebe, Umarmungen und Nähe hatten und Begriffe wie Gefahr, Verlust und Trennung ihnen weniger leicht zugänglich waren. Die negativen, bedrohlichen Themen drangen nicht so leicht zu ihnen durch. Aber anders als Vermeidende, die zwar zunächst nicht, bei gleichzeitiger Ablenkung durch eine andere Aufgabe aber sehr wohl auf diese Worte reagierten, übersahen die Sicheren die negativen Begriffe auch, wenn sie abgelenkt wurden. Im Gegensatz zu vermeidenden Beziehungstypen werden Sichere auch dann nicht durch Dinge beunruhigt, die für die Beziehung eine Bedrohung darstellen könnten, wenn man ihr Unbewusstes überrumpelt. Mit anderen Worten: Sichere brauchen sich nicht anzustrengen, um bedrohliche Gedanken zu unterdrücken; solche Themen machen ihnen einfach keine Sorgen – weder bewusst noch unbewusst! Als sichere Probanden aufgefordert wurden, ganz bewusst an Trennung, Verlassenheit und Verlust zu denken, gelang ihnen das, und sie wurden daraufhin auch nervöser, wie Messungen ihres Hautwiderstandes ergaben (bei denen die Menge an Schweiß auf der Haut gemessen wird). Aber als sie angewiesen wurden, nicht mehr an diese Themen zu denken, ging ihr Hautwiderstand schlagartig auf normale Werte zurück. Offenbar ist das, was manche als harte Arbeit empfinden – angesichts einer Bedrohung das seelische Gleichgewicht bewahren –, für die Sicheren unter uns ein Kinderspiel. Sie sind für den negativen Signalinput dieser Welt einfach nicht so empfänglich wie die anderen Beziehungstypen.

Diese Haltung beeinflusst ihr gesamtes Liebesleben. Sie

- **sind hervorragend in der Konfliktbewältigung** – Bei einem Streit reagieren sie nicht abwehrend, auch wollen sie den Partner weder verletzen noch bestrafen; so verhindern sie, dass die Situation eskaliert.
- **sind geistig flexibel** – Kritik empfinden sie nicht als bedrohlich. Sie sind bereit, ihre Gewohnheiten zu überdenken und notfalls ihre Überzeugungen und Strategien zu revidieren.

- **kommunizieren sehr effizient** – Sie erwarten, dass andere verständnisvoll sind und auf sie eingehen, und deshalb ist es für sie selbstverständlich, ihre Gefühle offen und wahrheitsgemäß mitzuteilen.
- **spielen nichts vor** – Sie wollen Nähe und glauben, dass andere das Gleiche wollen; warum dann den anderen in die Irre führen?
- **fühlen sich mit Nähe wohl und sorgen sich nicht um ihre Abgrenzung** – Sie wollen Nähe und haben keine Angst, sich in die Beziehung »zu verstricken«. Weil weder die Angst vor Verletzungen (wie beim ängstlichen Typ) noch das Bedürfnis nach Freiraum (wie beim vermeidenden Typ) sie beherrschen, fällt es ihnen leicht, Nähe zu genießen, körperliche genauso wie emotionale.
- **verzeihen schnell** – Sie gehen davon aus, dass ihr Partner oder ihre Partnerin nur das Beste für sie will, und werden ihm oder ihr etwas Verletzendes deshalb wahrscheinlich verzeihen.
- **sind geneigt, sexuelle und emotionale Intimität als ein und dasselbe zu betrachten** – Sie brauchen keine Distanz herzustellen, indem sie das eine vom anderen trennen (also entweder emotionale *oder* sexuelle Nähe herstellen, aber nicht beides).
- **behandeln ihren Partner wie einen König oder eine Königin** – Wenn Sie zu ihrem »inneren Kreis« gehören, behandeln sie Sie mit Liebe und Respekt.
- **glauben fest daran, dass sie die Beziehung verbessern können** – Sie denken über sich und andere positiv, und deshalb ist diese Annahme nur logisch.

- **übernehmen Verantwortung für das Wohlbefinden des Partners** – Sie erwarten vom anderen, dass er auf sie eingeht und liebevoll ist, und deshalb gehen sie genauso selbstverständlich auf dessen Bedürfnisse ein.

Viele Menschen, die mit einem unsicheren Partner zusammenleben, können sich gar nicht vorstellen, wie fundamental anders ihr Leben mit einem sicheren Partner sein könnte. Erstens fällt der »Beziehungstanz« flach, von dem Therapeuten oft sprechen und bei dem, wenn der eine Partner näher kommt, der andere zurückweicht, damit die Distanz zwischen ihnen gleich bleibt. Stattdessen herrscht mit einem sicheren Partner das Gefühl vor, dass Nähe und Vertrautheit stetig zunehmen. Zweitens ist ein sicherer Partner in der Lage, seine Gefühle sensibel und einfühlsam – und vor allem verständlich – mit Ihnen zu besprechen. Und schließlich umgibt der sichere Partner sein Herzblatt mit einem emotionalen Schutzschild, der es leichter macht, der Außenwelt entgegenzutreten. Oft merken wir erst, wie wertvoll diese Eigenschaften sind, wenn sie fehlen. Es ist kein Zufall, dass vor allem Menschen, die Beziehungen zu sicheren *und* unsicheren Partnern hatten, eine sichere Partnerschaft schätzen. Und obwohl diese Leute Ihnen sagen werden, dass zwischen sicheren und unsicheren Beziehungen ein himmelweiter Unterschied besteht, können auch sie nicht genau angeben, worin dieser Unterschied besteht, solange sie die Bindungstheorie nicht kennen.

Woher kommt dieses »Talent«?

Sind sichere Beziehungstypen mit dieser außergewöhnlichen Fähigkeit geboren oder haben sie sie erlernt? John Bowlby war der Meinung, Bindungsstile seien durch die Lebenserfahrungen bedingt – vor allem den Austausch mit den Eltern in der frühen Kindheit. Der sichere Bindungsstil entwickelt sich, wenn die Eltern feinfühlig sind und auf die Bedürfnisse des Kindes eingehen. Ein solches Kind lernt, dass es sich auf seine Eltern verlassen kann, und ist sich sicher, dass sie erreichbar sind, wenn es sie braucht. Bowlby behauptete auch, damit sei die Geschichte nicht zu Ende; er glaubte, ein sicheres Kind würde dieses Vertrauen ins Erwachsenenalter und in zukünftige Liebesbeziehungen mitnehmen.

Gibt es Beweise für diese Prognosen? Leslie Atkinson, die an der Ryerson University in Toronto über die kindliche Entwicklung forscht, führte im Jahr 2000 zusammen mit mehreren Kollegen eine Meta-Analyse durch, bei der einundvierzig frühere Studien durchgesehen wurden. Insgesamt analysierte die Studie über zweitausend Eltern-Kind-Paare im Hinblick darauf, welcher Zusammenhang zwischen der Feinfühligkeit der Eltern und dem Bindungsstil des Kindes bestand. Es ergab sich ein schwacher, aber signifikanter Zusammenhang – die Kinder von Müttern, die feinfühlig auf die Bedürfnisse ihrer Kinder eingingen, hatten *tatsächlich* mit höherer Wahrscheinlichkeit einen sicheren Bindungsstil; der festgestellte schwache Zusammenhang bedeutet indes auch, dass neben methodologischen Aspekten zahlreiche andere Variablen den Bindungsstil des Kindes mitbestimmen könnten. Zu den Faktoren, die offensichtlich einen sicheren Bindungsstil beim Kind wahrscheinlicher machen, gehören ein umgängliches Temperament (das es den Eltern erleichtert, auf das Kind einzugehen), positive Lebensumstände bei der Mutter – eheliche Zufriedenheit, wenig Stress und Depressivität, soziale Unterstützung – und eine vergleichsweise geringe Anzahl von Stunden, die das Kind mit einem nicht elterlichen Betreuer verbringt.

Noch komplizierter wird die Angelegenheit durch eine These, die in den letzten Jahren wissenschaftlich an Boden gewonnen hat und davon ausgeht, dass eine genetische Prädisposition für einen bestimmten Bindungsstil besteht. In einer genetischen Assoziationsstudie, bei der untersucht wurde, ob eine bestimmte Gen-Variante bei einem bestimmten Persönlichkeitsmerkmal häufiger auftritt als bei einem anderen, haben Omri Gillath von der University of Kansas und seine Kollegen von der University of California in Davis entdeckt, dass ein charakteristisches Allel-Muster des Dopaminrezeptors DRD2 mit dem ängstlichen Bindungsstil vergesellschaftet ist, und eine Variante des Serotoninrezeptors 5-HT1A mit dem vermeidenden Stil. Es ist bekannt, dass diese beiden Gene bei zahlreichen Hirnfunktionen eine Rolle spielen, etwa den Emotionen, der Belohnung, der Aufmerksamkeit und insbesondere dem sozialen Verhalten und der Paarbindung. Die Autoren folgern, dass »Bindungsunsicherheiten teilweise durch bestimmte Gene erklärt werden können, trotzdem aber große individuelle Unterschiede bestehen bleiben, die noch durch andere Gene oder Lebenserfahrungen erklärt werden müssen.« Mit anderen Worten: Die Gene könnten für unseren Beziehungstyp eine wichtige Rolle spielen.

Aber setzt ein sicherer Bindungsstil im Kleinkindalter sich ins Erwachsenenalter fort? Um diese Frage zu prüfen, begutachteten Bindungsforscher noch einmal die Teilnehmer an einer Studie, die in den 1970er- und 1980er-Jahren Kleinkinder gewesen und jetzt um die 20 Jahre alt waren. Würden die Männer und Frauen, die in der frühen Kindheit als sicher eingestuft worden waren, auch als Erwachsene noch diesen Bindungsstil haben? Die Antwort ist nicht eindeutig: Drei Studien fanden keine Korrelation zwischen einer sicheren Bindung in der Kindheit und im Erwachsenenalter, wohingegen zwei andere Studien einen statistisch signifikanten Zusammenhang fanden. Das zeigt: Selbst wenn es zwischen kindlichem und erwachsenem Bindungsstil eine Korrelation geben sollte, ist sie bestenfalls schwach.

Wo also kommt ein sicheres Bindungsverhalten her? Mit der wachsenden Zahl der Studien wird immer deutlicher, dass ein sicherer Bindungsstil nicht nur eine einzige Ursache hat. Die Gleichung: »Fürsorglicher Elternteil = lebenslang sicherer Bindungsstil beim Kind« ist zu eindimensional; vielmehr kommt offenbar ein ganzes Faktorenbündel zusammen, um dieses Bindungsmuster zu erzeugen: unsere frühkindliche Bindung an die Eltern, unsere Gene und etwas anderes – unsere Liebeserfahrungen als Erwachsene. Bei durchschnittlich 70 bis 75 Prozent der Erwachsenen wurde an verschiedenen Punkten ihres Lebens durchgängig dieselbe Bindungskategorie festgestellt, während die restlichen 30 bis 25 Prozent der Bevölkerung von einer Änderung berichten.

Forscher schreiben diesen Wechsel Liebesbeziehungen im Erwachsenenalter zu, die so prägend waren, dass sie unsere innersten Überzeugungen und Einstellungen im Hinblick auf Verbundenheit korrigiert haben. Und eine solche Korrektur ist in beide Richtungen möglich – Sichere können weniger sicher, ursprünglich Unsichere immer sicherer werden. Für die Unsicheren unter uns ist dieser Hinweis entscheidend – er könnte zur Eintrittskarte für eine glückliche Beziehung werden. Und auch die sicheren Beziehungstypen dieser Welt sollten den Befund kennen, denn sie haben viel zu verlieren, wenn sie weniger sicher werden.

Die Mentalität des sicheren Beziehungstyps nutzen – Schaffen Sie für Ihren Partner eine sichere Basis

Sie erinnern sich: Eine der wichtigsten Rollen, die wir für unseren Partner spielen, besteht darin, ihm eine sichere Basis zu bieten: Umstände zu schaffen, die es ihm ermöglichen, seinen Interessen nachzugehen und vertrauensvoll die Welt zu erkunden. Brooke Feeney und Roxanne Thrush von der Carnegie Mellon University haben in einer 2010 veröffentlichten Studie festgestellt, dass drei charakteristische Verhaltensweisen dieses generelle Ziel fördern:

- **Seien Sie für Ihren Partner da:** Reagieren Sie einfühlsam auf seinen Kummer; erlauben Sie ihm, von Ihnen abhängig zu sein, wenn er das will; fragen Sie regelmäßig, wie es ihm geht, und trösten Sie ihn, wenn etwas schiefläuft.
- **Behindern Sie Ihre Partnerin nicht:** Unterstützen Sie ihre Unternehmungen *im Hintergrund*. Helfen Sie so, dass die Initiative und das Gefühl, etwas zu bewirken,

bei ihr bleiben. Lassen Sie sie ihr eigenes Ding durchziehen, und versuchen Sie nicht, das Heft in die Hand zu nehmen, ihr bei den Details hineinzureden oder ihre Zuversicht und ihre Fähigkeiten zu sabotieren.

- **Ermutigen Sie Ihren Partner**: Stärken Sie ihm den Rücken, und akzeptieren Sie die Ziele, die er sich in puncto Lernen und Persönlichkeitsentfaltung setzt. Bauen Sie sein Selbstwertgefühl auf.

Es liegt nicht an mir, es liegt an dir: Partnerwahl

Sichere Männer und Frauen wissen, wie sie vielen Hindernissen ausweichen können, über die andere Beziehungstypen so gerne stolpern. Sie fühlen sich instinktiv von Menschen angezogen, die sie glücklich machen können. Anders als ängstliche Beziehungstypen lassen sie sich nicht von einem aktivierten Bindungssystem verwirren – sie sind nicht süchtig nach den Höhen und Tiefen des Zusammenseins mit einem Partner, an dem sie ständig herumrätseln müssen. Und im Gegensatz zum vermeidenden Beziehungstyp lassen sie sich nicht von trügerischen Fantasien über den perfekten Partner ablenken, der irgendwo auf sie wartet, oder den »einzig Richtigen«, den sie haben entwischen lassen; sie setzen keine unbewussten Deaktivierungsstrategien ein, die ihnen kalte Füße bescheren, sobald der andere näher kommt.

Für sichere Beziehungstypen gilt das Gegenteil: Sie glauben, dass es viele potenzielle Partner für sie gibt, die für Nähe und Verbindlichkeit aufgeschlossen sind und auf ihre Bedürfnisse eingehen werden. Sie wissen, dass sie Liebe und Wertschätzung verdienen – immer. Sie sind darauf *geeicht*, das zu erwarten. Wenn die subtile Botschaft eines Menschen diesen Erwartungen nicht entspricht – wenn er sich widersprüchlich oder ausweichend verhält –, verlieren sie automatisch das Interesse. Tanya, 28, und ein sicherer Beziehungstyp, brachte es in einem Interview gut auf den Punkt:

»Ich habe in meinem Leben mit elf Männern geschlafen, und alle wollten eine feste Beziehung mit mir. Ich vermute, das ist etwas, das ich ausstrahle. Ich weiß, dass ich die Botschaft rüberbringe, dass ich jemand bin, der es wert ist, dass man ihn kennenlernt, nicht nur im Bett, und dass es einen Schatz zu entdecken gibt, wenn sie weiter mit mir zusammenbleiben.

Die Männer, die mich interessieren, spielen keine Spielchen – das ist für mich ganz wichtig. Sie rufen sofort am nächsten Tag an oder spätestens am nächsten Abend. Ich wiederum zeige ihnen von Anfang an, dass ich interessiert bin. Nur zwei Männer haben zwei Tage gewartet, bis sie mich angerufen haben, und ich habe sie sofort aussortiert.«

Haben Sie bemerkt, dass Tanya keine Zeit mit Männern verschwendet, die nicht genügend auf ihre Bedürfnisse eingehen? Vielleicht meinen Sie, sie habe sich ein bisschen überstürzt entschieden, aber sicheren Beziehungstypen liegt dieses Verhalten im Blut. Die Bindungsforschung bestätigt, dass Sichere mit anderen eher keine Spielchen treiben. Tanya weiß intuitiv, welche Partner für sie die falschen sind. Spielchen sind für sie ein Grund, die Beziehung sofort zu beenden. Bemerkenswert an ihrem Vorgehen ist auch, dass sie *nicht* ihren eigenen Wert in Frage stellt, wenn ein Partner sie respektlos behandelt, sondern darin ein Zeichen für *dessen* Unfähigkeit sieht, auf sie einzugehen. Sie hält sich auch nicht mit negativen Gefühlen für diese beiden Männer auf. Sie sind für sie einfach kein Thema mehr, und instinktiv richtet sie den Blick nach vorn. Das unterscheidet sie erheblich von einer Ängstlichen, die wahrscheinlich annehmen würde, dass sie am Verhalten des anderen schuld ist, und sich vorwirft: »Bestimmt hab ich ihm zu viel Druck gemacht«, oder: »Ich hätte ihn fragen sollen, ob er mit hochkommt«, oder: »Es war bescheuert von mir, nach seiner Ex zu fragen« – und damit den falschen Leuten eine zweite, dritte oder vierte Chance gibt.

Tanya hatte sich ihr Urteil gebildet und hielt es für sinnlos, mit Männern weiterzumachen, von denen sie wusste, dass sie ihre emotionalen Bedürfnisse nicht befriedigen würden. Aber *wenn* sichere Beziehungstypen einmal nicht genau wissen, wie sie weiter vorgehen sollen, ist ihr häufigstes Klärungsinstrument die *klare Kommunikation* – sie äußern ihre Gefühle und registrieren, wie der Partner reagiert. Wenn er zeigt, dass ihr Wohl ihm aufrichtig am Herzen liegt, und bereit ist, einen Kompromiss zu finden, geben sie der Beziehung eine Chance. Wenn nicht, halten sie sich nicht damit auf, einen in ihren Augen aussichtslosen Kampf zu führen (siehe Kapitel 11).

Den richtigen Partner finden – der sichere Weg

Sichere Beziehungstypen wenden bei der Partnersuche intuitiv die Grundsätze an, für die wir in diesem Buch immer wieder plädieren. Dazu gehört, dass sie:

- »Smoking guns« von Anfang an erkennen und als Beziehungskiller behandeln.
- eigene Bedürfnisse vom ersten Tag an klar äußern.
- felsenfest überzeugt sind, dass es viele (ja, viele!) potenzielle Partner gibt, die sie glücklich machen können.
- sich am kränkenden Verhalten des Partners nie selbst die Schuld geben. Wenn der Partner sich rücksichtslos oder verletzend verhält, ist Sicheren bewusst, dass das mehr über den anderen als über sie selbst aussagt.
- erwarten, dass man sie mit Respekt, Wertschätzung und Liebe behandelt.

Bedeutet das, dass Sichere gegen Beziehungsprobleme immun sind?

Sichere lassen sich nicht immer mit ihresgleichen ein – sie verbandeln und verheiraten sich mit Vertretern aller drei Beziehungstypen. Die gute Nachricht ist: Als sicherer Beziehungstyp haben Sie das Potenzial, mit Ängstlichen und Vermeidenden klarzukommen – aber nur wenn Sie in der Lage sind, sich Ihre sichere Grundhaltung zu bewahren. Wenn Sie feststellen, dass die in eine Schieflage gerät, verlieren Sie nicht nur ein wertvolles Talent; Sie erleben in Ihrer Beziehung auch weniger Glück und Zufriedenheit.

Als sicherer Beziehungstyp sind Sie unter anderem deshalb in der Lage, mit einem der unsicheren Beziehungstypen in einer erfüllenden Partnerschaft zu bleiben, weil das Zusammensein mit Ihnen den Partner sicherer macht. Genau das passiert sehr häufig in Verbindungen mit dem ängstlichen Beziehungstyp. Schon Mary Ainsworth hatte bei Mutter-Kind-Paaren beobachtet, dass sichere Mütter eine ganz besondere Sorte Mensch waren. Es war nicht so, dass sie sich mehr um ihre Kinder gekümmert oder sie mehr auf den Arm genommen hätten als die Mütter von ängstlichen oder vermeidenden Kindern; aber sie schienen eine Art sechsten Sinn zu besitzen und intuitiv zu wissen, *wann* das Kind Trost und Bestätigung brauchte. Sie spürten, wenn ihm etwas nicht zu passen begann, und reagierten darauf, bevor das Kind völlig außer sich geriet. Und wenn das doch passierte, schienen sie einfach zu wissen, wie sie es beruhigen konnten.

Dieses Phänomen finden wir auch bei erwachsenen Paaren. Sichere Erwachsene wissen intuitiv, wie sie ihren Partner beruhigen und umsorgen können – es ist ein angeborenes Talent. Das wird deutlich, wenn Paare Eltern werden. Jeffry Simpson von der University of Minnesota und Steven Rholes von der Texas A & M University – die zusammen mit Lorne Campbell und Carol Wilson das Buch *Attachment Theory and Close Relationships* herausgegeben haben – fanden heraus, dass Frauen mit ängstlichem Bindungsstil beim Wechsel zur Mutterschaft sich ihrem Partner gegenüber mit höherer Wahrscheinlichkeit sicher verhielten, wenn sie den Partner in der Schwangerschaft als erreichbar, hilfsbereit und verständnisvoll erlebt hatten – all dies Merkmale des sicheren Bindungsstils. Mit anderen Worten: Die Feinfühligkeit und Ermutigung eines sicheren Erwachsenen hat auf dessen Partner den gleichen Effekt wie die Feinfühligkeit und Ermutigung einer sicheren Mutter auf ihr Kleinkind: Er ist so stark, dass der Bindungsstil des Partners sich ändert.

Aber Vorsicht. Manchmal findet sich der sichere Beziehungstyp trotz seines angeborenen Talents, potenziell unpassende Beziehungen abzuwenden und den Partner sicherer zu machen, in einem üblen Beziehungsszenario wieder. Das passiert nicht nur, wenn er keine Beziehungserfahrung hat, sondern auch, wenn er auf das inakzeptable Verhalten eines langjährigen Partners mit Nachsicht und Toleranz reagiert und ungeachtet der Fakten der Unschuldsvermutung folgt.

Nathan, 35, war mit seinem Latein am Ende. In den acht Jahren seit seiner Hochzeit mit Shelly war die Situation völlig aus dem Ruder gelaufen. Shellys zunächst seltene Wutausbrüche waren zu einer fast täglichen Belastung und auch immer aggressiver geworden. Sie demolierte Haushaltsgegenstände und schlug sogar nach ihm. Aber damit waren die Probleme in der Beziehung nicht zu Ende. Nathan ertappte sie nicht nur bei Online-Affären, er hegte auch den starken Verdacht, dass sie im wahren Leben fremdging. Obwohl Shelly oft drohte zu gehen – wie um Nathans Geduld und Toleranz zu testen –, packte sie nie ihre Siebensachen, um tatsächlich auszuziehen. Er war überzeugt, dass alles wieder ins Lot käme, wenn diese »Phase« erst vorüber wäre. Außerdem glaubte er, er sei dafür verantwortlich, dass es Shelly gutging, und wollte sie nicht im Stich lassen, wo sie doch gerade »so eine schlimme Zeit durchmachte«. Also nahm er die schlechte Behandlung und die Affären in Kauf. Schließlich verkündete Shelly, sie liebe ihn nicht mehr, habe einen anderen kennengelernt und würde die Ehe beenden. Sobald Shelly sich zu diesem Schritt entschlossen hatte, akzeptierte Nathan ihre Entscheidung und versuchte nicht, sie zurückzugewinnen.

Nachdem Nathan jetzt die Scheidung hinter sich hat, ist er erleichtert, dass Shelly die Dinge in die Hand genommen und ihn von einem schwierigen Dasein befreit hat. Er ist bereit, jemand Neues kennenzulernen und in sein Leben hineinzulassen. Aber es fällt ihm immer noch schwer zu erklären, warum er so lange mit Shelley zusammengeblieben ist. Hier hilft die Bindungstheorie weiter. Erstens glaubt der sichere Beziehungstyp, er wäre für das Wohlergehen seines Partners verantwortlich. Solange er Grund zu der Annahme hat, dass der Partner in irgendwelchen Schwierigkeiten steckt, hält er zu ihm. Mario Mikulincer und Phillip Shaver schreiben in *Attachment in Adulthood*, dass der sichere Beziehungstyp dem Partner ein Fehlverhalten eher verzeiht als die anderen Beziehungstypen. Die Autoren erklären dies mit einer komplexen Kombination von kognitiven und emotionalen Fähigkeiten: »Das Verzeihen setzt schwierige Regulierungsmanöver voraus … Die Bedürfnisse und Motive des Missetäters müssen verstanden und seine Eigenschaften und seine verletzenden Verhaltensweisen großzügig zugeschrieben und ausgelegt werden … Sichere Menschen erklären das verletzende Verhalten des Partners oder der Partnerin wahrscheinlich relativ wohlwollend und tendieren dazu, ihm oder ihr zu verzeihen.« Wie wir in diesem Kapitel bereits gesehen haben, halten sichere Beziehungstypen sich außerdem von Natur aus weniger mit Negativem auf und können verstörende Emotionen abstellen, ohne in eine distanzierende Abwehrhaltung zu verfallen.

Die gute Nachricht lautet: Der sichere Beziehungstyp hat einen guten Instinkt und merkt wahrscheinlich sehr früh, dass dieser oder jener Mensch nicht der richtige Partner für ihn ist. Aber es gibt auch eine schlechte Nachricht: Wenn sichere Beziehungstypen sich gelegentlich auf eine negative Beziehung einlassen, könnte es sein, dass sie nicht wissen, wann der Zeitpunkt zum Aussteigen gekommen ist – vor allem wenn es sich um eine lange, verbindliche Beziehung handelt, in der sie sich für das Glück des Partners verantwortlich fühlen.

Woher wissen Sie, dass die Schmerzgrenze erreicht ist?

Wenn Sie als sicherer Beziehungstyp anfangen, unruhig oder eifersüchtig zu werden oder sich um die Beziehung viele Gedanken zu machen (Merkmale des ängstlichen Beziehungstyps) oder wenn Sie feststellen, dass Sie zweimal nachdenken, bevor Sie Ihre Gefühle äußern, oder Ihrem Partner nicht mehr vertrauen oder ihn verunsichern (Merkmale des vermeidenden Beziehungstyps), sollte Sie das alarmieren:

Sehr wahrscheinlich sind Sie mit dem falschen Partner zusammen oder haben etwas so Gravierendes erlebt, dass Ihr sicheres Fundament erschüttert ist. Allerdings können auch Ereignisse wie der Tod eines geliebten Menschen, eine Krankheit oder eine Scheidung eine solche Verwerfung auslösen.

Wenn Sie noch mit diesem Partner zusammen sind, sollten Sie daran denken, dass die Tatsache, dass Sie mit jemandem auskommen *können*, nicht bedeutet, dass Sie auch mit ihm auskommen *müssen*. Wenn Sie unglücklich sind, obwohl Sie alles versucht haben, damit die Beziehung funktioniert, ist die Wahrscheinlichkeit groß, dass Sie einen Schlussstrich ziehen sollten. Es ist in Ihrem Interesse, eine dysfunktionale Beziehung zu beenden, statt für immer und ewig mit dem falschen Partner zusammenzubleiben, nur weil Sie ein sicherer Beziehungstyp sind.

Wenn Sie – egal aus welchem Grund – eine Bezugsperson verloren haben, sollten Sie daran denken, dass daran nicht Ihre Einstellung schuld war und dass es sich lohnt, an ihr festzuhalten. Finden Sie einen Weg, die Wunden heilen zu lassen, und geben Sie die Hoffnung nicht auf, dass es draußen in der Welt Menschen gibt, die Ihr Bedürfnis nach Nähe und Verbundenheit teilen. Sie *können* wieder glücklich sein.

Eine letzte anerkennende Bemerkung für die sicheren Beziehungstypen dieser Welt

Vor unserer Beschäftigung mit der Bindungstheorie haben wir die positiven Eigenschaften der sicheren Beziehungstypen dieser Welt für selbstverständlich gehalten und sogar als langweilig abgetan. Aber seit wir sie durch die Brille der Bindungstheorie sehen, schätzen wir ihre Talente und Fähigkeiten. Der unbeholfene, Homer-Simpson-ähnliche Kollege, von dem wir kaum Notiz nahmen, verwandelt sich in einen Mann von beeindruckendem Beziehungstalent, der bewundernswert mit seiner Frau umgeht, und der farblose Nachbar mutiert zu einem aufmerksamen, fürsorglichen Menschen, der die ganze Familie bei Laune hält. Sichere Beziehungstypen müssen weder Stubenhocker noch Langweiler sein. Von wegen graue Maus! Sichere Männer und Frauen unterscheiden sich äußerlich nicht vom Rest der Menschheit. Viele sind attraktiv und sexy. Aber egal ob unscheinbar oder umwerfend – wir haben gelernt, sie für das zu schätzen, was sie sind – die »Superpartner« der Evolution. Tun Sie es auch!

Teil drei

Wenn Beziehungstypen kollidieren

8
In der Falle: Das ängstlich-vermeidende Paar

Wenn in einem Paar die Bedürfnisse nach Nähe kollidieren, wird die Beziehung wahrscheinlich eher einer stürmischen Seereise als einem sicheren Hafen gleichen. Hier drei Beispiele für das, was wir meinen.

Die schmutzige Wäsche

Janet, 37, und Mark, 40, leben seit fast acht Jahren zusammen. Seit zwei Jahren streiten sie immer wieder darüber, ob sie eine Waschmaschine kaufen sollen. Mark ist voll und ganz dafür – es würde ihnen viel Zeit und Mühe sparen. Janet ist vehement dagegen – ihr Apartment in Manhattan ist winzig, und ein weiteres Gerät würde alles noch beengter machen. Und weil sowieso sie für die Wäsche verantwortlich ist, versteht sie nicht, warum Mark daraus so eine große Sache macht. Wenn sie über das Thema sprechen, werden beide sehr emotional, und meis-

tens endet es damit, dass Janet sich ausschweigt oder Mark explodiert.

Worum geht es bei diesem Streit?

Das eigentliche Problem wird deutlich, wenn wir das Bild erweitern: Janet macht die Wäsche am Wochenende, und zwar in der Wohnung ihrer Schwester im nächsten Häuserblock. Das ist vernünftig – ihre Schwester hat eine Waschmaschine, es kostet nichts und macht kaum Mühe. Janet vertrödelt jedoch dann den ganzen Tag dort. Sie ist ein vermeidender Beziehungstyp und findet immer Gelegenheiten, sich von Mark abzuseilen. Für den ängstlichen Mark ist der Wunsch nach einer Waschmaschine im Grunde der Wunsch nach etwas ganz anderem: nach mehr Nähe zu Janet.

So gesehen ist der Streit um die Waschmaschine nur ein Symptom für das grundsätzliche Problem: Mark und Janet haben diametral entgegengesetzte Bedürfnisse nach Nähe und nach der Menge an Zeit, die sie zusammen verbringen wollen.

Eine romantische Bed-and-Breakfast-Nacht in Vermont

Susan, 24, und Paul, 28, entschließen sich zu einem spontanen Wochenendausflug nach Vermont. Dort angekommen, sehen sie sich zwei Bed-and-Breakfast-Unterkünfte an. Beide wirken gemütlich und einladend. Die eine bietet ihnen ein Zimmer mit zwei Einzelbetten an, die andere ein Zimmer mit einem Französischen Bett. Paul möchte das Zimmer mit den zwei

Einzelbetten, weil der Blick atemberaubend ist. Susan möchte das Zimmer mit dem einen großen Bett – sie kann sich nicht vorstellen, einen romantischen Ausflug zu machen und dann allein in einem Bett schlafen zu müssen. Paul lässt ihre Meinung nicht gelten. »Wir schlafen jede Nacht in einem Bett, was soll das also? Zumindest können wir in dem anderen Zimmer den Blick genießen.« Susan schämt sich für ihr starkes Bedürfnis, Paul nachts nah sein zu wollen, kann sich aber trotzdem nicht vorstellen, dass ausgerechnet im Urlaub jeder in einem eigenen Bett schlafen soll. Keiner von beiden möchte nachgeben, und der Streit droht das Wochenende zu verderben.

Worum geht es bei diesem Konflikt? Oberflächlich betrachtet um unterschiedliche Vorstellungen über Hotelzimmer. Susans Hartnäckigkeit wirkt ein bisschen extrem. Aber wie würden Sie urteilen, wenn Sie wüssten, dass Paul es hasst, vor dem Einschlafen zu kuscheln? Und dass das Susan wahnsinnig stört, weil sie es als Zurückweisung empfindet? Sie ist sich sicher, dass er, sobald der Sex vorbei ist, sofort in seinem Bett verschwinden wird. In diesem Kontext wirkt ihr Verhalten nicht mehr so unangemessen. Wir können ihr Anliegen als ein fundamentales Bedürfnis nach Nähe betrachten, das nicht befriedigt wird.

Facebook und die Angst, verlassen zu werden

Naomi, 33, und Kevin, 30, sind seit sechs Monaten zusammen und haben diverse Konflikte, die sie nicht lösen können. Naomi ärgert es, dass Kevin verschiedene Exfreundinnen nicht von seiner Facebook-Freundesliste gestrichen hat. Sie ist überzeugt, dass er mit anderen Frauen flirtet. Kevin dagegen gefällt es nicht, dass Naomi es sich zur Gewohnheit gemacht hat, ihn jedes Mal anzurufen, wenn er mit seinen Kumpels in die Kneipe geht, und drückt deshalb ihre Anrufe weg. Er glaubt, dass Naomi ein echtes Problem mit dem Verlassenwerden hat und übertrieben eifersüchtig ist, und das sagt er ihr auch oft. Naomi versucht, ihre nagenden Zweifel und Sorgen zu beherrschen, aber sie gehen einfach nicht weg.

Es gibt keine verbindlichen Beziehungsregeln darüber, ob man Ex-Freundinnen auf dem Facebook-Account lassen oder mit ihnen in Kontakt bleiben sollte. Und es lässt sich auch nicht pauschal festlegen, ob man seinen Freund anrufen sollte, wenn der mit seinen Spezis unterwegs ist. In manchen Situationen können solche Verhaltensweisen durchaus sinnvoll sein. Aber bei den Differenzen zwischen Naomi und Kevin geht es gar nicht um diese Fragen, und deshalb finden die beiden auch keine Lösung. Ihr Konflikt dreht sich darum, wie eng und verbindlich die Beziehung sein soll. Kevin, ein vermeidender Beziehungstyp, möchte eine gewisse Distanz zwischen sich und Naomi behalten, und das erreicht er durch verschiedene Strategien: Er sagt ihr nicht, was er treibt, und bleibt mit Exflammen in Kontakt, obwohl das Naomi offensichtlich stört. Naomi wiederum versucht mehr Nähe zu Kevin herzustellen, indem sie die Hürden und Ablenkungen beseitigt, die er zwischen ihnen aufbaut. Aber solange er nicht den aufrichtigen Wunsch nach mehr Nähe hat, bleiben all ihre Anstrengungen vergebens; denn Nähe entsteht erst, wenn beide zu ihr bereit sind.

Alle drei Fälle haben eines gemeinsam: Der eine Partner will Nähe, der andere fühlt sich damit sehr unwohl. Das geschieht oft, wenn in einer Beziehung der eine Partner vermeidend und der andere ängstlich oder sicher ist; am stärksten ausgeprägt ist die Diskrepanz in Paaren, die aus einem vermeidenden und einem ängstlichen Partner bestehen.

Die Bindungsforschung zeigt immer wieder, dass die generelle Lebenszufriedenheit steigt, wenn das Bedürfnis nach Nähe befriedigt und von Ihrem Partner erwidert wird. Wenn die Bedürfnisse nach Nähe nicht zusammenpassen, ist die Lebenszufriedenheit zumeist sehr viel geringer. Wenn die Partner über das Maß an Nähe und Verbindlichkeit, das sie sich für ihre Beziehung wünschen, uneins sind, besteht die Gefahr, dass dieses Thema schließlich ihren gesamten Dialog beherrscht. Wir nennen diese Situation die »ängstlich-vermeidende Falle«, weil Sie in diese hineintappen, ohne es recht zu merken, und sich, sobald Sie einmal in ihr drin sind, nur mit großen Schwierigkeiten aus ihr befreien können.

Die Grundlagen der ängstlich-vermeidenden Falle

Anvisierte emotionale Distanz des ängstlich-vermeidenden Paars

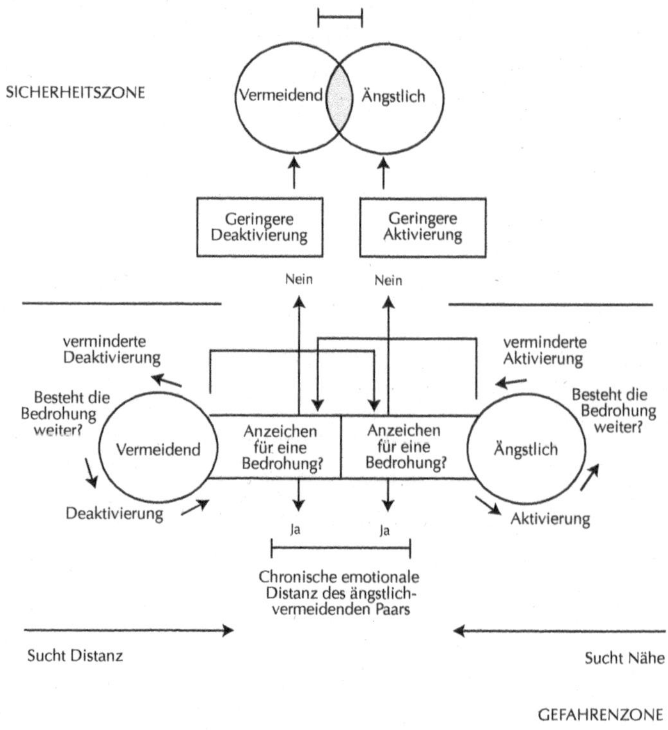

Die Partner in diesen ängstlich-vermeidenden Beziehungen finden vor allem deshalb so schwer zu mehr Sicherheit, weil jeder die Ängste des anderen verstärkt. Sehen Sie sich die Abbildung auf S. 204 an. Der ängstliche Beziehungstyp (unterer Kreis rechts) begegnet einer Gefährdung der Beziehung dadurch, dass er sein Bindungssystem aktiviert – er versucht, mehr Nähe zum Partner herzustellen. Der vermeidende Beziehungstyp (unterer Kreis links) reagiert genau entgegengesetzt. Er geht mit der Bedrohung um, indem er sein Bindungssystem deaktiviert – er ergreift Maßnahmen, die den Partner auf Abstand halten, und schaltet sein Bindungssystem gewissermaßen ab. Je näher der Ängstliche zu kommen versucht, desto weiter weg rückt der Vermeidende. Im schlimmsten Fall entsteht ein Teufelskreis, bei dem Aktivierung und Deaktivierung sich gegenseitig verstärken und beide Partner in der »Gefahrenzone« bleiben. Mehr Sicherheit – die Sicherheitszone in der Abbildung – erreichen sie nur, wenn beide sich weniger bedroht fühlen, den Aktivierungs-/Deaktivierungskreislauf unterbrechen und die Gefahrenzone verlassen.

In vielen ängstlich-vermeidenden Beziehungen passiert Folgendes:

Indizien für die ängstlich-vermeidende Falle

1. **Der Achterbahn-Effekt.** Sie segeln in der Beziehung nie schwankungsfrei dahin. Denn ab und zu, wenn der vermeidende Partner den ängstlichen an sich heranlässt, ist dessen

Bindungssystem vorübergehend beruhigt, und es entsteht extreme Nähe – er ist in Hochstimmung. Der vermeidende Partner erlebt diese Nähe jedoch als Bedrohung und zieht sich schnell zurück – und der Ängstliche fällt wieder ins Tief.

2. **Der Schaukel-Effekt.** Vermeidende tun anderen gegenüber oft selbstbewusster und unabhängiger, als sie tatsächlich sind. Ängstliche dagegen sind darauf programmiert, sich kleiner zu fühlen, sobald ihr Bindungssystem aktiviert wurde. Häufig fühlen Vermeidende sich nur in dem Maße unabhängig und stark, wie der Partner sich abhängig und schwach fühlt. Unter anderem aus diesem Grund gehen Vermeidende äußerst selten miteinander eine Beziehung ein – Sie können sich nicht stark und unabhängig fühlen, wenn der andere sich genauso fühlt.
3. **Stabile Instabilität.** Die Beziehung kann sehr lange halten, aber es bleibt immer ein Rest Ungewissheit. Sie sind zwar zusammen, aber chronisch unzufrieden und finden nie ein Maß an Nähe, das Ihnen beiden angenehm ist.
4. **Um was streiten Sie sich eigentlich?** Vielleicht meinen Sie, Sie würden sich ständig um Dinge streiten, die es eigentlich gar nicht wert sind. Stimmt – in Wirklichkeit geht es bei Ihren Konflikten nicht um diese Nebenschauplätze, sondern um etwas ganz anderes – das Maß an Nähe zwischen Ihnen.
5. **Sie sind »der Feind« im inneren Zirkel.** Als Ängstlicher haben Sie den Eindruck, dass Sie schlechter – und nicht besser – behandelt werden, sobald Sie zu dem Menschen geworden sind, der dem vermeidenden Partner am nächsten steht. Mehr darüber im nächsten Kapitel.

6. **Sie merken, dass Sie in der Falle sitzen.** Sie bekommen das unheimliche Gefühl, dass die Beziehung für Sie nicht richtig ist, hängen aber emotional zu sehr an dem anderen, um einen Schlussstrich zu ziehen.

Warum sind unterschiedliche Bedürfnisse nach Nähe so schwer zu vereinbaren?

Können zwei Menschen, die sich lieben, nicht einen Weg finden, zusammen zu sein und ihre Konflikte zu lösen? Wir wünschten, diese Frage einfach mit Ja beantworten zu können. Aber wir haben immer wieder erlebt, dass es unmöglich ist, eine Lösung zu finden, die für den ängstlichen und den vermeidenden Partner akzeptabel ist, egal wie groß ihre Liebe zueinander ist. Wenn die Beziehung trotz kollidierender Bedürfnisse nach Nähe ihren normalen Verlauf nimmt (was, wie wir später zeigen werden, nicht so sein muss), ist normalerweise der ängstliche Partner derjenige, der klein beigeben und die vom vermeidenden Partner aufgestellten Regeln akzeptieren muss.

Selbst wenn also die Beziehung sich selbst überlassen bleibt und (nach dem stabil instabilen Muster) lange hält, wird die Situation im Allgemeinen nicht besser – und vielleicht sogar schlechter –, wenn nicht versucht wird, sie in ein sicheres Fahrwasser zu lotsen. Das hat folgende Gründe:

- Die unterschiedlichen Bedürfnisse nach Nähe schwappen in immer mehr Lebensbereiche über – sie enden nicht bei scheinbar trivialen Angelegenheiten wie der, dass der eine Partner mehr Händchenhalten will als der andere. Die unterschiedlichen Nähebedürfnisse spiegeln diametral entgegengesetzte Wünsche, Annahmen und Einstellungen. De facto beeinflussen sie fast alle Aspekte des Zusammenlebens von der Frage, ob Sie gemeinsam oder getrennt schlafen, bis zu der Art, wie Sie die Kinder erziehen. Sie zeigen sich in jeder neuen Phase der Beziehung (heiraten, Kinder bekommen, umziehen, Geld verdienen, krank werden), und die Kluft zwischen den Partnern wird mit den immer größer werdenden Herausforderungen tendenziell noch tiefer.

- Oft wird der Konflikt nicht gelöst, weil die Lösung zu viel Nähe schaffen würde. Als ängstlicher oder sicherer Typ wollen Sie Ihr Beziehungsproblem wahrhaftig lösen. Aber oft bringt die Lösung das Paar enger zusammen – und diesem Szenario möchte der vermeidende Partner, wenn auch unbewusst, aus dem Weg gehen. Während Menschen mit ängstlichem und sicherem Beziehungstyp Unstimmigkeiten beseitigen wollen, um sich emotional näherzukommen, ist dieses Ergebnis dem Vermeidenden gar nicht recht – er bleibt lieber auf Distanz. Um die Möglichkeit einer Annäherung auszuschließen, werden Vermeidende im Verlauf der Auseinandersetzung oft noch feindseliger und distanzierter. Solange das Muster nicht erkannt wird, das einem ängstlich-vermeidenden Konflikt zugrunde liegt, wird die Distanzierung wahrscheinlich weitergehen und für viel Kummer sorgen. Wenn das Kernthema nicht angesprochen wird, läuft die Situation immer weiter aus dem Ruder.

- Der ängstliche Partner verliert bei jedem Streit mehr an Boden: Bei erbitterten Auseinandersetzungen zwischen einem ängstlichen und einem vermeidenden Partner tendiert der Ängstliche dazu, von negativen Emotionen überrollt zu werden, zumal wenn ein Kontrollsystem in Form sicherer Verhaltensweisen nicht besteht. Wenn er verletzt ist, redet, denkt und handelt er extrem, was so weit gehen kann, dass er mit Trennung droht (Protestverhalten). Sobald er sich wieder beruhigt hat, überschwemmen ihn die positiven Erinnerungen, und alles tut ihm leid. Er geht auf den Partner zu und will sich versöhnen. Aber oft handelt er sich eine Abfuhr ein, denn Vermeidende reagieren auf einen Streit anders. Sie blenden alle bindungsbezüglichen Erinnerungen aus und führen sich stattdessen die schlimmsten Seiten ihres Partners vor Augen.

Der ängstliche Beziehungstyp löst also oft nicht nur den *ursprünglichen* Konflikt nicht, sondern ist nach einem Streit auch in einer schlechteren Position als vorher. Jetzt muss er schon froh sein, wenn er zu dem anfänglichen, unbefriedigenden Status quo zurückkehren kann (und kommt oft um noch weitergehende Zugeständnisse nicht herum). Alle Hoffnungen auf ein besseres Zusammenleben haben sich in Luft aufgelöst.

9

Der Falle entkommen: So wird das ängstlich-vermeidende Paar sicherer

Nehmen wir an, Sie haben entdeckt, dass die meisten Ihrer Schwierigkeiten sich auf kollidierende Nähebedürfnisse zurückführen lassen; was fangen Sie jetzt mit dieser Information an?

Zu den interessanten Befunden der Paarbindungsforschung gehört, dass Beziehungstypen stabil, aber formbar sind. Das bedeutet, dass sie tendenziell über die Zeit hinweg gleich bleiben, dass sie sich aber auch ändern können. Bis jetzt haben wir ausführlich beschrieben, was in ängstlich-vermeidenden Beziehungen geschieht, wenn sie sich selbst überlassen bleiben. Hier möchten wir allerdings diesen Paaren die Chance geben, gemeinsam auf die Merkmale des sicheren Beziehungstyps hinzuarbeiten.

Die Bindungsforschung belegt, dass Menschen sicherer werden, wenn sie mit einem sicheren Partner zusammen sind. Aber es gibt auch Hoffnung für die Paare, von denen keiner der beiden Partner dem sicheren Beziehungstyp angehört. Studien haben ergeben, dass Menschen sich in Richtung »sicherer Beziehungstyp« entwickeln können, wenn sie sich gedanklich auf Sicherheit programmieren; das geht zum Beispiel dadurch, dass sie sich an vergangene Erlebnisse erinnern, die sie sicherer gemacht haben. Auch wenn die Probanden sich an eine frühere Beziehung zu einem sicheren Partner erinnern oder sich von einem sicheren Vorbild inspirieren lassen konnten, verhielten sie sich oft nach Art der Sicheren: Sie wurden konstruktiver und sogar seelisch und körperlich gesünder. Und wenn sogar beide Partner fähig sind, diesen Weg einzuschlagen, sind bemerkenswerte Ergebnisse möglich.

Suchen Sie sich ein sicheres Vorbild

Das Programmieren in Richtung »sicherer Beziehungstyp« kann einfach darin bestehen, dass Sie sich vor Augen führen, wie die sicheren Menschen in Ihrem Umfeld in Beziehungen agieren. Gehen Sie im Geiste alle Personen durch, die Sie kannten oder kennen und die als Vorbild in Frage kommen. Das kann jemand sein, der Ihnen nahesteht – die Eltern, Geschwister – oder jemand, den Sie eher beiläufig durch die Arbeit oder über Freunde kennen. Wichtig ist, dass dieser Mensch ein sicherer Beziehungstyp ist und sein Verhalten zu anderen den sicheren Merkmalen entspricht. Rufen Sie sich konkrete Bilder und Erinnerungen ins Gedächtnis, die zeigen, wie Ihr Vorbild sich in einer bestimmten Situation verhalten hat: was es gesagt und getan hat, was es ignoriert und worauf es reagiert hat, was es getan hat, als der Partner deprimiert war, und welche Einstellung es generell zum Leben und zu Beziehungen hat. Zum Beispiel:

> *»Als ich einmal einen Konflikt mit meinem Abteilungsleiter hatte, habe ich ihm ordentlich Paroli geboten. Er interessierte sich wirklich für das, was ich zu sagen hatte, und wir führten ein echtes Gespräch und kein Duell.«*

> *»Mein bester Freund Jon und seine Frau Laura bestärken sich immer gegenseitig darin, die Dinge zu tun, für die sie sich begeistern. Als Laura beschloss, aus ihrer Anwaltskanzlei auszusteigen und etwas Soziales zu machen, war Jon der Erste, der ihr seinen Segen gab, obwohl das eine große finanzielle Einbuße bedeutete.«*

Die Beziehung zu Ihrem Haustier als sicheres Vorbild?

Suzanne Philips, Koautorin des Buches *Healing Together,* beschreibt die Verbundenheit mit einem Haustier als Inspirationsquelle für unsere Liebesbeziehungen. Sie weist darauf hin, dass wir im Allgemeinen unsere Haustiere für selbstlos und liebenswert halten, obwohl sie uns oft nerven: Sie wecken uns mitten in der Nacht, machen Dinge kaputt, die uns wichtig sind, und verlangen unsere ungeteilte Aufmerksamkeit. Trotzdem neigen wir dazu, dieses Verhalten zu übersehen und sie gernzuhaben. Tatsächlich ist das Zusammenleben mit einem Haustier ein wunder-

> schönes Beispiel für eine sichere Beziehung. Von dieser Einstellung können wir lernen – wir gehen nicht davon aus, dass unsere Haustiere uns absichtlich wehtun, wir tragen es ihnen nicht nach, wenn sie etwas vom Tisch stibitzen oder die Wohnung in Unordnung bringen. Wir begrüßen sie auch dann herzlich, wenn wir nach einem anstrengenden Tag im Büro nach Hause kommen, und wir lassen sie nicht im Stich, egal was sie tun.

Gehen Sie alle Beispiele für sichere Beziehungen durch, die Sie gefunden haben, und notieren Sie die Merkmale, die Sie übernehmen wollen. Das ist Ihr Vorbild für ein sicheres Beziehungsverhalten. So wollen Sie werden.

Ändern Sie das Arbeitsmodell für Ihre Beziehungen

Die Grundeinstellung, die Sie zu Liebesbeziehungen haben, wird in der Bindungsforschung als »Arbeitsmodell« bezeichnet. Mit diesem Begriff wird all das zusammengefasst, was Sie antreibt, was Sie hemmt, was Sie denken und erwarten, kurzum: das, wonach Sie in Beziehungen ticken. Wenn Sie Ihr Arbeitsmodell kennen, wissen Sie auch, nach welchen Mustern die Gedanken, Gefühle und Verhaltensweisen ablaufen, die verhindern, dass Sie sich einem sicheren Beziehungsverhalten annähern.

Machen Sie eine Bestandsaufnahme Ihrer Beziehung

Es geht also zunächst einmal darum, dass Sie sich das Arbeitsmodell bewusstmachen, das Ihr Beziehungsverhalten steuert. Obwohl das, was Sie auf den vorangegangenen Seiten gelesen haben, Ihnen vielleicht schon eine gute Vorstellung von Ihrem Beziehungstyp vermittelt hat, erkennen Sie durch die Bestandsaufnahme noch deutlicher, wie Ihr Beziehungstyp Ihre Gedanken, Gefühle und Verhaltensweisen im Alltag beeinflusst.

Für die Bestandsaufnahme beleuchten Sie frühere Beziehungen und Ihre aktuelle Partnerschaft aus der Perspektive der Bindungstheorie. Forschungen über die molekularen Abläufe bei Gedächtnis- und Lernprozessen zeigen, dass wir jedes Mal, wenn wir uns an eine Szene erinnern – oder einen Gedächtnisinhalt bewusst abrufen – die neuronalen Schaltkreise unterbrechen und die Erinnerung dadurch für immer verändern. Unsere Erinnerungen sind nicht wie alte Bücher in einer Bibliothek, die dort verstauben und sich nicht ändern; eher gleichen sie einem lebendigen, atmenden Wesen. Das, was wir heute von unserer Vergangenheit erinnern, ist eigentlich das Produkt aller Bearbeitungen und Umgestaltungen, die im Lauf der Jahre jedes Mal dann passiert sind, wenn wir uns diese spezielle Erinnerung ins Gedächtnis gerufen haben. Mit anderen Worten: Unsere gegenwärtigen Erfahrungen formen unsere Auffassung von dem, was wir früher erlebt haben. Wenn Sie eine Bestandsaufnahme Ihrer Beziehung machen, sehen Sie sich die Erinnerungen an frühere Beziehungen aus der Sicht der Bindungstheorie an. Das erlaubt Ihnen, die wenig hilfreichen Ansichten zu verändern, die aber aufgrund dieser Erinnerungen entstanden sind, und so Ihr Arbeitsmodell sicherer zu machen.

Wir empfehlen Ihnen, die Bestandsaufnahme in aller Ruhe allein durchzuführen, damit Sie wirklich ein vollständiges und zutreffendes Bild von sich aus der Sicht der Bindungstheorie bekommen. Tragen Sie zunächst in die linken Spalte (1) die Namen Ihrer Liebespartner ein, der früheren genauso wie des aktuellen. Sie können auch Partner mit aufnehmen, mit denen Sie nur kurz zusammen waren. Gehen Sie am besten vertikal vor, das heißt spaltenweise. Das hält Sie dazu an, sich weniger auf ein bestimmtes Szenario zu konzentrieren, und Sie erhalten ein vollständigeres Bild Ihres Arbeitsmodells quer über alle Beziehungen hinweg. Je mehr Informationen Sie sammeln, umso besser. Notieren Sie in Spalte 2, an was Sie sich erinnern: wie die Beziehung ganz allgemein war und was Ihnen am stärksten in Erinnerung geblieben ist. Spalte 3 fordert Sie dazu auf, genauer hinzusehen und einzelne Szenen herauszugreifen, die Ihr Bindungssystem aktiviert oder deaktiviert haben. In Spalte 4 sollen Sie angeben, wie Sie auf diese Situationen reagiert haben. Was haben Sie getan? Was haben Sie gedacht? Wie haben Sie sich gefühlt? Die Listen im Anschluss an die Bestandsaufnahme geben Ihnen dazu ein paar Anregungen.

In Spalte 5 folgt ein entscheidender nächster Schritt. Dort sollen Sie nämlich Ihre Erfahrungen aus der Perspektive der Bindungstheorie bewerten und so die Strukturen erkennen, die Ihre Beziehungen beeinflusst haben. Auf welche bindungstheoretischen Grundsätze lassen Ihre Reaktionen schließen? Protestverhalten? Deaktivierung? Auch hier können Ihnen die anschließenden Übersichten Anhaltspunkte geben. In Spalte 6 tragen Sie ein, inwiefern Ihre Reaktion Ihnen geschadet und im Grunde Ihr Glück verhindert hat. Spalte 7 regt Sie dazu an, sich zu überlegen, wie Sie anders mit diesen Situationen hätten umgehen können bzw. was Sie jetzt noch tun können; denken Sie dabei an Ihr Vorbild für sichere Beziehungen und die Merkmale des sicheren Beziehungstyps, die wir auf S. 224 noch einmal zusammengefasst haben.

Meine Beziehungen – eine Bestandsaufnahme

1. Name des Partners	**2. Wie ist/war die Beziehung? An welche wiederkehrenden Muster erinnere ich mich?**	**3. Situation, die die Aktivierung/ Deaktivierung des Bindungssystems ausgelöst hat**	**4. Meine Reaktion (was habe ich gedacht, gefühlt, getan?)**

	5. Arbeitsmodelle und Grundsätze, die unsicheren Beziehungstypen entsprechen	6. Inwiefern schade ich mir selbst, wenn ich mich an dieses Arbeitsmodell/diese Grundsätze halte?	7. Welches Vorbild für ein sicheres Beziehungsverhalten kann mir in dieser Situation weiterhelfen, und wie? Welche sicheren Grundsätze könnte ich anwenden?

Typische Gedanken, Gefühle und Reaktionen des *ängstlichen* Beziehungstyps

Gedanken

- Gedankenlesen: Das war's. Ich weiß, dass er mich verlassen wird.
- Ich werde nie mehr jemanden finden.
- Ich wusste, dass das zu schön war, um zu halten.
- Alles-oder-Nichts-Denken: Ich habe alles kaputtgemacht, ich kann nichts tun, um diese Situation in Ordnung zu bringen.
- So kann er nicht mit mir umgehen! Dem werd ich's zeigen!
- Ich wusste, dass das schiefgeht; bei mir klappt sowieso nie irgendetwas.
- Ich muss ihn sofort sprechen/sehen.
- Der soll zu mir zurückkriechen und um Verzeihung winseln, sonst kann er mich vergessen.
- Vielleicht kommt alles ins Lot, wenn ich mich toll herrichte oder verführerisch tue.
- Sie ist eine so tolle Frau, warum sollte sie mit mir zusammen sein wollen?
- Sich an all die schönen Dinge erinnern, die der Partner getan und gesagt hat, wenn der Streit vorbei und Ruhe eingekehrt ist.
- Sich nur an die schlimmen Dinge erinnern, die der Partner bei einem Streit je getan hat.

Gefühle

- traurig
- wütend
- nachtragend
- frustriert

Gefühle

- ängstlich
- hoffnungslos
- verzweifelt
- eifersüchtig
- feindselig
- rachsüchtig
- schuldig
- Hass auf sich selbst
- unruhig
- unbehaglich
- deprimiert
- beschämt
- Hass auf den anderen
- verunsichert
- nervös
- abgelehnt
- ungeliebt
- einsam
- missverstanden
- nicht wahrgenommen

Verhalten

- Ausflippen.
- Versuchen, den Kontakt wiederherzustellen, koste es, was es wolle.
- Einen Streit vom Zaun brechen.
- Darauf warten, dass der andere den ersten Schritt zur Versöhnung macht.
- Drohen, die Beziehung zu beenden.
- Sich feindselig verhalten – die Augen verdrehen, den anderen mit verächtlichen Blicken bedenken.
- Versuchen, ihn eifersüchtig zu machen.
- Beschäftigt oder unnahbar tun.
- Sich zurückziehen – nicht mehr mit dem Partner reden, sich körperlich von ihm wegdrehen.
- Manipulieren.

Typische Gedanken, Gefühle und Reaktionen des *vermeidenden* Beziehungstyps

Gedanken

- Alles-oder-Nichts-Denken: Ich wusste, dass sie nicht die Richtige für mich ist, und das ist der Beweis!
- Verallgemeinern: Ich wusste, dass ich nicht für enge Beziehungen geschaffen bin.
- Sie will mein Leben kontrollieren, das halte ich nicht aus!
- Alles muss ich so machen, wie sie will; der Preis ist zu hoch.
- Ich muss hier raus, ich ersticke.
- Wenn er »der Richtige« wäre, wäre so etwas nie passiert.
- Wenn ich noch mit X (dem Phantom-Ex) zusammen wäre, wäre das hier nie passiert.
- Böse Absicht unterstellen: Er ist nur darauf aus, mich zu ärgern, das ist so offensichtlich …
- Sie will mich knebeln, das ist doch keine Liebe!
- Von Sex mit anderen Partnern fantasieren.
- Alleine ginge es mir besser.
- Sie ist so abhängig! Jämmerlich!

Gefühle

- verschlossen
- frustriert
- wütend
- in die Enge getrieben
- nicht wahrgenommen
- enttäuscht
- angespannt
- hasserfüllt
- selbstgerecht
- herablassend
- missverstanden
- nachtragend
- feindselig
- reserviert
- leer
- verzweifelt
- verächtlich
- unruhig
- misstrauisch

Verhalten

- Ausflippen.
- Aufstehen und gehen.
- Den Partner heruntermachen.
- Sich feindselig verhalten, verächtlich schauen.
- Kritische Bemerkungen machen.
- Geistig abschalten, sich körperlich zurückziehen.
- Den Körperkontakt auf ein Minimum reduzieren.
- Den emotionalen Austausch bei einem Minimum belassen.
- Dem Partner nicht mehr zuhören. Ihn ignorieren.

Mögliche Bindungsmechanismen am Werk
Ängstlicher Beziehungstyp

- Protestverhalten.
- Aktivierungsstrategien – alle Gedanken, Gefühle und Verhaltensweisen, die den Wunsch verstärken, eine Verbindung zum Partner aufzunehmen.
- Den Partner auf ein Podest stellen.
- Sich im Vergleich zum Partner klein und unterlegen fühlen.
- Nach einem Streit nur die positiven Seiten des Partners sehen oder erinnern (und seine negativen Seiten vergessen).
- Ein aktiviertes Bindungssystem mit Liebe verwechseln.
- In der Gefahrenzone leben (siehe die Abbildung auf S. 204).
- Emotional auf einer Achterbahn leben – süchtig werden nach dem Auf und Ab.

Vermeidender Beziehungstyp

- Deaktivierungsstrategien.
- Selbstständigkeit mit Unabhängigkeit verwechseln.
- Die eigene Wichtigkeit und Selbstsicherheit aufblähen und den Partner herabsetzen.
- Nur die negativen Seiten des Partners sehen und die positiven ignorieren.
- Den Aktivitäten des Partners eine böse Absicht unterstellen.
- Die emotionalen Signale des Partners missachten.
- Sich nach dem Phantom-Ex sehnen.
- Von »dem Richtigen« fantasieren.
- Liebevolle Empfindungen und Gefühle unterdrücken.

Bindungsmechanismen, die dem sicheren Beziehungstyp entsprechen

- Für den Partner da sein.
- Ihn nicht behindern.
- Ihm den Rücken stärken.
- Klar kommunizieren.
- Nichts vorspielen.
- Sich für das Wohl des Partners verantwortlich fühlen.
- Das Herz auf der Zunge tragen – ihm gegenüber mutig und aufrichtig sein.
- Immer bei dem gerade anstehenden Problem bleiben.
- Bei einem Konflikt nicht verallgemeinern.
- Das Feuer löschen, bevor es zum Großbrand wird – sich um die Verstimmungen des Partners kümmern, bevor sie eskalieren.

Manchmal ist es sinnvoll, die Bestandsaufnahme mit einer Person Ihres Vertrauens durchzugehen, etwa einem Familienangehörigen, einer guten Freundin oder einem Therapeuten. Der Blick eines Menschen, der weiß, wie Sie reagieren, wenn Ihr Bindungssystem heiß läuft und Ihre Urteilskraft durch eine Aktivierung oder Deaktivierung getrübt ist, führt oft zu neuen Einsichten. Die Vertrauensperson kann Sie an Ihre destruktiven Bindungstendenzen erinnern und Ihnen helfen, sich mehr nach Art des sicheren Beziehungstyps zu verhalten, statt auszuflippen und der Beziehung zu schaden.

Nach dieser Bestandsaufnahme müssten Sie wissen, wie Sie in Beziehungen ticken und wie Ihre Strukturen verhindern, dass Sie glücklich und voller Schaffensdrang sind. Sie müssten wiederkehrende Muster entdeckt und herausgefunden haben, wie Sie und Ihr/e Partner sich gegenseitig auf die Palme bringen. Fassen Sie die Ergebnisse zusammen:

Mein Arbeitsmodell für Beziehungen – Fazit

Können Sie bestimmte Situationen ausmachen, die beziehungsübergreifend Ihr Bindungssystem aktivieren (wenn Sie der ängstliche Beziehungstyp sind) oder deaktivieren (wenn Sie der vermeidende Beziehungstyp sind)?

- ______________________________
- ______________________________
- ______________________________

Können Sie erkennen, inwiefern ein ungutes Arbeitsmodell Sie daran gehindert hat, sich mehr wie der sichere Beziehungstyp zu verhalten?

- ______________________________
- ______________________________
- ______________________________

Welche Grundsätze der Bindungstheorie spielen in Ihren Beziehungen eine Rolle?

- ______________________________
- ______________________________
- ______________________________

Fragen Sie sich, wie Ihr sicheres Vorbild (das können auch Sie selbst in einer Situation sein, in der Sie sich sicher verhalten haben) an die Probleme herangehen würde, mit denen Sie sich aktuell herumschlagen.

- Was würde Ihr Vorbild tun, wenn es in einer solchen Situation wäre?
- Welchen Gesichtspunkt würde es zur Sprache bringen?
- Was würde es Ihnen sagen, wenn es wüsste, dass Sie dieses Problem haben?
- Wie kann die Erfahrung Ihres Vorbildes die jetzige Situation beeinflussen?

Die Antwort auf diese Fragen hilft Ihnen, die letzte – und entscheidende – Spalte der Bestandsaufnahme auszufüllen.

Die folgenden beiden Beispiele verdeutlichen, wie die Methode in der Praxis funktioniert.

Die rettende SMS

Als wir Georgia und Henry für dieses Buch interviewten, lagen sie im Dauerclinch. Henry meinte, nichts von dem, was er tue, sei für Georgia je gut genug und er werde ständig beurteilt und kritisiert. Georgia wiederum glaubte, in ihrer Ehe müsse sie sich um alles kümmern. Auch wegen einfacher Absprachen musste sie Henry hinterhertelefonieren, und immer war sie diejenige, die alles in die Wege leitete – ein Geburtstagsgeschenk für seine Mutter kaufen, entscheiden, welche Wohnung sie mieten sollten, und so weiter. Sie fühlte sich in der Partnerschaft ziemlich alleingelassen. Als wir Georgia ans Herz legten, ihr Arbeitsmodell zu überprüfen, das eindeutig dem ängstlichen Beziehungstyp entsprach, schilderte sie eine bestimmte Situation, die häufig vorkam und sie jedes Mal aufs Neue ärgerte. Wenn Henry bei der Arbeit war, hatte er nie Zeit, mit ihr zu reden. Sie rief ihn an und hinterließ eine Nachricht, aber er rief nur selten zurück. Georgias Bestandsaufnahme enthielt unter anderem den folgenden Eintrag:

1. Name des Partners	2. Wie ist/war die Beziehung? An welche wiederkehrenden Muster erinnere ich mich?	3. Situation, die die Aktivierung/ Deaktivierung des Bindungssystems ausgelöst hat	4. Meine Reaktion (was habe ich gedacht, gefühlt, getan?)
Henry	Ich habe das Gefühl, alleingelassen und vernachlässigt zu werden. Ich bin es leid, ganz allein den größten Teil der Beziehungsarbeit zu leisten.	Henry erwidert meine Anrufe nicht, wenn er bei der Arbeit ist.	Ich bin besorgt und unruhig. Ich frage mi ob ich etwas getan habe, das Henry verärgert hat. Knoten im Magen. Ich rufe ihn ständig a oder zwinge mich, darauf zu warten, da er mich anruft. Verhalte mich feindselig, wenn er anruft

5. Arbeitsmodelle und Grundsätze, die unsicheren Beziehungstypen entsprechen	**6. Inwiefern schade ich mir selbst, wenn ich mich an dieses Arbeitsmodell/diese Grundsätze halte?**	**7. Welches Vorbild für ein sicheres Beziehungsverhalten kann mir in dieser Situation weiterhelfen, und wie? Welche sicheren Grundsätze könnte ich anwenden?**
Aktivierung: Besorgnis und Unruhe und das Bedürfnis, SOFORT mit Henry zu sprechen, sind die Methoden meines Bindungssystems, Henry nah zu bleiben. *Protestverhalten:* Mit meinem feindseligen Verhalten bei einem Anruf von ihm will ich ihn dazu bringen, mich zu beachten und auf mich zuzugehen.	Statt die Verbundenheit zu Henry wiederherzustellen, endet es wieder mit einem Streit. Dass ich mir Sorgen mache, ob er für mich da sein wird, beeinträchtigt meine Konzentration am Arbeitsplatz – und das, obwohl ich weiß, dass er mich liebt!	Debbie, meine Therapeutin, die für mich ein wichtiges Vorbild für den sicheren Beziehungstyp ist, hat mir gesagt, ich könne sie jedes Mal anrufen, wenn etwas mich aus der Ruhe bringt. Sie hat gesagt: »Georgia, lieber telefoniere ich zehn Minuten mit dir, als dass du den ganzen Tag gedanklich rotierst.« Im Endeffekt brauchte ich sie nie anzurufen. Wichtig war nur, dass sie für mich erreichbar war. Ich glaube, eigentlich brauche ich gar nicht so oft mit Henry zu reden. In Wirklichkeit will ich nur wissen, dass er für mich da ist und sich mir verbunden fühlt. Dadurch, dass ich ihn so oft anrufe, verletze ich außerdem die sichere Grundregel, den anderen nicht zu behindern.

Henry, ein vermeidender Beziehungstyp, hatte bei der Arbeit mit Patienten zu tun und empfand Georgias Anrufe und SMS als störend. Wenn er sie dann zurückrief, begann der Dialog gleich in einem säuerlichen Ton, der sich auf den gesamten Verlauf des Gesprächs auswirkte. Ein Ausschnitt aus seiner Bestandsaufnahme sah so aus:

1. Name des Partners	**2. Wie ist/war die Beziehung? An welche wiederkehrenden Muster erinnere ich mich?**	**3. Situation, die die Aktivierung/ Deaktivierung des Bindungssystems ausgelöst hat**	**4. Meine Reaktion (was habe ich gedacht, gefühlt, getan?)**
Georgia	In unserer Beziehung herrschen nie Ruhe und Frieden. Georgia verlangt sehr viel Aufmerksamkeit.	Georgias ständige Anrufe und SMS, wenn ich mit meiner Arbeit beschäftigt bin.	Ich fühle mich gestör Werde wütend, wen ich daran denke, wie abhängig Georgia ist Schalte mein Handy oder beantworte ihre Anrufe barsch und gereizt.

5. Arbeitsmodelle und Grundsätze, die unsicheren Beziehungstypen entsprechen	**6. Inwiefern schade ich mir selbst, wenn ich mich an dieses Arbeitsmodell/diese Grundsätze halte?**	**7. Welches Vorbild für ein sicheres Beziehungsverhalten kann mir in dieser Situation weiterhelfen, und wie? Welche sicheren Grundsätze könnte ich anwenden?**
Deaktivierung: Ich halte Georgia für emotional bedürftig und übertrieben abhängig. Ich vergesse, dass sie nicht darauf aus ist, mich zu vereinnahmen, und dass sie mich liebt und es gut mit mir meint. *Rückzug:* Ich stelle Distanz her, indem ich das Telefon abschalte oder mich feindselig verhalte, wenn wir uns schließlich sprechen.	Wenn ich nach Hause komme, ist Georgia sauer, und ich habe Schuldgefühle. Oft ruft sie auch aus einem guten Grund an (zum Beispiel will sie wissen, welches Restaurant sie für abends reservieren soll), und ich habe Nachteile, weil ich sie ignoriere.	Mein Chef und seine Frau sprechen sich immer ab. Im Krankenhaus sind sie das Power-Paar – beide Stationsleiter. Sie ruft ihn sogar an, um sicherzugehen, dass er nicht vor lauter Arbeit sein Training vergisst. Einer hilft dem anderen, Erfolg zu haben. Ich verletze außerdem die sichere Grundregel, für den anderen da zu sein. Ich muss eine Möglichkeit finden, für Georgia erreichbar zu sein, wenn sie mich braucht.

Nachdem Georgia und Henry ihre Arbeitsmodelle analysiert hatten, fingen sie an, ihre Situation anders zu sehen. Henry erkannte, dass er alles nur schlimmer machte und letztendlich Unzufriedenheit auslöste, wenn er die Bedürfnisse seiner Frau ignorierte und sich über ihre Abhängigkeit lustig machte. Georgia wurde klar, dass ihr Protestverhalten Henry noch weiter von ihr entfernte, statt ihn dazu zu bringen, für sie da zu sein. Als sie sich zusammen hinsetzten und über dieses häufige Problem sprachen, waren beide besser vorbereitet. Henry sagte, er würde zwar durchaus tagsüber an sie denken, sei aber so beschäftigt, dass er einfach nicht die Zeit habe, seine Arbeit zu unterbrechen und sie anzurufen. Für Georgia war es beruhigend zu hören, dass Henry oft an sie dachte, wenn sie getrennt waren. Sie sah auch ein, dass er sehr viel zu tun hatte. Trotzdem hatte sie das Bedürfnis, sich den ganzen Tag über immer wieder mit ihm verbunden zu fühlen.

Schließlich fanden sie eine Lösung: Henry fragte, ob es in Ordnung sei, wenn er ihr jedes Mal, wenn er an sie dachte, eine vorformulierte SMS schicken würde. Es würde ihn nur wenig Zeit kosten, Georgias Besorgnis aber enorm abbauen. Diese Lösung wirkte für ihre Beziehung wahre Wunder. Georgia, die jetzt »Ich denk an dich«-Nachrichten erhielt, konnte ruhig bleiben und sich bei der Arbeit besser konzentrieren. Henry war weniger gereizt, nachdem ihm klargeworden war, dass Georgia nicht darauf aus war, durch ständiges Nörgeln seine Karriere zu ruinieren. Und wenn sie sich abends wiedersahen, war von Anspannung, emotionaler Bedürftigkeit und Feindseligkeit keine Spur mehr.

Die Sache mit der Zahnpastatube

Als Grace nach New York City zog, wollte Sam unbedingt, dass sie bei ihm einzog. Sie waren seit über zwei Jahren ein Paar, und er dachte, es wäre schön, eine neue Etappe in der Beziehung einzuläuten. Außerdem waren sie sowieso ständig entweder in seiner oder in ihrer Wohnung zusammen und würden also eine Menge Miete sparen. Grace wollte lieber nicht in Sams Apartment ziehen. Sie war dafür, eine größere Wohnung zu mieten, damit es für sie beide ein Neustart war. Aber Sam weigerte sich; er liebte sein kleines Apartment und hielt es für unsinnig, Geld auszugeben, wo er doch schon eine eigene Wohnung hatte. Er war sicher, dass es funktionieren würde. Trotzdem hatte er Bedenken. Er hatte noch nie mit jemandem zusammengewohnt und eingeschliffene Gewohnheiten. Aber im Lauf der Jahre war ihm auch die Einsamkeit schwergeworden, die mit der Unabhängigkeit einhergeht, und er wollte etwas anderes. Als Grace dann tatsächlich bei ihm einzog, wurde er immer angespannter. Manchmal hatte er das Gefühl zu ersticken. Überall waren ihre Sachen. Es kam ihm so vor, als habe er seinen stillen Zufluchtsort verloren und ein Eindringling sein Zuhause besetzt. Eines Tages schließlich rastete er aus – es ging um die Zahnpasta. Grace drückte die Tube immer von der Mitte her aus, wohingegen er darauf achtete, sie sorgfältig vom Ende her auszudrücken. Als er die deformierte Zahnpastatube bemerkte, wurde er wütend und warf Grace vor, schlampig und nachlässig zu sein. Grace wusste nicht, wie ihr geschah; sie hatte sich sehr bemüht, die Spuren ihrer Anwesenheit in der

Wohnung auf ein Minimum zu beschränken, und ein Angriff war das Letzte, was sie erwartet hatte.

Nachdem Sam sich die Situation überlegt hatte, kam er zu den folgenden Schlussfolgerungen:

1. Name des Partners	**2. Wie ist/war die Beziehung? An welche wiederkehrenden Muster erinnere ich mich?**	**3. Situation, die die Aktivierung/ Deaktivierung des Bindungssystems ausgelöst hat**	**4. Meine Reaktion (was habe ich gedacht, gefühlt, getan?)**
Grace	Ich dachte, wir würden gut miteinander auskommen, und jetzt bin ich mir dessen nicht mehr sicher. Vielleicht bin ich nicht dafür geschaffen, mit jemandem zusammenzuwohnen.	Grace ist bei mir eingezogen, nimmt Veränderungen vor und macht die Dinge auf ihre Art – und die Zahnpasta-Geschichte ist da nur der letzte Tropfen, der das Fass zum Überlaufen gebracht hat.	Ich rege mich auf und werde wütend. Ich halte es für einen großen Fehler, mit Grace zusammengezogen zu sein – ich fühle mich in meinen eigenen vier Wänden wie ein Fremder. Ich sitze in der Falle. Ich habe an allem etwas auszusetzen, was Grace tut. Halte sie für absolut unfähig. Schmolle.

5. Arbeitsmodelle und Grundsätze, die unsicheren Beziehungstypen entsprechen	**6. Inwiefern schade ich mir selbst, wenn ich mich an dieses Arbeitsmodell/diese Grundsätze halte?**	**7. Welches Vorbild für ein sicheres Beziehungsverhalten kann mir in dieser Situation weiterhelfen, und wie? Welche sicheren Grundsätze könnte ich anwenden?**
Deaktivierung: Ich halte Grace für inkompetent und aufdringlich. Ich unterdrücke meine liebevollen Gefühle für sie – ich vergesse, wie wichtig es für mich war, zusammenzuziehen, und wie unzufrieden und einsam ich gewesen bin.	Ich will, dass sie in der Wohnung alles so macht, wie ich es gewohnt bin; das macht sie nervös, und diese Nervosität ist ansteckend. Ich setze meine Beziehung zu Grace aufs Spiel und verletze den einzigen Partner, der mir je wirklich wichtig war. Wieder alleine leben wäre so, als würde ich wieder bei null anfangen. Ich war einsam und unglücklich. Deshalb habe ich eine Therapie angefangen. Wegen meiner Fortschritte in der Therapie war ich überhaupt erst in der Lage, diese Beziehung einzugehen.	Mein Therapeut sagt, ich solle der Sache Zeit geben und nicht pauschal davon ausgehen, dass ich zum Zusammenleben nicht tauge. Es ist eine Umstellung. Mein bester Freund lebt jetzt seit über einem Jahr mit seiner Partnerin zusammen. Sie gehen zusammen einkaufen und erledigen auch andere Hausarbeiten gemeinsam. Bevor Grace bei mir eingezogen ist, habe ich die beiden immer beneidet. Ich verletze die sichere Grundregel, den anderen nicht zu behindern. Meine Wohnung ist für sie neu. Ich muss sie unterstützen und darf sie nicht niedermachen.

Grace notierte Folgendes:

1. Name des Partners	2. Wie ist/war die Beziehung? An welche wiederkehrenden Muster erinnere ich mich?	3. Situation, die die Aktivierung/ Deaktivierung des Bindungssystems ausgelöst hat	4. Meine Reaktion (was habe ich gedacht, gefühlt, getan?)
Sam	Ich weiß nicht, was in letzter Zeit los ist. Wir sind so gut miteinander ausgekommen, aber seit ich bei ihm wohne, geht er auf Distanz und ist richtig gemein. Ich wusste, dass wir uns besser eine Wohnung genommen hätten, die für uns beide neu ist.	Zusammenwohnen und ständig kritisiert werden.	Ich habe das Gefühl, dass ich alles falsch mache. Ich bin überzeugt, dass er mich nicht mehr liebt. Warum bin ich bei ihm eingezogen? Jetz muss ich in meiner eigenen Wohnung so tun, als wäre ich ein Gast. Ich sitze in der Falle. Ich habe das Gefühl, nicht gut genug zu sein. Bin ich wirklich so schlampig? Ich glaube nicht, das unsere Beziehung das hier überlebt. Wahrscheinlich werden wir uns bald trennen.

5. Arbeitsmodelle und Grundsätze, die unsicheren Beziehungstypen entsprechen	6. Inwiefern schade ich mir selbst, wenn ich mich an dieses Arbeitsmodell/diese Grundsätze halte?	7. Welches Vorbild für ein sicheres Beziehungsverhalten kann mir in dieser Situation weiterhelfen, und wie? Welche sicheren Grundsätze könnte ich anwenden?
Verallgemeinern – ein einzelnes Szenario auf die ganze Beziehung übertragen. Mich selbst niedermachen. Voreilig den Schluss ziehen, dass die Beziehung vorbei ist. In negative Erinnerungen und Gefühle abtauchen.	Ich bastele schon wieder an einem Automatismus. Ich bin feindselig, sauer und unfreundlich, bis es mit der Beziehung tatsächlich vorbei ist. Ich kann nicht zu einer konkreten Lösung kommen, solange ich die Dinge so extrem sehe.	Meine Schwester hat einen guten Gesichtspunkt beigesteuert: Sie sagte, dass Sam von seiner Wohnung aus arbeitet, während ich viel unterwegs bin. Vielleicht ist alles auf einmal zu viel. Vielleicht wäre es gut, eine Pufferzone zu haben, damit wir uns allmählich an das Zusammenleben gewöhnen können. Jede Umstellung braucht Zeit. Meine Schwester sagte, als sie mit ihrem jetzigen Mann zusammengezogen sei, hätten sie sich auch erst aneinander gewöhnen müssen. Ich verletze die sichere Grundregel, den anderen zu unterstützen: Ich muss Sam mehr unterstützen. Die Situation ist für ihn schwieriger als für mich.

Nachdem Sam seine Bestandsaufnahme gemacht hatte, war ihm klar, dass das Zusammenleben für ihn eine enorme Herausforderung darstellte, nachdem er jahrelang allein gewohnt und seine Autonomie verteidigt hatte. Er war überrascht und besprach diese neue Erkenntnis mit Grace. Grace wurde klar, dass es sie bedrohte, dass Sam Schwierigkeiten mit ihrer Anwesenheit in der Wohnung hatte. Ihr war auch bewusst, wie sie die Situation interpretierte, und dass ihre Reaktion der Beziehung schadete. Weil die Idee ihrer Schwester von einer Pufferzone ihr gefiel und eine gute Freundin von ihr sechs Monate nicht in der Stadt sein würde, brachte sie die Idee ins Spiel, eine Zeitlang deren Atelierwohnung als Untermieterin zu nutzen; sie hätte so einen Platz für sich, an dem sie ihren künstlerischen Tätigkeiten und anderen Hobbys nachgehen konnte, ohne sich um Sams Reaktion kümmern zu müssen. Sam war überrascht von ihrem Vorschlag. Das Wissen, dass Grace jetzt eine Alternative hatte, verringerte seine Anspannung gewaltig. Er hatte nicht mehr das Gefühl zu ersticken und störte sich weniger an den Veränderungen, die sie in der Wohnung vornahm. Nach den sechs Monaten, in denen Grace eigentlich nie richtig im Apartment ihrer Freundin wohnte, machte sie sich nicht mehr die Mühe, sich eine neue Bleibe zu suchen. Sam und sie hatten sich an das Zusammenleben gewöhnt.

Immer sicherer werden – ein Prozess

Weil ein Beziehungstyp einerseits stabil und andererseits formbar ist, kann jeder neue Umstand – ob Angst, Unzufriedenheit oder Konflikt – Ihnen helfen, unsichere Muster zu unterbrechen und auf die für den sicheren Beziehungstyp charakteristischen Verhaltensweisen einzuschwenken. Aber es geht nicht nur darum, Probleme anzupacken; wichtig ist auch, dass Sie sich zusammen wohlfühlen. Finden Sie Möglichkeiten, die Zeit zu genießen, die Sie als Paar zusammen verbringen – machen Sie einen Spaziergang, gehen Sie ins Kino oder schön essen, sehen Sie sich zusammen eine Fernsehsendung an, die Sie beide mögen –, und nehmen Sie sich auch Zeit für körperliche Nähe. Mit der Distanz zu Ihrem unsicheren Arbeitsmodell wächst auch Ihre Fähigkeit, in der Welt insgesamt besser zurechtzukommen. Dr. Sue Johnson, die Begründerin der Emotionsfokussierten Paartherapie (EFTP), hat in ihrer klinischen Arbeit und in ihren Publikationen gezeigt, dass Sie Ihre Liebesbeziehung vor allem dadurch verbessern, dass Sie die Beziehung auf eine sichere Grundlage stellen und anerkennen, dass Sie auf allen Ebenen emotional von Ihrem Partner abhängig sind. Auch Dr. Dan Siegel, ein weiterer Pionier auf dem Feld der angewandten Bindungswissenschaft, gibt in seinen zahlreichen Büchern Tipps für ein Beziehungsverhalten, das von mehr Sicherheit geprägt ist. Er stellt eine Methode vor, bei Menschen mit unsicherem Bindungsstil lernen, ihre Lebensgeschichte aus dem Blickwinkel des sicheren Beziehungstyps zu erzählen. Die kohärente Erinnerung an die Beziehung zu Ihren wichtigsten Betreuungspersonen in der Kindheit hat zu erstaunlichen Ergebnissen geführt; es kann nicht nur Ihre Fähigkeiten als Mutter oder Vater verbessern, sondern sich auch positiv auf andere Lebensbereiche auswirken.

In einer sicheren Beziehung gewinnen beide Partner: Der Ängstliche bekommt die Nähe, nach der er sich sehnt, der Vermeidende mehr von der Unabhängigkeit, die er braucht.

Und wenn Sie es nicht auf ein sicheres Gleis schaffen?

Was passiert, wenn Sie es trotz aller Anstrengungen nicht schaffen, die Beziehung aus der Falle zu befreien und den instabilen Teufelskreis zu durchbrechen? Dieses Szenario kann eintreten, wenn ein oder beide Partner nicht den aufrichtigen Wunsch haben, sich zu ändern, oder wenn entsprechende Versuche misslingen. Wenn ängstlich-vermeidenden Paaren der Weg in ein sicheres Fahrwasser nicht gelingt, werden die Diskrepanzen immer ein Teil ihres Lebens sein und nie ganz verschwinden. Aber wir glauben auch, dass Wissen Macht ist. Und dass es wertvoll ist zu wissen, dass Sie mit Ihrem Partner nicht deshalb ständig streiten, weil einer von Ihnen verrückt ist, sondern weil in Ihrer Beziehung ein Konflikt angelegt ist, der nicht von selbst verschwinden wird.

Diese Erkenntnis hat vor allem Konsequenzen für Ihre Selbstwahrnehmung. Für den nicht vermeidenden Partner ist der Streit um die Nähe sehr destruktiv, denn ständig wird er von seinem vermeidenden Gegenüber auf Distanz gehalten: Er behält vieles für sich, wirft dem anderen vor, eifersüchtig und abhängig zu sein, schläft lieber allein in seinem Bett und findet immer Mittel und Wege, möglichst wenig Zeit gemeinsam zu verbringen. Als nicht vermeidender Partner holen Sie sich also eine Abfuhr nach der anderen. Wenn Sie das eine Zeitlang mitgemacht haben, fangen Sie an, die Schuld dafür bei sich selbst zu suchen. Sie glauben dann vielleicht, Ihr Partner würde sich anders verhalten, wenn er mit jemand anderem zusammen wäre, und dann hätte er ganz bestimmt den Wunsch nach mehr Nähe. Sie bekommen das Gefühl, unattraktiv und nie gut genug zu sein.

Die Einsicht, dass Ihre permanenten Auseinandersetzungen einen verborgenen Subtext haben – und eigentlich unlösbar sind –, verändert, wie Sie Ihre Rolle wahrnehmen. Sobald Sie begreifen, dass Ihr Partner immer einen Zankapfel finden wird, damit die Distanz gewahrt bleibt, und mit egal welchem Partner das Bedürfnis haben wird, sich zurückzuziehen, geben Sie sich nicht mehr die Schuld an den Beziehungsproblemen.

Oberflächlich betrachtet wird der vermeidende Partner weniger verletzt, denn Rückzug ist ein einseitiger Schritt, der die Kooperation des Partners nicht braucht. Aber dieser scheinbare Gleichmut ist nicht dasselbe wie Sicherheit. Vermeidende müssen ihre Bindungsbedürfnisse aktiv unterdrücken, berichten oft, in Beziehungen unzufrieden zu sein, und machen dafür mehrheitlich den Partner verantwortlich.

Aber wie leben Menschen nun mit diesen Erkenntnissen?

Als wir Alana interviewten, erzählte sie uns von ihrer Beziehung zu ihrem Exmann Stan. Sie berichtete, dass die Beziehung vor allem solange stabil war, wie Stan die meiste Zeit arbeitete; an den Wochenenden erledigte jeder für sich die Hausarbeit, Freizeit verbrachte man kaum zusammen. Schwieriger wurde es schon, wenn Alana fragte, ob sie nicht einen romantischen Wochenendausflug unternehmen könnten; sie hoffte dann, dass sie das einander näherbringen würde. Stan jedoch fand immer eine Ausrede. Es war wie ein Ritual; Alana erzählte Freundinnen und Kollegen, sie und Stan würden am Wochenende wegfahren; sie war begeistert, machte Pläne und begann zu packen. Ein paar Tage später rief sie wieder an, klang niedergeschlagen und genervt und sagte, im letzten Augenblick sei irgendetwas dazwischengekommen, und sie wären nicht gefahren. Einmal war es seine Arbeit, dann fühlte er ich nicht wohl, dann musste das Auto zur Reparatur. Sie stritten sich, dass die Fetzen flogen, und anschließend beruhigten die Dinge sich wieder – bis zum nächsten Mal. Für Alana war dieser ständige Wechsel zwischen Hoffnung und Enttäuschung eine Qual.

Schließlich endete ihre Beziehung zu Stan. Sie machte sich nie bewusst, dass es bei ihrem Streit um etwas Grundsätzlicheres gegangen war als um einen Wochenendtrip (oder überhaupt um Liebe). Er ging um die Mauer, die er zwischen ihnen aufbaute. Und selbst wenn sie es tief innerlich verstanden hätte, wäre sie nicht in der Lage gewesen, das zu akzeptieren oder damit zu leben.

Andere Leute finden Möglichkeiten, trotz gegensätzlicher Vorstellungen von Nähe in relativem Frieden zu leben. Doch wie schaffen sie das? Sie finden sich damit ab, dass bestimmte Aspekte der Beziehung sich nie ändern werden. Sie sehen ein, dass sie sich entweder für ständigen Frust entscheiden und wie Sisyphos gegen Gewalten ankämpfen müssen, gegen die sie nicht gewinnen werden. Oder dass sich ihre Erwartungen verändern lassen. Sie lernen, bestimmte Einschränkungen zu akzeptieren, und eignen sich eine Reihe pragmatischer Überlebensstrategien an:

- Sie gestehen sich ein, dass sich ihr Partner in bestimmten Bereichen nie aktiv an der Beziehung beteiligen wird, und hören auf, darauf zu drängen, dass er sich ändert.
- Sie hören auf, es als persönliche Beleidigung aufzufassen, wenn der Partner auf Distanz geht, und akzeptieren, dass er einfach so ist.
- Sie lernen, Dinge allein zu tun, von denen sie erwartet hatten, sie mit dem Partner zu tun.
- Sie suchen sich Gleichgesinnte für Aktivitäten, an denen ihr Partner sich nicht beteiligen will.
- Sie lernen, dankbar zu sein für das, was der Partner *tut*, und übersehen, was er *nicht* tut.

Wir kennen unzählige Menschen, die nach permanentem Nähe-Zwist ihre Einstellung geändert und einen Kompromiss gefunden haben, mit dem sie leben können:

- **Doug**, 53, rastete regelmäßig aus, wenn seine Frau Stunden später als erwartet nach Hause kam. Irgendwann beschloss er, nicht mehr sauer zu reagieren, wenn sie hereinkam, sondern sie stattdessen herzlich zu begrüßen. Er traf ganz bewusst die Entscheidung, ihrer beider Zuhause zu einem Ort zu machen, an den sie *gerne* zurückkam, und nicht zu einem Schlachtfeld.

- **Natalie,** 38, hatte immer davon geträumt, ihre Freizeit gemeinsam mit ihrem Mann zu verbringen. Nachdem sie sich jahrelang geärgert und erbittert mit ihm gestritten hatte, weil er sich weigerte, die Wochenenden gemeinsam zu verbringen, beschloss sie, etwas zu ändern. Heute macht sie ihre Pläne ohne ihn. Wenn er sich anschließen will (was selten vorkommt), ist er willkommen. Wenn nicht, heißt es: »Tschüüss, bis später!«
- **Janis,** 43, ist mit Larry verheiratet. Larry, für den es die zweite Ehe ist, beteiligt sich nicht aktiv an der Erziehung der gemeinsamen Kinder. Inzwischen akzeptiert Janis, dass sie auf sich allein gestellt ist, wenn es um die Kinder (und verschiedene andere Bereiche ihres gemeinsamen Lebens) geht. Sie erwartet von ihm nicht mehr, dass er sich beteiligt, und ärgert sich nicht mehr über seine Weigerung.

In allen drei Fällen waren die Reibereien wegen des unterschiedlichen Bedürfnisses nach Nähe chronisch geworden. Doug, Natalie und Janis haben beschlossen, den Traum loszulassen, ihrem Partner wirklich nah zu sein, und eine Möglichkeit gefunden, mit einer Form der eingeschränkten Verbundenheit zurechtzukommen. Sie sind einen Kompromiss eingegangen, allerdings keinen wechselseitigen, sondern einen sehr einseitigen. Statt endlos zu streiten, was ihnen nichts als Frust und Enttäuschung einbringen würde, haben sie beschlossen, ihre Erwartungen herunterzuschrauben und den Konflikt auf ein erträgliches Maß zu reduzieren.

Empfehlen wir Ihnen, diesen Weg einzuschlagen? Es kommt darauf an. Wenn Sie in einer Beziehung sind, in der gegensätzliche und nicht lösbare Bedürfnisse nach Nähe aufeinanderprallen, in der Sie aber aus egal welchen Gründen bleiben wollen, dann ist dies tatsächlich die einzige Möglichkeit, in relativem Frieden zu leben. Sie werden in Ihrer Beziehung nicht so viel Zufriedenheit erleben wie die Menschen, die nicht solche Kämpfe auszufechten haben. Aber Sie werden doch zufriedener sein als diejenigen unter uns, die beschlossen haben, sich Tag für Tag aneinander zu reiben, ohne je zu akzeptieren, dass ihr Zwist auf grundsätzlichen Unterschieden beruht, die nicht verschwinden werden.

Aber wenn Sie in einer relativ neuen oder unverbindlichen Beziehung sind und sich jetzt schon ständig in den Haaren liegen, weil Ihre Nähebedürfnisse nicht harmonieren, sollten Sie bitte gründlich darüber nachdenken, ob Sie so viele Zugeständnisse machen wollen, um mit diesem Menschen zusammen zu sein. Es gibt einen großen Unterschied zwischen Paaren, die sich um Probleme streiten, die nichts mit ihrer Beziehung zu tun haben, und solchen, die wegen der Nähe in ihrer Beziehung aneinandergeraten. Die erste Gruppe will eine gemeinsame Basis finden und eine Lösung finden, die sie einander näherbringt; die zweite Gruppe führt einen ständigen Grabenkrieg, in dem ein Partner gezwungen ist, in Bereichen, die ihm lieb und teuer sind, Zugeständnisse zu machen, ohne dass es dafür eine Gegenleistung gibt.

Die Kollision divergierender Nähebedürfnisse kann allerdings auch völlig außer Kontrolle geraten. Im nächsten Kapitel beschreiben wir, wie das aussehen kann, was notwendig ist, um die Situation zu erkennen, und – am wichtigsten – wie Sie aus ihr herauskommen.

10
Wenn das Anormale normal wird: Ein Leitfaden für Trennungen

Clay und Tom saßen an ihrem Jahrestag bei einem romantischen Abendessen. Clay sah Tom zärtlich an, als der aus heiterem Himmel schnauzte: »Was zum Teufel starrst du mich so an? Hör auf damit, es nervt.« Clay wollte aufstehen und gehen, beherrschte sich aber. Er sagte nichts, und sie beendeten das Essen schweigend.

Anstatt bei ihrer Trekkingtour durch Guatemala nebeneinander zu gehen und sich über dieses Abenteuer auszutauschen, marschierte Gary ständig vor Sue; ab und zu gab er bissige Kommentare von sich, Tenor: Sie sei langsam und lahm, einfach unfähig.

Nachdem Pat ihrem Mann das – unerwiderte – sexuelle Betthupferl gegeben hatte, das er verlangt hatte, bemerkte er: »Das war Wahnsinn – und das Tollste war, dass es jede X-Beliebige hätte sein können, eine völlig Fremde. Das ist scharf.« Pat hatte das Gefühl, einen Schlag in die Magengrube zu bekommen.

Im vorigen Kapitel haben wir über die Probleme gesprochen, die sich aus den gegensätzlichen Bedürfnissen nach Nähe in ängstlich-vermeidenden Paaren ergeben, und wie solche Differenzen sich möglicherweise beilegen lassen. Manchmal jedoch scheitern selbst wiederholte Bemühungen, die Situation zu verbessern, und sie gerät zum Desaster. Denn leider können der ängstliche und der vermeidende Beziehungstyp in solchen Situationen das Schlimmste im anderen zum Vorschein bringen. Das Anormale wird normal.

Häufig wird angenommen, nur masochistische, »bemitleidenswerte« Menschen würden diese üble Behandlung überhaupt mitmachen, und wenn sie sie sich gefallen ließen, statt zu gehen, hätten sie es vielleicht nicht besser verdient! Andere meinen, hier würden Erwachsene schwierige Kindheitserlebnisse wiederholen. Die Geschichte von Marsha und Craig widerlegt diese gängigen Vermutungen. Marsha, 31, lernten wir bei den Interviews für dieses Buch kennen. Sie war sehr offen und mitteilsam und erzählte uns ihre Geschichte einschließlich einiger sehr intimer und schmerzlicher Details. Sie sagte uns, sie wolle, dass ihre Geschichte veröffentlicht wird, um anderen Frauen in ähnlichen Situationen zu helfen. Sie sollten erfahren, dass man sich aus einer destruktiven Beziehung befreien und mit einem neuen Partner glücklich werden kann. Marsha kam selbst aus einer liebevollen, fürsorglichen Familie, und nach ihrer Beziehung zu Craig lernte sie einen Mann kennen, der sie anbetete und verwöhnte. Der einzige »Fehler«, den wir an Marsha finden konnten, war ihr ängstlicher Beziehungstyp; Craig dagegen gehörte zu den vermeidenden Zeitgenossen. Wie in Kapitel 5 beschrieben, scheinen zwischen dem ängstlichen und dem vermeidenden Beziehungstyp kosmische Anziehungskräfte am Werk zu sein, und sobald sie sich aneinander binden, kommen sie kaum wieder voneinander los. Marshas Geschichte zeigt, was in einem extremen ängstlich-vermeidenden Paar passiert, und welche inneren Schlachten geschlagen werden müssen, bis der Schlussstrich endgültig gezogen ist.

Ihre Geschichte ist verstörend, aber sie endet hoffnungsvoll. Wir geben sie hier aus drei Gründen wieder: um den starken Einfluss des Bindungsprozesses zu verdeutlichen; um zu zeigen, dass auch emotional gesunde Menschen in ein destruktives Kuddelmuddel geraten können; und um Menschen, die in einer solchen Beziehung sind, bewusstzumachen, dass ein besseres Leben für sie möglich ist, wenn sie die Kraft aufbringen zu gehen.

Marshas Geschichte

Ich lernte Craig kennen, als ich am College war. Er war süß und sportlich, und ich bewunderte sein Aussehen. Außerdem war er Tutor in Physik, meinem Hauptfach, machte eine Arbeit, die meiner weit überlegen zu sein schien, und deshalb dachte ich, er wäre genial. Trotzdem gab es von Anfang an Dinge in seinem Verhalten, die mich irritierten und störten.

Als er mich zum ersten Mal um eine Verabredung bat, nahm ich an, es handele sich um ein romantisches Date, nur um dann zu entdecken, dass es ein Gruppentreffen mit vielen Freunden von ihm war. Obwohl ich mir sicher war, dass jede Frau seine Einladung genauso verstanden hätte wie ich, legte ich das, was zumindest zweideutig war, zu seinen Gunsten aus und zog die Möglichkeit in Betracht, dass ich ihn vielleicht missverstanden hatte. Bald darauf fragte er mich, ob ich mit ihm allein etwas unternehmen wolle, und so schrieb ich das erste »Date« endgültig einem Missverständnis zu.

Einen Monat später wollte ich Craig damit überraschen, dass ich bei seinem Leichtathletik-Mannschaftstraining auftauchte und ihn anfeuerte. Aber nicht nur, dass er sich für die Unterstützung nicht bedankte – er ignorierte mich komplett. Er war mit seinen Freunden zusammen und sagte noch nicht einmal »Hallo«. Was sollte ich daraus für einen anderen Schluss ziehen als den, dass er sich meiner schämte?

Hinterher sprach ich Craig auf sein Verhalten an. Er sagte: »Marsha, wenn wir mit anderen Leuten zusammen sind, brauchen die nicht zu wissen, dass wir ein Paar sind.« Ich war wütend, und mir kamen die Tränen. Aber dann umarmte und küsste er mich, und ich versöhnte mich mit ihm. Und obwohl Craig in der Öffentlichkeit nicht zu unserer Beziehung stand, wurde bald deutlich, dass wir tatsächlich zusammen waren.

Leider war es nicht das letzte Mal, dass ich entdeckte, dass wir nicht auf derselben Wellenlänge waren. Wir gingen seit mehreren Monaten zusammen, und in meiner Vorstellung machte die Beziehung gute Fortschritte. Um das auch nach außen deutlich zu machen, erzählte ich meinem Exfreund – mit dem ich mich immer noch gelegentlich traf –, dass wir uns nicht mehr sehen könnten. Als ich das Craig gegenüber erwähnte, war seine Antwort für mich ein Schock: »Warum hast du das deinem Ex erzählt? Wir sind immer noch ganz am Anfang, und vielleicht wird gar nichts aus uns!«

Nachdem wir noch ein paar Monate miteinander gegangen waren, schien zwischen Craig und mir schließlich alles paletti zu sein. Er zog in eine Wohnung mit einem Schlafzimmer und schlug vor, ich solle bei ihm einziehen. Es gefiel mir, dass er verbindlicher wurde, und ich war einverstanden. Für alle schien es das Selbstverständlichste von der Welt; Craig war ein toller Typ und machte einen guten Eindruck. Leute, die ihn oberflächlich kannten, hielten ihn für echt nett. Die Wahrheit jedoch war, dass mein Leben mit Craig zu einer emotionalen Achterbahn wurde und ich jeden Tag mindestens einmal in Tränen aufgelöst war.

Erstens verglich Craig mich ständig mit seiner Exfreundin Ginger. Wenn man Craig hörte, war sie vollkommen – intelligent, schön, interessant, kultiviert. Dass sie immer noch Kontakt zueinander hatten, war für mich extrem schwierig und verunsicherte mich sehr. Und genauso schnell, wie er Ginger groß herausstellte, machte er mich herunter, vor allem meine intellektuellen Fähigkeiten. Es machte mich total fertig, dass er dachte, ich sei irgendwie schwer von Begriff. Aber ich wusste, dass ich nicht auf den Kopf gefallen war – schließlich studierte ich an einer Eliteuniversität –, und so ließ ich das auf sich beruhen.

Mein Selbstvertrauen in Bezug auf mein Aussehen war eine andere Geschichte. Ich hatte in dieser Hinsicht sowieso Unsicherheiten, und da war es nicht gerade förderlich, dass Craig sich auf ein bestimmtes Merkmal einschoss – einen

Quadratzentimeter Zellulitis zum Beispiel – und dieses Thema dann wochenlang breittrat. Als er mich zum ersten Mal nackt unter der Dusche sah, bemerkte er, ich sähe aus »wie ein Zwerg mit Riesentitten.« Ich litt unter seinen abfälligen Bemerkungen und machte mich manchmal sogar selber nieder. Einmal, als ich zu viel gegessen hatte und mir wie eine Tonne vorkam, fragte ich ihn, ob er schon einmal Sex mit jemandem hätte haben wollen, der so abstoßend war. Die meisten Sexualpartner – und überhaupt die meisten Leute – würden auf eine so grausame Abwertung etwas Aufbauendes antworten, zum Beispiel: »Marsha, wie kannst du nur so etwas sagen? Du siehst super aus!«

Aber Craig erwiderte nur: »Du bist einfach jetzt gerade da.« Es fiel ihm überhaupt nicht auf, dass seine Worte mich kränken könnten – für ihn war es eine neutrale Beobachtung gewesen.

Ich versuchte, mit ihm darüber zu reden, wie verletzend er sein konnte, und ein paarmal ging ich sogar so weit zu sagen, dass er emotional irgendwie anormal zu sein schien. Aber meine Worte gingen bei ihm in das eine Ohr hinein und zum anderen wieder hinaus. Es gab Situationen, in denen ich mir schwor, ich könne sein Verhalten nicht mehr ertragen, und brachte den Mut auf ihm zu sagen, dass ich die Beziehung beenden wolle. Aber ich schaffte es nie, das auch durchzuziehen. Er sagte mir dann, dass er mich liebe, und ich ließ mich dazu überreden, weiter mit ihm zusammen zu sein.

Liebte er mich? Vielleicht. Er sagte es mir fast jeden Tag. Ich rechtfertigte sein Verhalten, redete mir ein, ihn träfe keine Schuld, er sei schließlich ohne Vorbild für eine gesunde Beziehung großgeworden. Sein Vater war ein Despot und behandelte seine Mutter schlecht. Ich wurde ein Meister im Rationalisieren und sagte mir, dass »er es nicht besser wusste.« Wenn sein Verhalten erlernt war, konnte ich hoffen, denken, vielleicht sogar erwarten, dass er es auch wieder verlernen und sich ändern könnte.

Weil ich so vieles verdrängte, musste ich vieles schlucken. Wie sein Vater war Craig sehr dominant. Es ging immer um *ihn*. Wir machten immer, was er wollte; seine Meinung war wichtiger – immer. Er suchte die Filme aus, die wir uns ansahen, er plante, was ich zu kochen hatte. Obwohl er wusste, dass die Einrichtung für mich sehr wichtig ist, beschloss er, dass wir ein Poster von Shaquille O'Neal im Wohnzimmer haben mussten. Im Wohnzimmer!

Weil ich mich so dafür schämte, wie Craig mich behandelte – wie ich mich behandeln ließ –, traf ich mich mit meinen Freundinnen nie, wenn er auch da war. Es war schon schlimm genug, mit seinen Freunden zusammen zu sein. Ich kann ziemlich schüchtern sein, und einmal, als wir mit ein paar Leuten ausgegangen waren, die er kannte, versuchte ich, in dem Gespräch meine Meinung anzubringen. Er unterbrach den Freund, der gerade etwas sagte, mit den Worten: »Hey, hört mal, meine ›geniale‹ Freundin will was sagen.« Ein anderes Mal, am Strand, bat ich ihn um ein Handtuch, und er schrie so, dass alle anderen es hörten: »Lass dich von der Sonne trocknen!« Das waren nur zwei solcher Vorfälle. Es gab unzählige mehr. Ich bat ihn immer wieder, nicht so mit mir zu sprechen, aber schließlich gab ich es auf.

Der einzige Aspekt unserer Beziehung, der die Dinge erträglich machte – wegen dem ich überhaupt so lange mit ihm zusammenblieb – war, dass Craig, egal was er sagte, sehr zärtlich war. Wir umarmten uns oft und schliefen aneinandergekuschelt ein. Wegen dieser Zärtlichkeit konnte ich so tun, als sei ich mit unserem Sexualleben zufrieden. Craig war von all meinen Freunden derjenige, der am wenigsten auf Sex aus war, und das Kuscheln war für mich das Trostpflaster, das die schmerzlichen Zurückweisungen erträglicher machte.

Für mein Gefühl versuchte ich zu kompensieren, aber im Lauf der Zeit wurde mein Denken immer verquerer. Ich sagte mir: »Eine perfekte Beziehung hat sowieso niemand, bei irgendetwas musst du Kompromisse schließen – und wenn das so ist, kann ich genauso gut bei Craig bleiben.« Weil wir seit mehreren Jahren zusammen waren, »überlegte« ich ganz rational, ich solle keine Zeit mehr vergeuden und heiraten. Selbst nach den furchtbar unpassenden Kommentaren, die er von sich gab, als ich es ihm vorschlug, zum Beispiel: »Aber dann werde ich nie mehr mit einer Zwanzigjährigen schlafen dürfen!«, wollte ich ihn immer noch heiraten.

Die Ehe war die einzige Entscheidung, zu der ich Craig gedrängt habe. Sobald er zugestimmt hatte, wusste ich, dass es ein Fehler war. Es war vom ersten Moment an offensichtlich. Der Ring, den er kaufte, war unspektakulär, und ständig fielen die Steine heraus. Dieses Omen hätte mir eigentlich reichen müssen.

Unsere Flitterwochen in Paris waren schrecklich. Wir waren ständig zusammen, und ich hatte das Gefühl, an Craig gefesselt zu sein. Wir hatten viel Zeit, es uns gutgehen zu lassen, aber er machte alles zu einem Problem. Er beklagte sich über den Service im Hotel und rastete aus, als ich uns versehentlich in die falsche Metro-Linie lotste. Das war für mich die Erleuchtung. Als Craig anfing, mich wüst zu beschimpfen, wurde mir klar, dass ich ihn nicht ändern konnte. Als wir schließlich wieder nach Hause kamen und meine Familie mich nach meinen Flitterwochen fragte, hatte ich nicht den Mut, ihnen zu sagen, dass sie eine Katastrophe gewesen waren. Mit kläglicher Stimme brachte ich nur ein: »Es war schön« heraus. Eine dürftige Beschreibung für die eigenen Flitterwochen!

Obwohl ich das Gefühl hatte, in der Falle zu sitzen, brachte ich es nicht fertig, mich aus dem Albtraum zu befreien. Immer wieder, wenn ich meinen Mut zusammennahm und gehen wollte, überredete Craig mich zu bleiben. Ich begann zu fantasieren, er würde sich in eine andere verlieben und die Beziehung von sich aus beenden, denn ich hatte Angst, nie die Kraft zu haben, ihn zu verlassen. Zum Glück brachte Craig diese Kraft auf. Als ich ihm zum x-ten Mal sagte, dass ich die Scheidung wolle, bekniete er mich wieder, ich solle doch bleiben, aber dieses Mal versprach er, es mir nicht mehr auszureden, wenn ich es noch einmal verlangen würde. Ich bin ihm dankbar, dass er Wort gehalten hat. Als die Situation das nächste Mal unerträglich wurde, sagte ich ihm, ich wolle weg, und er sagte: »Okay!« Wir hatten einen Vertrag unterschrieben, dass wir zusammen eine Wohnung kaufen wollten, und verloren 10 000 Dollar, weil wir aus dem Vertrag ausstiegen, aber rückblickend habe ich Geld nie besser angelegt.

Die Scheidung war relativ schnell und unkompliziert. Wir blieben anschließend in Kontakt. Sobald ich nicht mehr an ihn gebunden war, machte es viel Spaß, mit ihm zusammen zu sein – in kleiner Dosierung. Er war interessant, zärtlich und charmant. Wenn er beleidigend wurde, stand ich einfach auf und ging.

Marsha lernte später jemanden kennen, mit dem sie glücklich wurde. Sie wechselte an einen lohnenderen Arbeitsplatz und legte sich ein neues Hobby zu. Die emotionalen Turbulenzen, die es mit Craig gegeben hatte, erlebte sie nie mehr.

Gegensätzliche Kräfte

Die Geschichte von Marsha und Craig zeigt anschaulich, wie schlimm die ängstlich-vermeidende Falle werden kann. Craig war zu viel Nähe unbehaglich, und deshalb ließ er keine Gelegenheit aus, zwischen sich und Marsha emotionale Hürden zu errichten: Zu Beginn ihrer Beziehung verhielt er sich missverständlich, dann stand er nicht zu ihr, er musste in die Ehe »gedrängt« werden, demütigte sie, vermied Sex und setzte zahllose andere Deaktivierungsstrategien ein. Sein Beziehungstyp ist eindeutig vermeidend, der von Marsha ängstlich. Sie wollte Craig nah sein, war die treibende Kraft hinter der Eheschließung und ständig sorgenvoll mit der Beziehung beschäftigt – anfangs weinte sie jeden Tag, und später dachte sie immer wieder daran, sich scheiden zu lassen. Auf typisch ängstliche Art schwankte sie zwischen Höhen und Tiefen, je nachdem, welche Signale von Craig kamen, und griff auf ein Protestverhalten zurück (drohte zu gehen, ohne es tatsächlich zu tun). Ihr Bindungssystem war chronisch aktiviert, zumindest in den ersten Jahren – bis er ihr gleichgültig wurde.

Offensichtlich hatten die Partner in dieser Beziehung sehr unterschiedliche Bedürfnisse, sodass es laufend krachte. Craig wollte Distanz, Marsha mehr Nähe. Craigs überdimensioniertes Selbstbewusstsein (charakteristisch für den vermeidenden Typ) nährte Marshas immer stärkere Selbstzweifel (charakteristisch für den ängstlichen Typ). Aber es gab auch innige Momente zwischen ihnen, die ihr eine Trennung schwermachten. Manchmal konnte Craig sehr zärtlich und liebevoll sein, und er wusste, wie er Marsha beruhigen konnte, wenn es ihr zu viel wurde (obwohl es ihr meistens wegen ihm zu viel wurde!). Trotzdem folgte jeder Annäherung die erneute Distanzierung – typisch für eine ängstlich-vermeidende Beziehung.

Ein Wort zum Sex

Marsha sagt über Craig, er sei derjenige von all ihren Freunden gewesen, der »am wenigsten auf Sex aus« war. Vermeidende benutzen Sex oft, um zu ihrem Partner auf Distanz zu gehen. Das bedeutet nicht unbedingt, dass sie fremdgehen, obwohl Studien gezeigt haben, dass die Wahrscheinlichkeit dafür bei ihnen höher ist als bei den anderen Beziehungstypen. Phillip Shaver und die Doktorandin Dory Schachner von der University of California-Davis haben in einer gemeinsamen Studie festgestellt, dass von den drei Beziehungstypen die Vermeidenden diejenigen sind, die einen anderweitig gebundenen Partner am ehesten anflirten oder auf entsprechende Angebote eingehen.

Aber selbst wenn Vermeidende ihrem Partner treu bleiben, wissen sie, wie sie ihn mit Sex auf Abstand halten können. Während Sex für ängstliche Beziehungstypen normalerweise eine starke emotionale Komponente hat und die mit Innigkeit verbundenen Aspekte der körperlichen Liebe wie Küssen und Streicheln ihnen sehr wichtig sind, haben Vermeidende ganz andere Präferenzen. Ihnen geht es oft nur um den Geschlechtsakt als solchen; Umarmen und Kuscheln fallen weg, oder es gibt Regeln wie »Nicht küssen«, damit der Sex sich weniger intensiv anfühlt. Andere Vermeidende haben selten – oder nie – Sex mit ihrem Partner oder während des intimen Verkehrs sexuelle Fantasien von einem anderen Partner. (Paare in lang dauernden Beziehungen können Fantasien einsetzen, um ihrem Sexualleben mehr Pep zu geben, aber ihr Ziel ist mehr Nähe. Bei Vermeidenden sind die Fantasien nicht Teil eines gemeinsamen Abenteuers, sondern eine Deaktivierungsstrategie, die sie auf ihrer einsamen Insel lässt.) In einer Studie über verheiratete und zusammenlebende Paare haben die kanadischen Wissenschaftler Audrey Brassard und Yvan Lussier in Zusammenarbeit mit Phillip Shaver herausgefunden, dass vermeidende Männer und Frauen weniger Sex mit ihrem Partner haben als Angehörige anderer Beziehungstypen.

Interessanterweise stellten sie auch fest, dass vermeidende Männer und Frauen mit höherer Wahrscheinlichkeit weniger Sex hatten, *wenn ihr Partner dem ängstlichen Beziehungstyp angehörte!* Die Forscher glauben, dass in Beziehungen wie der von Marsha und Craig weniger Sex stattfindet, weil der ängstliche Partner auf viel körperliche Nähe aus ist und das beim vermeidenden Partner dazu führt, sich noch mehr zurückzuziehen. Welche bessere Möglichkeit gäbe es, Nähe zu vermeiden, als den Sex auf ein Minimum zu reduzieren?

Außerdem ergab sich, dass der ängstliche Partner Sex einsetzt, um sich bestätigt zu fühlen und einschätzen zu können, wie attraktiv er für den anderen ist. Wenn der ängstliche Partner dem sexuellen Erlebnis solche Bedeutung beimisst und der vermeidende Partner sich um körperliche Nähe drückt, ist ein Crash fast unvermeidlich.

Natürlich gibt es ängstlich-vermeidende Beziehungen, in denen Sex kein Thema ist. Die emotionale Distanzierung nimmt dann eine andere Form an.

Das Leben im inneren Zirkel

Als Marsha mit Craig zusammen war, empfand sie nicht den Sex als ihr Hauptproblem. Er war nur ein Aspekt der Deaktivierungsstrategien, die Craig Tag für Tag einsetzte, egal ob Freunde dabei waren oder er mit Marsha allein war; die Deaktivierung war bei ihm ein Dauerzustand. Er behandelte Marsha, als sei sie sein Feind, was in scharfem Kontrast zu der liebevollen und fürsorglichen Fassade stand, die er dem Rest der Welt zeigte. (»Craig war ein toller Typ und machte einen guten Eindruck. Leute, die ihn oberflächlich kannten, hielten ihn für echt nett.«) Dieser Widerspruch irritierte

Marsha. Von allen Menschen auf der Welt war sie diejenige, die ihm am nächsten stand, und doch behandelte er sie am schlechtesten. Wieso konnte er zu allen anderen so nett und zu ihr so gemein sein? Es ergab keinen Sinn, und sie dachte, wenn sie ihm klarmachen könnte, dass sein Verhalten ihr weh tat, würde er sie so behandeln wie andere auch.

Marsha wusste nicht, dass Craig sie so schlecht behandelte, eben *weil* sie ihm am nächsten stand. Sie gehörte jetzt zu seinem *inneren Zirkel.* Wenn wir unseren Partner in unseren inneren Zirkel hineinlassen, kommt er uns so nah wie nur engste Verwandte – unsere Kinder, unsere Eltern und Geschwister. Leider ist das Leben im inneren Zirkel für den ängstlichen Partner kein Zuckerschlecken. Sobald Marsha bei Craig diese Grenze überschritten hatte, kam sie ihm so nah, dass er sich nicht mehr wohlfühlte, und wurde für ihn zum Feind. Je näher Marsha ihm kommen wollte, desto heftiger versuchte er, sie auf Abstand zu halten. Das ist oft so, wenn Sie als ängstlicher Beziehungstyp mit einem Vermeidenden zusammenleben.

Anzeichen dafür, dass Sie »der Feind« geworden sind

- Sie schämen sich, Freunde und Familienangehörige wissen zu lassen, wie Ihr Partner *wirklich* mit Ihnen umgeht.
- Sie sind überrascht, wenn Leute Ihnen erzählen, wie nett, freundlich oder rücksichtsvoll Ihre Partnerin ist.
- Sie hören hin, wenn Ihr Partner sich mit anderen Leuten unterhält, denn nur so erfahren Sie, was in seinem Leben los ist.

- Ihre Partnerin fragt in wichtigen Angelegenheiten eher andere um Rat als Sie.
- Sie wissen nicht genau, ob Ihr Partner im Notfall alles stehen und liegen ließe, um für Sie da zu sein.
- Ihrer Partnerin ist es wichtiger, auf Fremde einen guten Eindruck zu machen als auf Sie.
- Sie sind überrascht, wenn Sie erleben, dass Freundinnen oder Freunde von ihren Partnern rücksichtsvoll behandelt werden.
- Sie sind der Mensch, der von Ihrem Partner am ehesten beleidigt oder heruntergeputzt wird.
- Ihre seelische und körperliche Gesundheit ist auf der Prioritätenliste Ihrer Partnerin ziemlich weit unten angesiedelt.

Gelten diese Aussagen auch für Ihre Beziehung? Wenn Ihr Partner Ihnen die kalte Schulter zeigt, zu Fremden freundlicher ist als zu Ihnen und »die Aussage verweigert« – also geheimniskrämert –, ist die Wahrscheinlichkeit groß, dass Sie zum Feind geworden sind. Ihr einziges Verbrechen hat darin bestanden, jemandem zu nahe gekommen zu sein, der das nicht vertragen kann.

Mit einem sicheren Partner sieht das Leben im inneren Zirkel ganz anders aus:

Das Leben im inneren Zirkel, wenn Sie wie ein König/eine Königin behandelt werden

- Ihr Wohlbefinden steht an erster Stelle.
- Sie sind die wichtigste Vertrauensperson.
- Ihre Meinung ist am wichtigsten.
- Sie haben das Gefühl, bewundert und beschützt zu werden.
- Ihr Bedürfnis nach Nähe wird mit mehr Nähe belohnt.

Viele Menschen in ängstlich-vermeidenden Beziehungen meinen, es gäbe keinen »königlichen inneren Zirkel«, und in allen inneren Zirkeln würde das Gleiche ablaufen. Sie glauben, andere Leute würden das, was hinter verschlossenen Türen geschieht, einfach nur nicht ehrlich wiedergeben. Nun, wir sagen Ihnen, dass es diesen Unterschied gibt und er gar nicht selten ist. Denn schließlich zählen über 50 Prozent der Bevölkerung zum sicheren Beziehungstyp, und der behandelt diejenigen, die zu seinem inneren Zirkel gehören, tatsächlich wie eine Königin oder einen König.

»Rauchende Colts« in Marshas und Gregs Geschichte

Schon in den ersten Wochen und Monaten (!) ihrer Beziehung hätten – so wie die Tatwaffe ein Verbrechen beweist – verschiedene Anzeichen Marsha verraten können, dass sie dabei war, in eine Falle zu tappen:

- Craig ignorierte Marsha, als sie ihn bei seinem Leichtathletik-Training anfeuern wollte.

- Er versuchte, die Tatsache geheim zu halten, dass sie ein Paar waren.
- Er war überrascht, dass Marsha keinen Kontakt mehr zu ihrem Exfreund wollte (was nahelegt, dass er sich lieber nicht an sie binden wollte).
- Er redete abfällig über sie und wertete sie ab.
- Er verglich sie unvorteilhaft mit seiner »Phantom-Ex« Ginger.
- Er reagierte auf Marshas Sorgen und Selbstzweifel so, dass sie sich noch schlechter fühlte.
- Vor allem vermittelte er nachdrücklich die Botschaft, dass er nicht in der Lage war, sich angemessen um Marshas emotionale Bedürfnisse zu kümmern.

Mehr über »rauchende Colts« in Kapitel 5.

Das Problem zugeben

Wer in der ängstlich-vermeidenden Falle festsitzt, hat oft große Schwierigkeiten, sich selbst und anderen gegenüber einzugestehen, dass er in der Klemme ist. Vielleicht gibt er zu, dass er mit seiner Beziehung nicht hundertprozentig zufrieden ist, aber das wird schnell relativiert durch Aussagen wie: »Aber wer ist schon zufrieden? Alle Paare haben Streit, alle Paare ärgern sich. Wieso sollte es bei uns anders sein?« Sie reden sich ein, so übel würde ihr Partner sich eigentlich doch gar nicht verhalten. Andere Ängstliche wie Marsha sind sich ihrer Lage bewusst, schaffen es aber nicht, die Beziehung zu beenden. Sie starten einen Versuch, aber dann überrollt sie der Trennungsschmerz. Sie erleben das *Rückstoß-Phänomen.*

Das Rückstoß-Phänomen

Warum ist es so schwer zu gehen, auch wenn Sie sicher wissen, dass Sie zum Feind geworden sind? Nun, erstens weil es weh tut. Es tut weh, vom Partner schlecht behandelt zu werden, aber es schmerzt noch mehr, eine Beziehung zu beenden. Rational wissen Sie, dass Sie Schluss machen sollten, aber Ihr Gefühlshirn ist noch nicht so weit, diese Erkenntnis umzusetzen. Die emotionalen Schaltkreise Ihres Bindungssystems haben sich entwickelt, um Sie vom Alleinsein abzuhalten. Und eine Möglichkeit, uns in die sicheren Arme unseres Partners zurückzutreiben, besteht in dem Gefühl, dass das Alleinsein furchtbar weh tun würde. Studien haben nachgewiesen, dass die gleichen Hirnareale, die in Hirnscans aufleuchten, wenn wir uns ein Bein gebrochen haben, auch aktiv werden, wenn wir uns von unserem Partner trennen. Unser Gehirn reagiert also auf die Trennung von einer Bezugsperson so ähnlich wie auf körperlichen Schmerz.

Aber nicht nur schmerzliche Empfindungen überwältigen uns. Auch unsere Gedanken nehmen ungewollt eine andere Richtung. Sobald unser Bindungssystem aktiviert ist, wird ein weiteres interessantes Phänomen ausgelöst: Positive Erinnerungen an die wenigen guten Zeiten, die Sie zusammen hatten, überschwemmen Sie, und Sie vergessen die vielen unangenehmen Erlebnisse. Sie erinnern sich daran, wie nett er neulich zu Ihnen war, als Sie down waren, und vergessen ganz, dass er die Traurigkeit überhaupt erst ausgelöst hat. Ein aktiviertes Bindungssystem entfaltet enorme Kraft. Dieses aber war dafür verantwortlich, dass Marsha so lange mit Craig zusammenblieb.

Die Rückkehr an den Tatort

Was passiert, wenn Sie sich nach einer Trennung wieder mit Ihrem Partner zusammentun? Myron Hofer, ein Kollege von Amir an der Columbia University und führender Forscher auf dem Gebiet der Psychobiologie von Mutter-Kind-Bindungen, beschreibt in einer seiner Studien eine faszinierende Entdeckung. Wenn Rattenbabys von ihren Müttern getrennt werden, findet eine Reihe physiologischer Reaktionen statt: Sie sind weniger aktiv, ihr Herzschlag wird langsamer, und weniger Wachstumshormone werden ausgeschüttet. In seiner Studie tauschte Hofer die verschiedenen mütterlichen Attribute schrittweise gegen einen künstlichen Ersatz aus: Erst wärmte er die Rattenjungen mit einem Mini-Heizkissen, dann fütterte er sie, und anschließend fuhr er mit einem Pinsel über sie und ahmte so das Abschlecken durch die Mutter nach. Er fand heraus, dass jede Maßnahme *einen* Aspekt ihres Trennungsstresses linderte. Das Füttern hielt die Herzfrequenz in einem normalen Rahmen, das Wärmen trug dazu bei, dass sie aktiv blieben, und das Bepinseln erhöhte die Sekretion des Wachstumshormons.

Aber nur eine Maßnahme linderte alle Symptome auf einmal: die Rückkehr der Mutter.

Bei Menschen ist die Situation ähnlich. Wenn wir uns von einem Liebespartner trennen, läuft unser Bindungssystem heiß, und genauso wie die Rattenjungen können wir an nichts anderes denken, als wieder mit dem geliebten Menschen zusammenzukommen. Die Tatsache, dass eine einzige Person im Bruchteil einer Sekunde unser ganzes Herzeleid beenden kann, macht es sehr schwierig, der Versuchung zu widerstehen, sie wiederzusehen. Schon wenn wir mit ihr in einem Zimmer sind, klingt unsere Angst so stark ab wie bei keinem anderen Freund oder Familienangehörigen.

Aus diesem einfachen Grund fällt es vielen Menschen schwer, ihren Trennungswunsch zu realisieren, auch wenn sie es mehr als einmal versucht haben. Es erklärt auch, warum Marsha sich entschied, bis lange nach der Trennung mit Craig in Kontakt zu bleiben. Ängstliche Menschen brauchen unter Umständen sehr lange, bis sie über eine schlechte Bindung hinweg sind, und wie lange es im Endeffekt dauert, liegt nicht unbedingt in ihrer Gewalt. Erst wenn jede einzelne Zelle in ihrem Körper davon überzeugt ist, dass ihr Partner sich nicht ändern wird und eine Neuauflage der Beziehung unmöglich ist, können sie ihr Bindungssystem deaktivieren und loslassen.

Marsha hatte keine Ahnung, dass es so etwas wie das Rückstoß-Phänomen gibt, aber ihr war klar, dass sie auf der Stelle trat. Schließlich hatte sie das Phänomen vorher schon erlebt. Sie hatte Angst, dass sie es sich noch einmal anders überlegen könnte, und war deshalb erleichtert, als Craig die Sache in die Hand nahm – und zu seinem Wort stand, die Beziehung zu beenden, wenn sie das nächste Mal mit Scheidung drohte. Ab dem Abend, an dem sie sagte, dass sie die Scheidung wolle, ging alles sehr schnell. Sie packte eine kleine Tasche, rief ihre Schwester an und bat sie, sie sofort abzuholen. Aus der Sicht der Bindungstheorie war das eine sehr gut geplante Trennung.

Dass sie mit ihrer Schwester zusammen war, und zwar in einer vertrauten, fürsorglichen Umgebung, beruhigte einen Aspekt ihres gestressten Bindungssystems; dass sie mit Freundinnen und Freunden telefonierte, die sie unterstützten, einen anderen; dass sie Eiskrem und Schokolade aß, einen dritten. Keiner dieser Lichtblicke nahm ihr den Trennungsschmerz ganz, und manchmal vergaß sie, warum sie sich überhaupt von Craig hatte trennen müssen. Dann erinnerten ihre Freundinnen und Familienangehörigen sie daran, warum es notwendig gewesen war – manchmal stündlich.

Wenn Deaktivierungsstrategien eine gute Sache sind

Bereits lange vor der endgültigen Trennung bereitete Marsha unbewusst ihre Flucht vor: Sie fing an, ihr Bindungssystem zu deaktivieren. Nachdem sie jahrelang versucht hatte, mit Craig zu einer besseren Beziehung zu gelangen – sie hatte ihren Standpunkt erklärt, sich emotional verausgabt und sein Verhalten entschuldigt –, gab sie schließlich die Hoffnung auf. Marsha erzählte uns, in den ersten Jahren habe sie noch täglich geweint, im letzten Jahr jedoch fast gar nicht mehr. Emotional fing sie bereits an, sich von ihm zu lösen. Sie glaubte nicht mehr, dass irgendetwas sich ändern würde, oder vielmehr: dass Craig sich ändern *könnte*. Seine Fehler sprangen ihr vermehrt ins Auge, und sie hörte auf, sich auf ihre gelegentlichen positiven Erfahrungen mit ihm zu konzentrieren. Sie durchlief den gleichen Prozess, mit dem Vermeidende ständig leben: Damit die Nähe nicht zu groß wird, konzentrieren sie sich auf die negativen Eigenschaften und Verhaltensweisen des Partners. Auch Marsha, obwohl von Haus aus ein ängstlicher Beziehungstyp, setzte Deaktivierungsstrategien ein, nachdem sie von Craig unzählige Male emotional verheizt worden war. Die Deaktivierung muss sein, wenn Sie jemanden aus Ihrem (Bindungs-)System herausbefördern wollen. Wenn Sie mit diesem Prozess anfangen, während Sie noch mit Ihrem Partner zusammen sind, könnte es gut sein, dass Sie das Rückstoß-Phänomen erleben: Sie unternehmen einen Trennungsversuch, das aktiviert Ihr Bindungssystem, und wieder ist das Ende offen. Marsha half es, die erste Trennungsphase und die anschließende Scheidung unbeschadet zu überstehen, weil sie sich gedanklich schon lange vor dem endgültigen Schritt abgeseilt hatte.

Heute ist Marsha nicht mehr mit Craig befreundet und hat auch keinen Kontakt mehr zu ihm. Sie ist ihren eigenen Weg gegangen und hat ihren Seelenpartner gefunden.

So überleben Sie eine Trennung

Die folgenden neun Strategien, die auf der Bindungstheorie beruhen, helfen Ihnen durch das schmerzliche Ende einer Beziehung hindurch.

1. **Fragen Sie sich, wie Ihr Leben im »inneren Zirkel« aussieht.** Wenn Sie sich nicht zu einer Trennung entschließen können, sollten Sie sich fragen, ob Sie wie eine Königin/ein König behandelt werden oder wie ein Feind. Wenn Sie der Feind sind, ist es Zeit zu gehen.
2. **Bauen Sie sich *frühzeitig* ein Netzwerk auf, das Sie unterstützt.** Fangen Sie an, Freunden und Familienangehörigen offen zu sagen, was in Ihrer Beziehung *wirklich* los ist. Das kann Freundschaften neu beleben, die Sie aus Scham oder Verzweiflung möglicherweise vernachlässigt haben, und bereitet die anderen darauf vor, Ihnen zu helfen, wenn Sie sich dann tatsächlich trennen (wie die anderen Sie unterstützen können, erfahren Sie in Strategie 7).
3. **Suchen Sie sich fürsorgliche, hilfsbereite Menschen, bei denen Sie die ersten Nächte bleiben können.** Gerade am Anfang werden Sie alle Hilfe brauchen, die Sie bekommen können. Die Versuchung, in die Beziehung

zurückzukehren, ist dann am stärksten. Eltern, Geschwister oder Ihre engsten Freundinnen und Freunde können Ihnen helfen, dieses Bedürfnis zu unterdrücken.

4. **Befriedigen Sie Ihre Bindungsbedürfnisse auf andere Art.** Lassen Sie sich von Menschen helfen, die Ihnen am nächsten stehen, und lenken Sie sich ab, zum Beispiel mit Massagen, viel sportlicher Betätigung und Essen, das Ihnen schmeckt. Je besser Sie Ihr Bindungssystem zu beruhigen vermögen, desto weniger weh wird die Trennung Ihnen tun.
5. **Schämen Sie sich nicht für Ausrutscher und dafür, dass Sie an den Tatort zurückkehren.** Natürlich wird es Ihnen bessergehen, wenn Sie keinen Kontakt mehr zu Ihrem oder Ihrer Ex herstellen, aber wenn Sie es doch tun, sollten Sie sich dafür nicht selbst fertigmachen. Haben Sie Nachsicht mit sich! Je unzufriedener Sie mit sich selbst sind, desto stärker wird der Wunsch, in die falsche Sicherheit der schlechten Beziehung zurückzukehren, in der Sie waren. Ihr Bindungssystem wird stärker aktiviert, wenn Sie auf sich herumhacken, und ein aktiviertes Bindungssystem bedeutet, dass Sie den Kontakt unbedingt erneuern wollen.
6. **Haben Sie keine Schuldgefühle, wenn es Ihnen hundeelend geht. Denken Sie daran: Der Schmerz ist real!** Vielleicht drängen Ihre Freunde Sie, Ihre/n Ex zu vergessen, mit dem Selbstmitleid aufzuhören und zur Tagesordnung überzugehen. Aber wie wir wissen, ist der Schmerz, den Sie empfinden, ein ganz realer; also leugnen Sie ihn nicht. Seien Sie vielmehr nett zu sich selbst und finden Sie Möglichkeiten, sich selbst zu verwöhnen,

Körper und Seele gleichermaßen. Wenn Sie sich ein Bein gebrochen hätten, würden Sie das doch auch tun, oder?

7. **Bitten Sie eine Freundin/einen Freund, mit Ihnen die Fakten durchzugehen, wenn positive Erinnerungen Sie überschwemmen.** Denken Sie daran, dass Ihr Bindungssystem Ihren Blick auf die Beziehung verzerrt. Bitten Sie eine Freundin, Sie daran zu erinnern, wie es *wirklich* war. Auch wenn Sie Ihre/n Ex manchmal vermissen oder idealisieren, wird das, was wirklich los war, sich langsam in Ihrem Bewusstsein durchsetzen.
8. **Deaktivieren Sie: Schreiben Sie alle Gründe auf, aus denen Sie sich trennen wollten.** Ziel ist es, Ihr Bindungssystem außer Kraft zu setzen. Das geht am besten, wenn Sie sich an die schlechten Zeiten in der Beziehung erinnern, und damit diese Erinnerungen möglichst frisch bleiben, schreiben Sie sie am besten auf. Werfen Sie einen Blick auf diese Liste, wenn positive Erinnerungen sich hartnäckig einschleichen.
9. **Denken Sie daran: Egal wie weh die Trennung Ihnen jetzt tut – Ihr Kummer wird vergehen.** Die meisten Menschen erholen sich von einem gebrochenen Herzen sehr gut und ziehen irgendwann zu grüneren Weiden weiter.

Teil vier

Gehen Sie auf Nummer sicher – Verbessern Sie Ihr Beziehungsverhalten

11
Klar kommunizieren: So wird Ihre Botschaft verstanden

Mit klarer Kommunikation den richtigen Partner finden

Nach ein paar Verabredungen mit Ethan war Lauren ziemlich durcheinander. Bei ihrem ersten Date waren sie zu einer romantischen Strandbar gegangen und hatten Stunden damit verbracht, sich kennenzulernen. Am Ende des Abends verabschiedete er sich im Eiltempo und verschwand. Zu ihrer Überraschung rief er wieder an und fragte, ob sie sich wiedersehen könnten, diesmal zu einer Veranstaltung in einem Club direkt am Wasser. Sie tranken beide ein paar Cocktails und tanzten stundenlang zusammen. Sie machten sogar einen Strandbummel, aber wieder passierte nichts, nur ein hastiges »Wir sprechen uns« beim Abschied. Dieses Muster wiederholte sich bei ihrer nächsten Verabredung noch einmal. Lauren, die ein ängstlicher Beziehungstyp ist, dachte, sie wäre einfach nicht attraktiv genug für Ethan. Aber warum bat er sie dann trotzdem um ein Date? Vielleicht wollte er nur ein kameradschaftliches Verhältnis? Weil sie ihn wirklich mochte, wollte sie nicht ohne triftigen Grund aufhören, sich mit ihm zu treffen. Eine gute Freundin ermunterte sie, über die Gründe für sein Verhalten nicht mehr zu spekulieren, sondern ihn einfach danach zu fragen.

Normalerweise hätte Lauren diesen Mut nicht aufgebracht – sie hätte viel zu viel Angst gehabt, eine Antwort zu bekommen, die ihr wehgetan hätte. Aber sie hatte einen Punkt erreicht, an dem sie nicht mehr bereit war, wertvolle Zeit mit dem falschen Menschen zu verschwenden. Also sprach sie das Thema an, zunächst zaghaft, im Verlauf der Unterhaltung aber immer direkter: »Ich suche mehr als eine platonische Beziehung. Was stellst du dir vor?« Entgegen ihrer Erwartung erfuhr sie, dass er sie nicht unattraktiv fand. Er sagte, er würde sie wirklich mögen, und äußerte seinen Wunsch, einen Partner zu finden. Aber als sie einen Schritt weiterging und ihn gezielt nach seiner »Nicht-anfassen«-Strategie fragte, druckste er herum. Obwohl sie aus der Unterhaltung nicht mit einer konkreten Antwort auf die Frage herauskam, warum er nicht an körperlichem Kontakt interessiert war, erhielt sie ein klares Bild von ihrer gemeinsamen Zukunft – es gab keine!

Lauren hörte auf, ihn als einen potenziellen Partner zu betrachten, aber sie blieben Freunde. Nachdem Ethan ihr anvertraut hatte, dass verschiedene andere Frauen, mit denen er sich traf, ebenfalls allmählich wegen seines rätselhaften Verhaltens frustriert waren, zählte sie schließlich zwei und zwei zusammen. Alles in allem war sein Benehmen gar nicht so mysteriös – ihr wurde klar, dass er ernsthafte Zweifel an seiner sexuellen Orientierung hatte. Lauren dankte Gott, dass sie den Mut gehabt hatte, ihr Anliegen frühzeitig anzusprechen; es hatte ihr erspart, sich monatelang falsche Hoffnungen zu machen und sich eine Abfuhr zu holen.

Laurens Geschichte veranschaulicht, wie wichtig eine klare Kommunikation ist. Es kann Sie tatsächlich ein ganzes Stück weiterbringen, wenn Sie Ihrem Partner offen und ohne Vorwürfe sagen, was Sie von ihm wollen und erwarten. Sichere Beziehungstypen setzen diese hilfreiche Methode ganz selbstverständlich ein, aber Ängstliche oder Vermeidende schrecken oft vor ihr zurück.

Ein freimütiges Gespräch mit Ethan machte dann allen Spekulationen und »Theorien«, die Lauren sich zusammengereimt hatte, ein Ende. Für Ethan wäre es praktisch gewesen, wenn Lauren bereit gewesen wäre, sein Verhalten auf unbestimmte Zeit hinzunehmen. Er bekam, was er wollte – eine Freundin, die er Freunden und Familienangehörigen präsentieren konnte (damit die ihm nicht im Nacken saßen), und Zeit, um sich über seine sexuelle Orientierung klarzuwerden. Lauren jedoch konnte dadurch, dass sie ihre Bedürfnisse geäußert hatte, für sich selbst sorgen und verhindern, dass der Fahrplan eines anderen ihr Leben bestimmte. In diesem Fall war nicht der Beziehungstyp das Problem, aber das konnte Lauren im Voraus nicht wissen. Wenn Ethan sich wegen seines Beziehungstyps so verhalten hätte, wäre durch eine klare Kommunikation auch das deutlich geworden, und beide hätten von der Entdeckung profitiert.

Aber wie wäre das Gespräch ausgegangen, wenn Lauren ihn derart direkt angesprochen, ihn in Verlegenheit gebracht und entdeckt hätte, dass sein Verhalten weder an seinem Beziehungstyp noch an seiner sexuellen Orientierung, sondern einfach an Schüchternheit lag? Nun, wir kennen jemanden, der genau das erlebt hat.

Tina war in einer ähnlichen Situation wie Lauren. Bei ihrer dritten Verabredung mit Serge saß sie auf dem Sofa neben ihm; sie sahen sich zusammen einen Film an, und sie wunderte sich, warum er nichts unternahm. Sie hatte genug von Beziehungen, die zu nichts führten, und wollte auch nicht zu viel Zeit damit vergeuden, sich zu fragen, was denn nun Serges spezielles Problem war. Also meinte sie mit kokettem Lächeln: »Kann ich einen Kuss haben?« Obwohl Serge einen Moment überrascht war und ein paar unverständliche Worte ausstieß, fing er sich schnell, beugte sich zu ihr herüber und küsste sie. Das war das letzte Mal, dass seine Schüchternheit in ihrer Beziehung zum Thema wurde; heute, drei Jahre später, sind sie immer noch fest zusammen.

In diesem Fall war die als Flirt aufgemachte Frage nach einem Kuss eine anschauliche Anwendung klarer Kommunikation. Tina äußerte ihre Bedürfnisse, und obwohl die Situation einen Moment lang peinlich war, gab ihre Direktheit der Beziehung einen Anschub, der sie einander nicht nur körperlich, sondern auch emotional sehr viel näher brachte. Selbst wenn Serge anders reagiert hätte und die Szene anders ausgegangen wäre, wäre Tinas Aktion trotzdem sinnvoll gewesen: Die Art der Reaktion auf eine klare Kommunikation ist *immer* aufschlussreich. Entweder verhindert sie, dass Sie sich auf Beziehungen einlassen, die in einer Sackgasse enden – wie in Lauras und Ethans Fall –, oder sie intensiviert die Beziehung, wie bei Tina und Serge.

Angemessenes Kommunizieren geht von der Einsicht aus, dass jeder von uns in einer Partnerschaft ganz eigene Bedürfnisse hat, von denen viele auf unseren Beziehungstyp zurückzuführen sind. Diese Bedürfnisse sind weder gut noch schlecht, sie sind einfach da. Als ängstlicher Typ brauchen Sie Nähe und die stete Versicherung, dass Ihr Partner Sie liebt und respektiert. Als vermeidender Typ brauchen Sie – emotionale oder körperliche – Distanz zu Ihrem Partner und viel Freiraum. Wenn wir in einer Beziehung glücklich sein wollen, müssen wir unser Bedürfnis nach Nähe oder Distanz deutlich machen können, ohne aggressiv oder defensiv zu werden.

Warum klare Kommunikation?

Die klare Kommunikation dient zwei Zielen:

- **Der Wahl des richtigen Partners.** Mit klarer Kommunikation lässt sich am schnellsten und direktesten herausfinden, ob Ihr »Beziehungskandidat« in der Lage sein wird, Ihre Bedürfnisse zu befriedigen. Die Reaktion Ihres Gegenübers auf eine effiziente Kommunikation kann Ihnen in fünf Minuten mehr verraten, als Sie ohne dieses Instrument bei vielen, sich über Monate hinziehenden Verabredungen erfahren würden. Wenn der andere den aufrichtigen Wunsch zeigt, Ihre Bedürfnisse zu verstehen und Ihr Wohl an die erste Stelle zu setzen, sieht Ihre gemeinsame Zukunft rosig aus. Sollte er oder sie Ihre Anliegen als unwichtig vom Tisch fegen oder Ihnen das Gefühl vermitteln, nicht gut genug, verrückt oder unbeherrscht zu sein, können Sie davon ausgehen, dass dieser Mensch nicht an Ihr Wohl denkt und Sie beide wahrscheinlich nicht zueinander passen.

- **Der Befriedigung Ihrer Bedürfnisse in einer noch jungen oder auch seit langem bestehenden Beziehung.** Wenn Sie Ihre Bedürfnisse äußern, machen Sie es Ihrem Partner wesentlich leichter, sie zu befriedigen. Er braucht nicht herumzurätseln, ob und gegebenenfalls was Sie stört.

Das Schöne an der klaren Kommunikation ist, dass sie eine vermeintliche Schwäche in eine Stärke verwandelt. Wenn Sie das Bedürfnis haben, dass Ihr Partner Ihnen (zumindest in der Anfangsphase einer Beziehung) immer wieder versichert, dass er Sie liebt und attraktiv findet, konstatieren Sie das einfach als Fakt und versuchen nicht, Ihren Wunsch unter den Teppich zu kehren, weil so viel Abhängigkeit gesellschaftlich unakzeptabel ist. Im Gegenteil: Durch ein solches Vorgehen wirken Sie nicht schwach und abhängig, sondern selbstsicher und bestimmt. Angemessenes Kommunizieren bedeutet natürlich auch, dass Sie Ihren Partner weder kränken noch beschämen und ihm erlauben, genauso offen zu Ihnen zu sein, ohne dass Sie sich angegriffen, kritisiert oder beschuldigt fühlen.

Die klare Kommunikation hat auch den Vorteil, dass Sie für Ihren Partner zum Vorbild werden. Sie geben für die Beziehung eine Stimmung vor, in der Sie beide ehrlich miteinander umgehen und in der jeder die heilige Pflicht hat, für das Wohl des anderen zu sorgen. Wenn Ihr Partner erlebt hat, dass Sie offen sein können, wird er Ihrem Beispiel folgen. Wie Sie in Kapitel 8 gesehen haben, ist es nie zu spät, mit einer klaren Kommunikation zu beginnen, damit eine Partnerschaft besser wird. Vor allem die sicheren Beziehungstypen setzen dieses wirkungsvolle Instrument im Alltag ein – mit dem Partner, den Kindern und am Arbeitsplatz. Es kann Ihren Umgang mit Ihren Mitmenschen tatsächlich völlig umkrempeln.

Die Reaktion des anderen einschätzen

Mag sein, dass Sie mit einer klaren Kommunikation ein Problem oder Ihre Differenzen nicht im Handstreich aus der Welt schaffen. Aber Sie erfahren *sofort*, wie wichtig Ihr Wohl dem anderen ist:

- Versucht er oder sie, Ihrem Anliegen auf den Grund zu gehen?
- Geht er auf das aktuelle Problem ein oder versucht er, Ihnen auszuweichen?
- Nimmt sie Ihr Anliegen ernst oder versucht sie, Sie abzukanzeln oder als dumm hinzustellen, weil Sie dieses Thema ansprechen?

- Versucht sie, Möglichkeiten zu finden, damit Sie sich besser fühlen, oder schaltet sie sofort auf Abwehr?
- Reagiert er auf Ihre Sorgen nur auf der sachlichen Ebene (wie vor Gericht), oder liegt ihm auch an Ihrem seelischen Wohlbefinden?

Wenn Ihr Partner auf Sie eingeht und Ihr Glück und Ihre innere Ruhe ihm am Herzen liegen, haben Sie, was den Fortbestand der Beziehung betrifft, grünes Licht. Aber wenn Ihr Partner versucht, wichtige Themen auszuklammern, sich verteidigt oder Ihnen das Gefühl vermittelt, abhängig oder dumm zu sein, sollten Sie das als Warnsignal betrachten.

Warum fällt klares Kommunizieren den unsicheren Beziehungstypen so schwer?

Klare und angemessene Kommunikation scheint eigentlich kinderleicht. Sobald man sich für sie entschieden hat, beherrscht sie doch jeder, oder? Darauf müssen wir antworten: *Ja, sofern er oder sie ein sicherer Beziehungstyp ist.* Die unsicheren Typen kommen oft nicht heran an das, was sie wirklich stört. Sie werden von Emotionen überwältigt und geraten völlig außer sich. Studien zeigen, dass sichere Beziehungstypen weniger heftig reagieren, sich nicht so leicht aus der Fassung bringen lassen und deshalb ruhig und klar ihre Gefühle mitteilen und sich den Bedürfnissen des Partners zuwenden können. Sichere Menschen glauben auch, dass sie Liebe und Zuneigung verdienen, und erwarten von ihrem Partner, dass er liebevoll auf sie eingeht. Mit einer solchen Überzeugung fällt es natürlich leichter, sich nicht von negativen Gedanken überrollen zu lassen, ruhig und beherrscht zu bleiben und vom Gegenüber eine positive Reaktion zu erwarten. Diese Einstellung kann sogar ansteckend wirken. Nancy Collins von der University in California-Santa Barbara, die die sozialen und kognitiven Prozesse in Paarbeziehungen und deren Folgen für Gesundheit und Wohlbefinden erforscht, hat zusammen mit dem Psychiater Stephen Read von der University of Southern California, einem Spezialisten für neuronale Netzmodelle des Denkens und Verhaltens, festgestellt, dass Personen mit sicherem Bindungsstil so etwas wie Trainer für effiziente Kommunikation sind – sie sagen, sie wären gut darin, andere dazu zu bringen, sich zu öffnen und über Persönliches zu sprechen. Aber was geschieht, wenn Sie kein sicherer Beziehungstyp sind?

Wenn Sie ein ängstlicher Beziehungstyp sind …

… und das Gefühl haben, dass etwas in der Beziehung Sie stört, neigen Sie dazu, schnell von negativen Emotionen überschwemmt zu werden und in Extremen zu denken. Anders als Ihr sicherer Partner erwarten Sie nicht, dass er positiv reagiert, sondern rechnen mit dem Gegenteil. Sie empfinden die Beziehung als zerbrechliches, instabiles Gebilde, das jeden Moment kaputtgehen kann. Diese Gedanken und Vermutungen machen es Ihnen schwer, Ihre Bedürfnisse klar zu äußern. Wenn Sie irgendwann doch mit Ihrem Partner reden, geschieht es oft, dass Sie explodieren und ihm Vorwürfe, Kritik und Drohungen entgegenschleudern. Statt Sie zu beruhigen, was Sie erhofft hatten, zieht der Partner sich zurück. Collins und Read konnten das in ihrer Studie bestätigen: Männer, die seit kurzem mit ängstlichen Partnerinnen zusammen waren, berichteten, sie würden weniger von sich erzählen, und schätzten ihr Kommunikationsniveau generell niedriger ein als andere Männer. Nachdem Sie als ängstlicher Beziehungstyp Ihre Bedürfnisse also auf eine Weise geäußert haben, die den Partner vor den Kopf stößt (statt effizient mit ihm zu kommunizieren), greifen Sie auf ein Protestverhalten zurück: Sie äußern Ihr Bedürfnis nach Nähe und Beruhigung, indem Sie ausflippen. Auf diese Weise entgehen Ihnen alle Vorteile einer effizienten Kommunikation, denn ein Protestverhalten gibt Ihnen nie die Chance, Ihr Anliegen klipp und klar anzusprechen. Und wenn der Partner negativ reagiert, wissen Sie nie, ob seine Reaktion Ihrem Bedürfnis oder Ihrem Protestverhalten gilt.

Nehmen wir an, Sie rufen ständig auf dem Handy Ihres Partners an, weil Sie fürchten, dass er Sie anschwindelt. Er beschließt, dass es ihm reicht, und beendet die Beziehung zu Ihnen. Jetzt können Sie herumrätseln und sich fragen, ob Ihr Klammern ihn vergrault hat, oder ob er unabhängig davon beschlossen hat, dass Sie nicht die Richtige für ihn sind. Sie bekommen keine Antwort auf die eigentliche Frage, denn im Grunde wollten Sie ja wissen, ob Sie ihm so wichtig sind, dass er sich Ihre Sorgen anhört, Sie beruhigt und alles Notwendige tut, damit Sie sich geborgen und geliebt fühlen.

Trotz Ihrer verständlichen Angst vor einer Kränkung legen wir Ihnen deshalb dringend ans Herz, ein Protestverhalten zu unterlassen, dem anderen zu vertrauen und klar zu kommunizieren. Wir können aufrichtig sagen, dass jeder, von dem wir wissen, dass er dieses wirkungsvolle Instrument benutzt hat, auf lange Sicht sehr dankbar dafür war. Oft folgt einer klaren Kommunikation enorme Erleichterung, denn sie zeigt Ihnen, wie stark Ihr Partner für Sie empfindet, und intensiviert Ihrer beider Verbundenheit. Und selbst wenn Sie manchmal nicht die erhoffte Reaktion bekommen und überzeugt sind, mit Ihrem Verhalten alles ruiniert zu haben – dass Ihr Partner ganz sicher Ihren Wünschen nachgegeben hätte, wenn Sie nur etwas anderes gesagt oder getan hätten –, haben wir nie gehört, dass irgendjemand im Nachhinein sagte, er habe es bedauert, ein wichtiges Thema angesprochen zu haben. Vielmehr waren alle dankbar dafür, durch klare Kommunikation ihrem *langfristigen* Ziel näher gekommen, einen passenden Partner gefunden oder eine bestehende Partnerschaft verbessert zu haben.

Sehen Sie sich das Beispiel von Hillary an. An einem sonnigen Samstagmorgen plant sie mit Steve einen verliebten Spaziergang über die Brooklyn-Bridge. Aber als sie ihn anruft, sagt er ihr, er sei gerade dabei, seine Wäsche zu machen, und würde sie später anrufen. Eine Freundin, die mitbekommt, dass Hillary sich ärgert, überredet sie dazu, noch einmal bei Steve anzurufen und ihn zu drängen, seine Wäsche doch nach dem Spaziergang fertigzumachen – schließlich ist es ein herrlicher Frühlingstag. Widerwillig ruft Hillary an. Steve bleibt nicht nur bei seinem Entschluss, sich um seine Wäsche kümmern zu wollen, er entscheidet auch, dass sie sich den ganzen Tag nicht sehen werden! Hillary ist am

Boden zerstört. Sie ist wütend auf die Freundin, die sie zu dem Anruf überredet hat, und glaubt, durch ihr starkes Interesse ihre Chancen bei Steve vor die Wand gefahren zu haben. Monate später erzählt eine gemeinsame Freundin ihr, Steve wäre nach seiner schmerzlichen Scheidung sehr depressiv und weit davon entfernt, sich für eine neue Beziehung zu interessieren – geschweige denn beziehungstauglich zu sein. Hillary erkennt, dass ihr Drängen an jenem Morgen ihr den Kummer erspart hat, den sie sicher gehabt hätte, weil Steve emotional für sie gar nicht erreichbar war. Damals hatte Hillary sich ziemlich über ihre Freundin geärgert und ihr vorgeworfen, ihre Chancen bei Steve kaputtzumachen, aber jetzt wird ihr klar, dass ihre Freundin ihr eine der wertvollsten Lektionen in puncto Beziehungen erteilt hat: die Fähigkeit, die eigenen Bedürfnisse klar zu kommunizieren. Zum ersten Mal hatte Hillary das Gefühl, in einer Beziehung authentisch gewesen zu sein – keine Psychospielchen gespielt zu haben. Obwohl es mit Steve nicht zu einer Beziehung kam, wusste sie, dass sie alles dafür getan hatte. Sie entdeckte auch, dass die Gründe, aus denen Menschen sich ihr gegenüber unfreundlich verhielten, nichts damit zu tun hatten, dass sie selbst unattraktiv oder nicht begehrenswert war.

Hier ein weiteres Beispiel dafür, wie gut es sein kann, wenn Sie einfach sagen, was Sie wollen, ohne sich zu entschuldigen.

Jena wollte nicht verzweifelt klingen und hatte deshalb den Männern, mit denen sie sich zwecks Partnersuche verabredete, jahrelang nicht offen und ehrlich gesagt, dass sie heiraten und Kinder haben wolle. Als sie 40 wurde und das Ticken der biologischen Uhr nicht mehr zu überhören war, beschloss sie, potenziellen Partnern gleich bei der ersten Verabredung zu sagen, dass sie nicht nur Mutter sein wolle, sondern auch nur an Männern interessiert sei, die ebenfalls so schnell wie möglich Kinder wollten. Obwohl sie – zu Recht – vermutete, dass die meisten Männer Reißaus nehmen würden, wenn sie das hörten, war die Angst vor Ablehnung jetzt nicht mehr ihre Hauptsorge. Sie schreckte mit ihrer Äußerung tatsächlich ein paar Kandidaten ab, lernte aber schließlich Nate kennen, der sich von dieser Ankündigung nicht bedroht fühlte, sondern dasselbe wollte wie sie. Er empfand es als erfrischend, dass sie wusste, was sie wollte, und keine Angst hatte, es auch zu sagen. Bei Jena führte die effiziente Kommunikation zu einem guten Ergebnis. Heute sind sie und Nate die glücklichen Eltern von zwei Kindern.

Wie Jena und Hillary können auch Sie lernen, Ihr Anliegen klar zu äußern – selbst wenn das den ängstlichen Beziehungstypen erst einmal einen Schauder über den Rücken jagt.

Wenn Sie ein vermeidender Beziehungstyp sind …

Nichts bringt zwei Menschen einander näher als wechselseitiges Verständnis, und deshalb hat angemessenes Kommunizieren auch Ihnen etwas zu bieten. Oft ist Ihnen Ihr Bedürfnis nach Distanz und Freiraum gar nicht bewusst – sie spüren, dass sie wegwollen, wissen aber nicht, warum. Wenn dieses Gefühl Sie überkommt, meinen sie vielleicht, Sie würden Ihren Partner nicht mehr attraktiv finden, und in dem Fall wäre die Sache ohnehin erledigt. Warum sich weiter quälen, wenn der andere sowieso nicht »der Richtige« ist? Aber dann finden Sie sich in einer gescheiterten Beziehung nach der anderen wieder und durchlaufen zum x-ten Mal denselben Kreislauf. Der erste Schritt besteht deshalb darin, dass Sie sich eingestehen, dass Sie emotionalen und physischen Freiraum brauchen, wenn die Beziehung zu eng wird – und dann lernen, dieses Bedürfnis mitzuteilen. Erklären Sie Ihrem Partner im Voraus, dass Sie Zeit für sich brauchen, wenn das Gefühl Sie überkommt, dass die Beziehung zu einem Einheitsbrei wird, und dass das nichts mit ihm, sondern mit Ihrem Bedürfnis in *jeder* Beziehung zu tun hat (dieser Zusatz ist wichtig!). Das sollte die Befürchtungen beenden und das Bindungssystem des Partners oder der Partnerin beruhigen. Und wahrscheinlich stellt er dann auch seine Bemühungen ein, Ihnen möglichst nah auf die Pelle zu rücken (was Sie ja überhaupt nicht leiden können). Das nimmt der Möglichkeit, dass es zu einer ausgewachsenen Erwartungs-Rückzugs-Dynamik kommt, von vornherein den Wind aus den Segeln.

Andres, ein vermeidender Beziehungstyp, war rund 25 Jahre mit Monica verheiratet, als er entdeckte, dass er eine Autoimmunerkrankung hatte, die immer schlimmer wurde. Man sagte ihm, sie sei unheilbar, aber in Anbetracht seines Alters würde seine Lebenserwartung wahrscheinlich nicht massiv beeinträchtigt werden. Allerdings waren regelmäßige Labortests notwendig. Nach dem ersten Schock gelang es Andres, nicht mehr ständig an seine Erkrankung zu denken und nach vorne zu schauen. Monica jedoch schaffte das nicht. Sie hielt die Business-as-usual-Strategie für falsch. Bei verschiedenen Gelegenheiten versuchte sie ihn dazu zu überreden, eine zweite Meinung einzuholen und sein Krankheitsbild im Internet gründlich zu recherchieren. Andres ging diesen Gesprächen im Allgemeinen aus dem Weg und fegte ihre medizinischen Anregungen vom Tisch, aber manchmal rasselten sie auch heftig aneinander. Nach mehreren frustrierenden Monaten redete er schließlich Klartext mit Monica. Er wusste, dass sie aus Sorge und Anteilnahme insistierte, aber statt ihm zu helfen, erinnerte es ihn nur immer wieder an seine Krankheit. Er vertraute seinem Arzt und hielt weitere Recherchen für unnötig. Er meinte, Monicas Verhalten würde nicht nur seine Gesundheit nicht verbessern, sondern auch ihrer Beziehung schaden. Monica erkannte, dass sie Andres mit ihrem Verhalten nicht half – es war ihre Art, mit dieser Diagnose klarzukommen, nicht seine. Sie sah ein, dass sie eine bessere, verständnisvollere Partnerin war, wenn sie seine Wünsche respektierte, statt ihre eigenen durchsetzen zu wollen. Seit diesem Gespräch hält Monica sich mehr zurück (wenn auch nicht immer), und sie streiten weniger oft.

Durch klare Kommunikation dafür sorgen, dass Ihre Bedürfnisse in der Beziehung befriedigt werden

Monique und Greg sind seit ein paar Monaten zusammen, und der Unabhängigkeitstag steht vor der Tür. Monique plant, den Tag mit einer Gruppe von Freunden zu feiern, aber bis jetzt hat sie Greg nicht dazu eingeladen. Der ist deshalb zunehmend irritiert. Er fragt sich, was es bedeutet. Ist er für Monique nur ein vorübergehender Lover? Schämt sie sich seiner, will sie ihn deshalb nicht ihrer Clique vorstellen? Greg möchte sie nicht direkt darauf ansprechen, denn er fürchtet, zu ungeduldig und abhängig zu wirken. Stattdessen beschließt er, Anspielungen fallenzulassen: »Ich weiß noch gar nicht, was ich am Vierten machen soll. Ich hab zwar ein paar Einladungen, aber ich frage mich, ob ich dort wirklich hinwill.« In Wirklichkeit hat er keine anderen Pläne, aber er will auch nicht so klingen, als würde er eine Einladung provozieren wollen. Monique greift seine Andeutungen nicht auf; sie nimmt an, dass er tatsächlich seine Möglichkeiten abwägt und klarzusehen versucht. An diesem Punkt beschließt Greg, die Sache aufzugeben; er denkt, dass Monique offenbar nicht will, dass er kommt, wenn sie ihn trotz all dieser Anspielungen nicht einlädt! In ihm staut sich der Ärger, und er beschließt, lange und gründlich darüber nachzudenken, ob Monique wirklich die richtige Freundin für ihn ist.

Was wäre geschehen, wenn Greg klar und deutlich kommuniziert hätte? Er ist ein ängstlicher Beziehungstyp, und die Art von Dialog, die dafür notwendig ist, fällt ihm nicht leicht. Er ist eher daran gewöhnt, auf ein Protestverhalten zurückzugreifen. Aber er beschließt, das Problem beim Schopf zu packen. Er wendet sich an Monique: »Es würde mir gefallen, wenn wir den vierten Juli zusammen verbringen könnten. Willst du mit mir und meinen Freunden kommen, oder wäre es dir lieber, wenn ich mich dir anschließe?« Monique antwortet, dass sie nicht daran gedacht hat, ihn einzuladen, weil ein Abend mit ihrer alten Truppe von der Highschool sich nicht nach etwas anhöre, das ihm Spaß machen würde, aber wenn er mitmachen wolle, warum nicht? Durch eine einfache Frage erhält Greg die Antwort, die er haben will. Und, noch wichtiger: Beide werden es nach diesem ersten erfolgreichen Präzedenzfall leichter finden, offen miteinander zu reden.

Wann sollte ich klar kommunizieren?

Auf diese Frage gibt es nur eine Antwort: »Immer!« Aber dann hören wir oft: »Soll ich jede einzelne Sache, die mich in der Beziehung stört, sofort ansprechen? Wissen Sie, ich bin ängstlich – bedeutet das, dass ich alles, was mir an Befürchtungen und Zweifeln so durch den Kopf geht, sofort auf den Tisch legen soll? Es ist nämlich ziemlich viel.« Wenn Sie Dinge, die Sie stören, ansprechen, sobald sie auftauchen, und Sie eine positive Reaktion bekommen, wird sich im Allgemeinen Ihr gesamtes Verhalten ändern. Sorgen und Ängste machen sich nämlich eher bemerkbar, wenn Sie sie nicht mitteilen und zulassen, dass sie sich auftürmen.

Zumindest bis Sie sich mit der klaren Kommunikation absolut wohlfühlen, schlagen wir Ihnen die folgende Faustregel vor:

- **Wenn Sie ängstlich sind** – fangen Sie mit der klaren Kommunikation an, wenn Sie merken, dass Sie ein Protestverhalten anwenden. Wenn etwas, das Ihr Partner gesagt oder getan (oder nicht gesagt oder getan) hat, Ihr Bindungssystem so stark aktiviert, dass Sie kurz davor sind durchzudrehen – seine Anrufe nicht beantworten, damit drohen zu gehen –, dann halten Sie bitte inne. Überlegen Sie, was Sie jetzt wirklich brauchen, und äußern Sie es konstruktiv. Aber erst, nachdem Sie sich vollkommen beruhigt haben (was bei ängstlichen Beziehungstypen manchmal ein bis zwei Tage dauern kann).

- **Wenn Sie vermeidend sind** – ist das todsichere Zeichen dafür, dass Sie sofort eine effiziente Kommunikation starten sollten, Ihr Bedürfnis nach Flucht. Erklären Sie Ihrem Partner offen, dass Sie Freiraum brauchen und dass Sie dafür gerne eine Möglichkeit finden würden, die er akzeptieren kann. Schlagen Sie mehrere Alternativen vor und sorgen Sie dafür, dass auch seine Bedürfnisse berücksichtigt werden. So bekommen Sie eher die Luft zum Atmen, die Sie brauchen.

Es ist nie zu spät für eine klare Kommunikation – selbst dann nicht, wenn Sie auf dem falschen Fuß angefangen haben

Eines Samstags erhielt Larry eine beunruhigende E-Mail von seiner Arbeitsstelle, während Sheila, mit der er seit sieben Jahren zusammen war, eine Freundin besuchte. Als sie nach Hause kam und ihre Sachen fürs Fitnessstudio zusammenpackte, stieß Larry nervös und aufgebracht hervor: »Was? Du gehst schon wieder weg? Du bist doch gerade erst nach

Hause gekommen! Ich bekomme dich am Wochenende nie zu sehen!« Schon während er es sagte, wusste er, dass er nicht fair war. Sheila war von der unerwarteten Attacke völlig überrumpelt – er hatte ihre Pläne gekannt, und bevor sie sie bestätigt hatte, hatte sie sogar angeboten, bei ihm zu Hause zu bleiben. Die Stimmung war angespannt, keiner sagte ein Wort. Nachdem Larry etwas gelesen hatte, um sich zu beruhigen, wurde ihm klar, warum er so reagiert hatte: Er war gereizt wegen der beruflichen E-Mail und wollte Sheila bei sich haben, aber es war ihm unangenehm, sie zu bitten, ihre Pläne zu ändern. Instinktiv war er in ein Protestverhalten verfallen und hatte einen Streit vom Zaun gebrochen, nur damit sie sich mit ihm beschäftigte. Als er das begriffen hatte, entschuldigte er sich bei Sheila dafür, dass er seine Bedürfnisse nicht konstruktiv geäußert hatte, und erklärte die Situation. Sobald die eigentliche Botschaft klar war, beruhigte auch sie sich. Sie gab ihm die Unterstützung, die er brauchte, und er bestand darauf, dass sie ins Fitnessstudio ging.

Obwohl Larry anfangs auf ein Protestverhalten zurückgriff, entdeckte er, dass selbst eine klare Kommunikation mit Verspätung eine kritische Situation entspannen kann, wenn die Partner offen dafür sind.

Die fünf Grundsätze der klaren Kommunikation

Wie die Regeln der klaren Kommunikation selbst sind auch ihre Grundsätze ausgesprochen simpel:

1. **Tragen Sie das Herz auf der Zunge.** Eine klare Kommunikation verlangt, dass Sie Ihre Gefühle authentisch und absolut aufrichtig vorbringen. Seien Sie mutig!
2. **Konzentrieren Sie sich auf Ihre Bedürfnisse.** Es geht darum, dass Sie Ihre Bedürfnisse deutlich machen. Dabei sprechen wir immer von Bedürfnissen, die das Wohl des Partners mit berücksichtigen. Wenn Sie ihn verletzen, werden Sie auf jeden Fall auch verletzt, denn Sie und Ihr Partner/ihre Partnerin sind eine emotionale Einheit. Wenn Sie Ihre Bedürfnisse äußern, hilft es, Worte wie *brauche, fühle* und *möchte* zu verwenden; sie konzentrieren sich auf das, was Sie erreichen wollen, und nicht auf die Defizite des Partners:
   - *»Ich brauche die Sicherheit, dass unsere Beziehung Bestand hat. Wenn du die Kellnerin anbaggerst, habe ich das Gefühl, mich auf dünnem Eis zu bewegen.«*
   - *»Ich fühle mich abgewertet, wenn du mir vor meinen Freunden widersprichst. Ich brauche das Gefühl, dass du meine Meinung respektierst.«*
   - *»Ich möchte sicher sein, dass ich dir vertrauen kann. Wenn du mit deinen Freunden in die Kneipe gehst, mache ich mir Sorgen, dass du mich betrügen könntest.«*
3. **Seien Sie präzise.** Wenn Sie allgemein bleiben, wird Ihr Partner vielleicht nicht genau verstehen, was Sie wirklich

brauchen, was seine/ihre Chancen verringert, es anschließend richtig zu machen. Sagen Sie genau, was Sie stört:

- *Wenn du nachts nicht dableibst …*
- *Wenn du dich nicht jeden Tag nach mir erkundigst …*
- *Als du mir erst gesagt hast, dass du mich liebst, und es dann zurückgenommen hast …*

4. **Machen Sie keine Vorwürfe.** Vermitteln Sie Ihrem Partner nie das Gefühl, er oder sie sei egoistisch, inkompetent oder nicht gut genug. Bei der klaren Kommunikation geht es nicht darum, die Schwächen des anderen herauszustellen, und Anklagen führen Sie schnell vom eigentlichen Problem weg und in ein Duell hinein. Sprechen Sie über Ihr Anliegen, wenn Sie ruhig sind. Wenn Sie kurz davor sind zu explodieren, kommt keine angemessene Kommunikation zustande – eher werden Sie wütend oder vorwurfsvoll klingen.
5. **Seien Sie bestimmt und rechtfertigen Sie sich nicht.** Ihre Beziehungsbedürfnisse sind berechtigt – Punkt. Auch wenn Menschen mit einem anderen Beziehungstyp Ihre Sorgen nicht für berechtigt halten mögen, so sind sie doch für *Ihr* Glück ganz wichtig, und dass Sie sie ehrlich äußern, ist das A und O einer effizienten Kommunikation. Dieser Punkt ist besonders wichtig für ängstliche Beziehungstypen, denn unsere Gesellschaft hält sie zu dem Glauben an, ihre Bedürfnisse seien unberechtigt. Aber ob sie für einen anderen berechtigt oder unberechtigt sind, ist nicht die Frage. Sie sind für Ihr Glück zentral, und nur das zählt.

Von Anfang an effizient kommunizieren – Rechtebelehrung einmal anders

Das Strafgesetzbuch sieht vor, dass jeder Beschuldigte vor der ersten Vernehmung über seine Rechte belehrt wird, etwa die Aussage zu verweigern und einen Verteidiger zu befragen.

Diane, eine Kollegin von uns, machte ihre Witze über Männer, die sie über ihre »Rechte« informierten, das heißt das, was sie von ihnen erwarten konnte, wenn sie sich mit ihnen einlassen würde. Diese Männer sagten zum Beispiel: »Ich glaube, ich bin noch nicht so weit, dass ich mich binden will«, was bedeutete: »Sag nicht, dass ich dich nicht gewarnt habe, wenn es mit uns nicht klappt.« Wie die Polizei, die sich bei der Vernehmung eines Beschuldigten vom Gesetz autorisiert fühlt, meinen diese Männer, Diane gegenüber keine emotionale Verantwortung mehr zu haben, sobald sie verkündet haben, wie ihr »Gesetz« aussieht.

Nun, wie wäre es, wenn Sie mit Hilfe der Bindungstheorie Ihre eigenen sicheren (und nicht vermeidenden) Rechte verkünden und Ihrem Partner deutlich machen, dass Verliebte ihre Seele gewissermaßen zur sicheren Verwahrung in die Hände des Partners legen und beide dafür sorgen müssen, dass sie nicht zu Schaden kommt, sondern gedeiht.

Wenn Sie Ihrem Partner oder Ihrer Partnerin ein sicheres Arbeitsmodell für Liebe und Beziehungen vor Augen führen, stellen Sie sich von Anfang an auf eine sichere Beziehung ein:

- Sie tragen Ihr Herz auf der Zunge.
- Sie sind in der Lage, die Reaktion des anderen einzuschätzen.
- Sie erlauben sich und Ihrem Partner, auf eine sichere, auf gegenseitiger Abhängigkeit beruhende Bindung hinzuarbeiten.

Effizient kommunizieren für Anfänger

Zum Einstieg

Wenn Sie nicht gewohnt sind, einfach und klar zu kommunizieren, kann es Ihnen helfen, wenn Sie für die Botschaft, die Sie vermitteln wollen, eine Art Drehbuch anfertigen. Damit fangen Sie am besten nicht gerade in einem Augenblick an, in dem Sie sich ärgern; ignorieren Sie auch die Ratschläge aus dem Freundeskreis, die Ihnen indirekte Methoden nahelegen, Ihre Bedürfnisse befriedigt zu bekommen, etwa Ihren Partner eifersüchtig zu machen. Bitten Sie eventuell einen in der Bindungstheorie erfahrenen Therapeuten oder eine Freundin, die ein sicherer Beziehungstyp ist und selbst gut kommunizieren kann, Ihnen zu helfen, sich die richtigen Worte zurechtzulegen. Wenn Sie wissen, was Sie sagen wollen, sprechen Sie am besten die Worte still vor sich hin, bis sie sich für Sie richtig anhören. Das Aufschreiben kann Ihnen helfen, die Angst zu überwinden, im entscheidenden Moment doch noch einzuknicken oder Ihren »Text« zu vergessen; außerdem fällt es Ihnen so leichter, Ihrem Partner gegenüber selbstbewusst aufzutreten. Sobald Sie sich an das klare Kommunizieren gewöhnt und erlebt haben, wie positiv es sich auf Ihr Leben auswirkt, wird es Ihnen in Fleisch und Blut übergehen.

Übung: Beantworten Sie die folgenden Fragen, um das Thema Ihres Drehbuchs festzulegen

Warum fühle ich mich in dieser Beziehung unwohl oder verunsichert (aktiviert oder deaktiviert)? Welches konkrete Verhalten meines Partners vermittelt mir dieses Gefühl? (Hier kann die Beziehungs-Bestandsaufnahme in Kapitel 9 Ihnen wichtige Hinweise geben.)

1. ______________________________
2. ______________________________
3. ______________________________

Was konkret müsste mein Partner/meine Partnerin tun, damit ich mich in der Beziehung sicher und geliebt fühlen würde?

1. ______________________________
2. ______________________________
3. ______________________________

Am leichtesten würde es mir fallen, von den genannten Verhaltensweisen die folgende anzusprechen und zu bereden:

____

____

____

Lassen Sie sich von Ihrer Antwort auf diese letzte Frage zum Thema Ihrer ersten klaren Kommunikation führen. Entwerfen Sie ein kurzes Drehbuch, bei dem dieses Thema im Mittelpunkt steht, und halten Sie sich dabei an die fünf Grundsätze.

Mein Drehbuch:

____

____

____

____

____

____

Sehen Sie sich die folgenden Beispiele an. Sicher fällt Ihnen auf, dass eine unklare Kommunikation auf verschiedene Weise interpretiert werden kann, während klare und deutliche Worte eindeutig sind. Deshalb ist die Reaktion Ihres Partners auf die klare Kommunikation sehr viel aufschlussreicher, als seine oder ihre Reaktion auf Zweideutigkeiten oder ein Protestverhalten.

Situation	**Ineffiziente Kommunikation (Protestverhalten)**	**Effiziente Kommunikation**
Er hat beruflich sehr viel zu tun, und Sie bekommen ihn kaum zu sehen.	Ihn alle paar Stunden anrufen, um sicherzugehen, dass er an Sie denkt.	Ihm sagen, dass Sie ihn vermissen und es Ihnen schwerfällt, sich auf seinen hektischen Tagesablauf einzustellen, auch wenn Sie wissen, dass es nur vorübergehend ist.
Sie hört Ihnen nicht wirklich zu, wenn Sie reden, und Sie fühlen sich deshalb unwichtig und missverstanden.	Mitten im Gespräch aufstehen und in ein anderes Zimmer gehen (in der Hoffnung, dass sie Ihnen folgt und sich entschuldigt).	Klarmachen, dass es nicht genug ist, wenn sie zuhört ohne zu reagieren. Betonen Sie, dass Sie ihre Meinung mehr schätzen als jede andere und dass es wichtig für Sie ist zu wissen, was sie denkt.
Er redet über seine Exfreundin, was Sie verunsichert.	Ihm sagen, es wäre zum Heulen, dass er immer noch von seiner Ex spricht. *Oder*: Von den Männern sprechen, mit denen Sie schon zusammen waren, um ihn spüren zu lassen, wie schlimm es sich anfühlt.	Ihm sagen, dass Gespräche über seine Exfreundin bei Ihnen das Gefühl auslösen, nicht gut genug zu sein, dass es Sie verunsichert und dass Sie sich sicher fühlen müssen, um mit jemandem glücklich zu sein.

Situation	Ineffiziente Kommunikation (Protestverhalten)	Effiziente Kommunikation
Er ruft immer erst im letzten Moment an, um Pläne zu machen.	Ihm jedes Mal, wenn er das tut, sagen, dass Sie beschäftigt sind, damit er irgendwann lernt, früher anzurufen.	Erklären, dass es Sie nervös macht, wenn Sie nicht wissen, wann und ob Sie ihn sehen werden, und dass es besser für Sie ist, frühzeitig zumindest einen ungefähren Termin zu haben, an dem Sie sich wiedersehen werden.
Sie nimmt oft Ihre Anrufe nicht an und ruft zurück, wann es ihr passt.	Gute Miene zum bösen Spiel machen.	Sagen, wie wichtig es für Sie ist, *ihre* Anrufe sofort zu erwidern, und wie schön es wäre, wenn sie es genauso machen würde.
Er hat seit ein paar Tagen nicht angerufen. Sie machen sich Sorgen, dass er die Beziehung beenden möchte.	Wenn er schließlich anruft, sagen Sie, sie hätten zu tun. Der kann Sie mal!	Ihm sagen, dass es verletzend ist, wenn er einfach so verschwindet, und dass Sie in einer Beziehung vor allem auch das Wissen brauchen, dass Sie für Ihren Freund wann immer möglich Priorität haben.

Natürlich lassen sich auch mit deutlichen Worten nicht alle Probleme sofort weghexen. Entscheidend ist, wie Ihr Partner reagiert – ob er oder sie sich um Ihr Wohl sorgt, an Ihre Interessen denkt und bereit ist, an Problemen zu arbeiten.

12

Die Beziehung in Ordnung bringen: Fünf sichere Grundsätze für den Umgang mit Konflikten

Kann Streiten uns glücklicher machen?

Viele Menschen nehmen fälschlich an, in guten Liebesbeziehungen sollten die Partner möglichst wenig streiten. Ganz allgemein wird erwartet, dass Paare, die gut zusammenpassen, bei den meisten Themen einer Meinung sind und selten Krach haben, wenn überhaupt. Manchmal werden Auseinandersetzungen sogar als »Beweis« dafür herangezogen, dass zwei Menschen nicht miteinander harmonieren oder es mit der Beziehung bergab geht. Die Bindungstheorie zeigt uns, dass diese Annahmen unbegründet sind; alle Paare – auch die sicheren – haben ihre Differenzen. Was sie unterscheidet und den Grad ihrer Zufriedenheit in der Beziehung beeinflusst, ist nicht das Ausmaß ihrer Unstimmigkeiten, sondern deren Inhalt und die Art, wie sie sie austragen. Bindungsforscher haben herausgefunden, dass Konflikte für ein Paar eine

Gelegenheit sein können, einander näherzukommen und mehr Verbundenheit herzustellen.

Konflikte lassen sich grob in zwei Arten einteilen: die Alltagskonflikte und die Konflikte, die sich um das Maß an Nähe und Distanz drehen. In Kapitel 8 haben wir beschrieben, was geschieht, wenn Menschen mit kollidierenden Nähebedürfnissen sich zusammentun und trotz bester Absichten darum ringen, eine gemeinsame Basis zu finden. Wir haben gesehen, dass diese gegensätzlichen Bedürfnisse Auswirkungen auf alle anderen Lebensbereiche haben und oft damit einhergehen, dass ein Partner Zugeständnisse macht. Den Alltagskonflikten fehlt im Allgemeinen der Streit um die Nähe.

Alltagskonflikte

Das sind die Unstimmigkeiten, zu denen es immer kommt, wenn unterschiedliche Energien und Persönlichkeiten einen gemeinsamen Alltag teilen; sie drehen sich darum, welchen Fernsehsender man sich ansieht, auf wie viel Grad die Heizung eingestellt werden soll oder ob man chinesisch oder indisch essen geht. Solche Differenzen sind im Allgemeinen gut, denn sie zwingen Sie, zu jemand anderem in Beziehung zu treten und Kompromisse zu schließen. Eine der grausamsten Strafen für Menschen ist die Einzelhaft; wir sind soziale Geschöpfe, und es geht uns am besten, wenn wir mit anderen zusammenleben. Auch wenn die Tatsache, dass wir in unserem Denken und Verhalten flexibel sein müssen, manchmal bedeuten kann, dass wir unsere Sicherheitszone verlassen, wird doch auf diese Weise sichergestellt, dass unser Verstand neugierig und aktiv bleibt – sogar unsere Hirnzellen regenerieren sich bei diesem Vorgang!

Aber was auf dem Papier gut aussieht – die Bedürfnisse und Vorlieben des anderen berücksichtigen, und zwar auch dann, wenn sie den eigenen widersprechen –, ist im wahren Leben nicht immer so einfach zu bewerkstelligen. Interessanterweise wissen Menschen mit sicherem Beziehungstyp instinktiv, wie so etwas geht. Sie sind in der Lage, mitten in einem hitzigen Streit die Kirche ins Dorf zurückzuholen und einen eskalierenden Konflikt zu entschärfen. Wenn Sie bei einer Meinungsverschiedenheit schon einmal davon überrascht wurden, dass Ihr Gegenüber sich aufrichtig für Ihre Sorgen interessiert hat und bereit ist, sie zu berücksichtigen, hatten Sie es wahrscheinlich mit einem sicheren Beziehungstyp zu tun. Aber wie kann diese angeborene Tendenz denjenigen von uns weiterhelfen, denen diese Fertigkeiten nicht in die Wiege gelegt wurden?

Ein genauerer Blick zeigt, dass hinter dem instinktiven Verhalten des sicheren Beziehungstyps eine Methode steckt. Sie hat weniger mit seinen magischen Kräften als mit seinen segensreichen Gewohnheiten zu tun. Wir haben fünf konkrete Verhaltensweisen ausgemacht, mit denen sichere Beziehungstypen Konflikte abbauen und auflösen – und wir glauben, dass sie erlernbar sind! Die Paarbindungstheorie hat immer wieder bewiesen, dass der Bindungsstil veränderbar ist. Und es ist nie zu spät, sich neue Beziehungsfertigkeiten anzueignen.

Sichere Grundsätze für das Lösen von Konflikten

Sehen wir uns die fünf Grundsätze genauer an, die der sichere Beziehungstyp einsetzt, wenn er mit seinem Partner nicht einer Meinung ist.

Fünf sichere Grundsätze zum Lösen von Konflikten

1. Zeigen Sie echtes Interesse am Wohl des anderen.
2. Bleiben Sie bei dem aktuellen Problem.
3. Verallgemeinern Sie nicht.
4. Seien Sie bereit, sich einzulassen.
5. Teilen Sie Ihre Gefühle und Bedürfnisse deutlich mit.

1. Zeigen Sie echtes Interesse am Wohl des anderen:

Ein Ferienhäuschen auf dem Land

Frank liebt die freie Natur und das Sommerhaus in den Berkshires, das er von seinen Eltern geerbt hat. Sandy hasst beides. Sie fürchtet das lästige Ein- und Auspacken und den Stau, in dem sie auf der langen Fahrt immer steckenbleiben. In ihren Augen macht der ganze Ausflug mehr Mühe, als er etwas bringt. Die beiden mussten sich ein paarmal erbittert zoffen, bis sie begriffen, dass am Ende beide unglücklich waren, wenn jeder auf seinen Wünschen bestand und die Vorliebe des anderen ignorierte. Sie fanden eine gangbare Lösung, obwohl sie beide ganz unterschiedliche Vorstellungen von ihrer Freizeit hatten. Wenn Sandy heute spürt, dass das Stadtleben Frank zu viel wird, opfert sie sich für die Beziehung, und sie wagen sich in die Wälder. Wenn Frank indessen sieht, dass Sandy das Reisen zu viel ist, bleiben sie in der Stadt – manchmal lange Zeit am Stück. Frank plant dann viele Outdoor-Aktivitäten für sich ein, damit ihm nicht die Decke auf den Kopf fällt. Das System ist nicht perfekt, und ab und zu ärgert einer von ihnen sich und mault, aber sie schaffen es, das Problem zu lösen: Jeder kommt dem anderen so weit entgegen, wie er kann.

Frank und Sandy haben die Grundvoraussetzung einer guten Beziehung begriffen: Das Wohl des anderen ist genauso wichtig wie das eigene. Wenn Sie die Bedürfnisse Ihres Partners ignorieren, hat das einen direkten Einfluss auf Ihre eigenen Gefühle, auf den Grad Ihrer Zufriedenheit und sogar auf ihre körperliche Gesundheit. Oft halten wir Konflikte für Nullsummenspiele: Entweder du bekommst deinen Willen, oder ich bekomme meinen. Aber die Bindungstheorie zeigt uns, dass unser Glücksgefühl von dem unseres Partners abhängt, und umgekehrt. Die beiden sind nicht voneinander zu trennen. Frank und Sandy lassen sich trotz ihrer unterschiedlichen Wünsche auf eine Art Vorwärts-Rückwärts-Gleichschritt ein, durch das sie beide spüren, dass jeder auf die Bedürfnisse des anderen Rücksicht nimmt. Aus der Sicht der Bindungstheorie ist das eine extrem lohnende Erfahrung.

2. Bleiben Sie bei dem aktuellen Problem: Georges chaotische Wohnung

»Bei einer unserer ersten Verabredungen«, erinnert Kelly sich, »hielten George und ich bei seiner Wohnung an, aber er fragte mich nicht, ob ich mit hochkommen wolle. Er sagte, die Wohnung werde renoviert, und er hätte es nicht gerne, wenn ich sie so sähe. Ich bin ein misstrauischer Mensch, und für mich hatte diese Erklärung weder Hand noch Fuß. Ich zog voreilige Schlüsse und stellte mir eine zweite Zahnbürste im Badezimmer und die Unterwäsche einer anderen Frau auf dem Bett vor. Er bemerkte meinen Stimmungswechsel und fragte, was los sei. Ich sagte ihm, es sei offensichtlich, dass er etwas verbergen wolle, und die Verabredung endete in einer unguten Stimmung.

Am nächsten Abend jedoch lud George mich zu sich ein. Er ließ mich per Türöffner ins Haus, und während ich die letzte Treppe nahm, öffnete er seine Tür und winkte mich mit weit ausholender Geste herein, wobei er immer wieder »Willkommen! Willkommen! Willkommen!« sagte. Die Wohnung war ein einziges Chaos, aber wir lachten beide darüber, und all die schlechten Gefühle waren weg.«

George war in der Lage, der Situation eine positive Wendung zu geben, weil er ein sicherer Beziehungstyp ist. Auch wenn seine Reaktion normal wirkt, wäre sie bei näherer Betrachtung wohl nicht jedem so locker-flockig eingefallen. George blieb mit seiner Aufmerksamkeit bei dem aktuellen Problem. Während Kelly als ängstlicher Beziehungstyp das Thema wechselte und George Vorwürfe machte, war dieser in der Lage, ihr Protestverhalten zu durchschauen und das anzusprechen, was sie in Wirklichkeit beschäftigte. Sein Verhalten liegt auf einer Linie mit wissenschaftlichen Befunden. Garry Creasey, Leiter des Labors für Bindungsforschung an der Illinois State University und besonders interessiert an einem Konfliktmanagement aus der Sicht der Bindungstheorie, und Matthew Hesson-McInnis von derselben Universität haben festgestellt, dass sichere Beziehungstypen eher in der Lage sind, den Standpunkt des Partners zu verstehen und mit ihrer Aufmerksamkeit bei dem jeweils anstehenden Problem zu bleiben. Weil George auf Kellys Befürchtungen eingegangen ist und sie schnell und erfolgreich widerlegen konnte, hat er verhindert, dass der Konflikt eskalierte. Von seiner Fähigkeit, eine sichere Beziehung aufzubauen, profitieren beide: Kelly erfährt, dass sie einen Partner hat, der sich für ihr Wohl verantwortlich fühlt, und George entdeckt, dass er so akzeptiert wird, wie er ist – Chaos inbegriffen. Wenn die Bereitschaft besteht, ein konkretes Problem zu lösen, hat der andere das Gefühl, gehört zu werden, und das bringt die Partner näher zueinander.

Aber nicht immer sind sichere Beziehungstypen in der Lage, Unstimmigkeiten so elegant aus der Welt zu schaffen. Auch sie können die Beherrschung verlieren und die Bedürfnisse des Partners übersehen.

3. Verallgemeinern Sie nicht: Die Sache mit dem Einkaufszettel

Terry und Alex sind Mitte fünfzig, und obwohl beide sichere Beziehungstypen sind, führen sie seit über dreißig Jahren einen rituellen Kleinkrieg. Terry schickt Alex mit einer detaillierten Einkaufsliste – 1 Dose pürierte Tomaten, 1 Weizenvollkornbrot, 1 Paket Barilla-Nudeln – zum Supermarkt. Ein paar Stunden später trudelt Alex mit ähnlichen, aber nicht genau denselben Produkten ein. Er hat Nudeln von einer anderen Firma und statt der pürierten Tomaten Tomatenmark gekauft. Terry regt sich auf, erklärt, diese Sachen könne sie nicht brauchen und verkündet dramatisch, sie müsse selbst einkaufen gehen. Alex wird wütend, packt die Lebensmittel und stürmt aus dem Haus. Er kommt mit den richtigen Artikeln zurück, aber die Konfrontation hat ihnen für den Tag die Laune verdorben.

Obwohl Terry und Alex sich sehr mögen, haben sie sich ihren Dauerstreit nie genau angesehen. Wenn sie es getan hätten, hätten sie erkannt, dass es sich lohnen würde, nach einer Lösung zu suchen. Alex ist ein Träumer; er scheint einfach nicht in der Lage zu sein, auf die Details zu achten. Warum dann immer wieder die gleiche Herausforderung für beide, die er nie und nimmer bestehen kann? Für Terry sind diese Details wichtig – sie könnte sie selbst dann nicht übersehen, wenn sie wollte. Aber das bedeutet nicht, dass Terry die ganze Arbeit selbst übernehmen sollte. Eine kreative Lösung ist gefragt. Zum Beispiel könnte Terry Alex im Supermarkt anrufen, um sicherzugehen, dass er die richtigen Artikel in den Einkaufskorb legt, sie könnte die Bestellung online aufgeben und von ihm abholen lassen, oder sie könnte selbst gehen, während er bei anderen Hausarbeiten hilft. Sie müssen einen Weg finden, bei dem sich weniger Widerstand aufbaut, und ihn in die Tat umsetzen.

Eins ist jedoch bemerkenswert. Obwohl Terry und Alex jedes Mal ziemlich viel Wirbel machen, bringen sie es fertig, eine Reihe destruktiver Klippen zu umschiffen. Insbesondere lassen sie den Konflikt nicht in andere Bereiche überschwappen oder außer Kontrolle geraten. Sie vermeiden abfällige Kommentare oder verletzende Verallgemeinerungen. Sie belassen den Streit bei dem Thema, um das es geht, und blähen die Angelegenheit nicht unverhältnismäßig auf. Auch wenn Terry wütend droht, selbst zum Supermarkt zu gehen – und das manchmal auch tut –, plustert sie das nicht auf zu: »Mit dir bin ich fertig!«, oder: »Weißt du was? Koch dir doch dein Abendessen selber, ich gehe!«

4. Seien Sie bereit, sich einzulassen

In den oben beschriebenen – friedlich oder explosiv gelösten – Konflikten bleibt der sichere Partner physisch und emotional präsent. George weiß Kellys persönlichen Angriff instinktiv abzufangen. Er übernimmt die Verantwortung für ihre verletzten Gefühle und gibt dadurch der Situation eine neue Wendung. Wenn er vermeidend oder auch ängstlich gewesen wäre, hätte er auf Kellys Schweigen mit Rückzug reagiert und dadurch noch mehr Distanz und Feindseligkeit erzeugt.

Frank und Sandy hätten auch beschließen können, auf ihren Positionen zu beharren. Nur weil beide bereit waren, an ihrem Problem dranzubleiben und sich mit ihm auseinanderzusetzen, konnten sie eine Lösung finden, mit der beide leben können. Dabei haben sie auch gelernt, sich mehr auf die Bedürfnisse des anderen einzustellen.

5. Gefühle und Bedürfnisse effizient mitteilen: Besuch bei der Schwägerin

Weil Toms Job sehr hektisch ist, bekommt Rebecca ihn die Woche über kaum zu Gesicht. Samstags indessen besucht sie zumeist ihre Schwester, die in der Nähe wohnt. Tom schließt sich diesen Besuchen normalerweise nicht an; er bleibt lieber zu Hause und macht es sich auf der Couch gemütlich. Im Allgemeinen ist Rebecca das recht, aber an diesem Samstag, nach einer besonders langen Arbeitswoche, in der Tom noch seltener als sonst zu Hause war, will sie unbedingt, dass er mitkommt. Tom, der von seiner Arbeitswoche fix und fertig ist, beharrt jedoch darauf, dass er nicht mitkommen will. Rebecca will ein Nein nicht akzeptieren und drängelt weiter. Seine Reaktion besteht darin, kein Wort mehr zu sagen. Sie hält ihm vor, er sei egoistisch, er sitzt schweigend vor dem Fernseher, und sie geht doch alleine.

Rebecca zeigt das klassische Verhalten des ängstlichen Beziehungstyps. Dass ihr Mann in dieser Woche länger als üblich bei der Arbeit war, hat ihr Bindungssystem aktiviert, und sie hat das Bedürfnis, die Verbundenheit mit ihm wiederherzustellen. Sie braucht vor allem das Gefühl, dass Tom für sie da ist – dass sie ihm wichtig ist und er mit ihr zusammen sein will. Aber statt das direkt zu *sagen* und zu erklären, was sie stört, setzt sie ein Protestverhalten ein – sie beschuldigt ihn, egoistisch zu sein, und beharrt darauf, dass er sie zu ihrer Schwester begleite. Tom überrascht es, dass Rebecca sich plötzlich so irrational verhält – schließlich bestand zwischen ihnen die Übereinkunft, dass er ihre Schwester nicht zu besuchen braucht.

Tom hätte womöglich ganz anders reagiert, wenn Rebecca einfach gesagt hätte: »Ich weiß, dass du überhaupt keine Lust hast, zu meiner Schwester zu gehen, aber es wäre mir sehr wichtig, dass du dieses Mal mitkommst. Ich habe dich die ganze Woche kaum gesehen und möchte keinen Moment mit dir versäumen.«

Wenn Sie Ihre emotionalen Bedürfnisse klar äußern, ist das besser, als wenn der andere Gedanken lesen muss. Es bedeutet, dass Sie ein aktiver Teilnehmer sind, der sich Gehör verschafft, und das ermöglicht einen wesentlich fruchtbareren emotionalen Dialog. Selbst wenn Tom sich trotzdem entscheiden würde, Rebecca nicht zu begleiten, könnte er, wenn er ihre Gefühle verstehen würde, eine andere Möglichkeit finden, sie zu beruhigen: »Wenn du wirklich willst, dass ich mitkomme, dann komme ich mit. Aber ich will mich auch entspannen. Wie wäre es, wenn wir heute Abend ausgehen würden – nur wir beide? Ginge es dir dann besser? Eigentlich brauchst du mich bei deiner Schwester doch gar nicht, oder? Ich bin euch doch nur im Weg, wenn ihr euch erzählt, was so los war.«

Konflikte vermeiden – Die Grundlagen der Bindungsbiologie

Wenn es zu einem Konflikt kommt, geht es nicht immer darum, wer was wem angetan hat oder welchen Kompromiss Sie finden, und noch nicht einmal darum, wie Sie effizienter kommunizieren können. Manchmal kann ein Konflikt schon im Vorfeld vermieden werden, wenn Sie die elementare Biologie des Bindungsverhaltens beherzigen. Oxytocin, ein Hormon und Neuropeptid, das in den letzten Jahren viel Medienaufmerksamkeit bekommen hat, spielt bei allen Bindungsprozessen eine wichtige Rolle. Es erfüllt mehrere Aufgaben: Es leitet bei Frauen die Wehen ein, verstärkt die zwischenmenschliche Verbundenheit und ist so etwas wie das Hormon des sozialen Zusammenhalts, weil es das Vertrauen und die Kooperationsbereitschaft verstärkt. Einen Oxytocin-Schub bekommt unser Gehirn beim Orgasmus und auch beim Kuscheln – weshalb es auch als das Kuschelhormon bezeichnet wurde.

Was hat Oxytocin mit der Deeskalation von Konflikten zu tun? Manchmal verbringen wir mit unserem Partner zu wenig schöne Momente – vor allem dann, wenn die Anforderungen des Alltags uns zusetzen. Befunde aus den Neurowissenschaften indes legen nahe, dass wir unsere Prioritäten ändern sollten. Wenn wir auf Nähe zu unserem Partner verzichten, lassen wir uns auch den Oxytocin-Schub entgehen – wir sind dann unserer Mitwelt weniger verbunden und anfälliger für Konflikte. Überlegen Sie es sich also zweimal, wenn Sie meinen, Sie müssten versäumte Arbeit nachholen und deshalb die Sonntagmorgen-Kuschelsession ausfallen lassen. Gerade sie könnte Ihre Beziehung für die nächsten Tage gegen Konflikte immunisieren.

Warum packen unsichere Beziehungstypen einen Konflikt nicht bei den Hörnern?

Wer ängstlich oder vermeidend ist, hat es aus verschiedenen Gründen schwer, die sicheren Grundsätze zur Konfliktlösung anzuwenden.

Bei den ängstlichen Beziehungstypen löst ein Konflikt oft die tiefere Sorge aus, ob ihr Partner wohl auf ihre Bedürfnisse eingehen oder sie zurückweisen und verlassen wird. Bei jedem Disput machen sich negative Gedanken breit, und in der Hoffnung, den Partner auf sich aufmerksam zu machen, reagieren sie mit Protestverhalten. Sie werfen mit Anschuldigungen um sich, weinen oder verfallen in eisernes Schweigen. Vor lauter Angst, der Partner würde ihre Bedürfnisse außer Acht lassen, meinen sie, möglichst eindrucksvoll auf den Putz hauen zu müssen, damit sie auf jeden Fall gehört werden. Ihre Reaktion ist zwar oft dramatisch, meistens aber ineffizient.

Auch vermeidende Beziehungstypen fühlen sich von der Möglichkeit bedroht, der Partner wäre nicht für sie da, wenn sie ihn brauchen. Aber zur Bewältigung dieser Angst schlagen sie die entgegengesetzte Strategie ein – sie unterdrücken ihr Bedürfnis nach Nähe, machen emotional dicht und tun unabhängig. Je persönlicher der Konflikt wird, desto stärker wird ihr Drang, sich aus der Situation herauszuziehen. Das schaffen sie mit Hilfe von Deaktivierungsstrategien – zum Beispiel finden sie an ihrem Partner etwas auszusetzen und können sich ihm so weniger nah fühlen.

Gary Creasey hat zusammen mit den damaligen Doktorandinnen Kathy Kershaw und Ada Boston eine Studie durchgeführt, die ergab, dass ängstliche und vermeidende Probanden kaum positive Konfliktlösestrategien einsetzen, mehr Aggressionen äußern und mehr zu Rückzug und Eskalation tendieren als die sicheren Testteilnehmer. Dieser Befund lässt sich möglicherweise durch die ähnliche Einstellung dieser Beziehungstypen zu Konflikten erklären: Beide sind fest überzeugt, dass der Partner im Endeffekt nicht für sie da sein wird, und beiden fällt es schwer, ihre Bedürfnisse effizient zu äußern.

Pauls und Jackies Problem – so groß wie seine Kinder

Obwohl Jackie und Paul seit über einem Jahr eine Beziehung haben und die meisten Nächte zusammen verbringen, ist Jackie den drei Kindern Pauls noch nie begegnet. Jackies Freundeskreis und ihre Familie macht diese Situation ratlos und alle fragen sich, wo das Beziehungsschiff hinsteuert.

Jackie hat versucht, das Thema anzusprechen, aber Paul meint, der richtige Zeitpunkt sei noch nicht gekommen – für ihn hat die Stabilität im Leben seiner Kinder absolute Priorität. Jedes zweite Wochenende, wenn Paul die Kinder hat, ist er für Jackie nicht erreichbar; sie hat inzwischen das Gefühl, dass es das Ende der Beziehung bedeutet, wenn sie das Thema noch einmal aufs Tapet bringt. Auch bei passenden Gelegenheiten – wenn Paul ihr sagt, wie sehr er sie liebt, und sie darüber reden, ob sie zusammen ein Haus kaufen sollen – hat Jackie von den Kindern nichts gesagt und seine Liebeserklärungen nicht erwidert. Sie meint, wenn Paul wirkliche Nähe zu ihr wollen würde, würde er sie ganz in sein Leben hineinlassen, Kinder inbegriffen.

Als Jackies Eltern zum Abendessen kommen, redet Paul ständig von seinen Kindern, und wie wundervoll sie sind. Nach dem Dessert fordert Jackies Vater Paul zu einem kurzen Spaziergang auf. Er sagt ihm, die Kinder schienen wirklich großartig zu sein, und er würde hoffen, dass Jackie sie bald kennenlernt, denn er und seine Frau mögen Paul und hätten gerne, dass die Beziehung einen Schritt vorankommt. Paul versichert ihm, dass es ihm mit der Beziehung sehr ernst ist. Keiner von beiden erzählt Jackie von dem Gespräch.

In der nächsten Woche hat Jackie keine Ahnung, warum Paul so still ist und ihre Fragen lediglich mit »Ja«, »Nein« oder »Ich weiß nicht« beantwortet. Schließlich fragt sie, was los ist. Er reagiert mit einem Rundumschlag, beschwert sich, ihr Vater hätte ihn kritisiert, weil er über die Kinder gesprochen hat, und erinnert sie daran, dass er so und so oft gesagt hat, was er für sie empfindet, dass das von ihr aber nie erwidert wurde. Sie antwortet, dass es schwierig sei, sich zu öffnen, wenn er sie aus einem so wichtigen Teil seines Lebens ausschließe. Statt sich auf das Gespräch einzulassen, steht er auf, packt seine Sachen zusammen und geht mit den Worten, dass er »ein bisschen Abstand« braucht. Eine Woche später kommt er wieder, aber sie vermeiden es, über das Thema zu sprechen, und kehren zum Status quo zurück.

Ganz auf der Linie unsicherer Beziehungstypen brechen Jackie und Paul fast jede sichere Regel zum Umgang mit Konflikten. Keiner von beiden kommuniziert seine Bedürfnisse klar, und beide vermeiden es, das anstehende Problem – Jackie mit Pauls Kindern bekanntmachen – in Angriff zu nehmen, wenn auch aus unterschiedlichen Gründen. Paul hat zu diesem Thema eine dezidierte Meinung – er möchte, dass seine Kinder die neue Frau in Papas Leben erst dann kennenlernen, wenn die Sache wirklich ernst ist –, und Jackie hat seine Liebeserklärungen nie erwidert. Es kommt ihm nicht in den Sinn, Jackie zu fragen, ob es sie stört, dass sie an jedem zweiten Wochenende getrennt sind. Er sagt zwar, dass er sie liebt, aber das führt bei ihm nicht zu der Überlegung, dass ihre Gefühle berücksichtigt werden sollten, was seine Kinder betrifft (eine typisch vermeidende Einstellung). Er vermutet auch, dass es ihr nicht so wichtig ist, seine Kinder kennenzulernen, weil sie das Thema nicht oft anspricht.

Jackie wiederum spricht nicht mehr davon, seine Kinder kennenlernen zu wollen, weil sie ängstlich ist und sich Sorgen macht, dass sie mit ihren Ansprüchen die Beziehung gefährden könnte. Sie hat Angst, Paul könnte beschließen, dass sich wegen ihr »die Mühe nicht lohnt.«

Paul macht auch einen Bogen um die sicheren Beziehungsgrundsätze, als er beschließt, Jackie nichts von seinem Gespräch mit ihrem Vater zu erzählen. Und, schlimmer noch: Als sie schließlich über das Problem reden, zieht Paul sich völlig zurück, statt sich auf das Thema einzulassen. Paul frisst seinen Ärger so lange in sich hinein, dass er, als Jackie ihn fragt, was los ist, mit den Nerven am Ende ist und sie nur noch attackieren kann. Jackie, die ebenfalls unsicher ist, schafft es nicht, die Situation zu retten; statt zu versuchen, ihn zu beschwichtigen und die Lage zu beruhigen, geht sie zum Gegenangriff über. Als ängstlicher Beziehungstyp interpretiert sie Pauls Worte als persönliche Zurückweisung und verteidigt sich. Keiner von beiden sieht über seine persönliche Verletztheit hinaus, um den Gesamtzusammenhang zu verstehen oder zu begreifen, was im anderen vorgeht.

Als Faustregel gilt: Heikle Themen – etwa die Frage, ob und wann man die Kinder des Partners kennenlernt – gehören immer auf die Tagesordnung. Sie können davon ausgehen, dass sie wichtig sind, auch wenn sie nicht offen angeschnitten werden. Vielleicht finden Sie nicht sofort eine Lösung, aber zumindest sind Sie offen dafür, die Meinung des anderen anzuhören, und keiner von Ihnen unterdrückt Kränkungen, die sich irgendwann später unkontrolliert Bahn brechen. Und natürlich wird ein Problem eher gelöst, wenn Sie darüber sprechen, als wenn Sie es totschweigen.

So arbeiten Sie mit den sicheren Grundsätzen

Unsichere Beziehungstypen ergehen sich gern in Vermutungen, was eine Konfliktlösung behindert. Vor allem die Konzentration auf die eigenen Bedürfnisse und Verletztheiten kann problematisch werden. Die Angst, dass der andere sich emotional nicht so stark einlässt wie Sie oder nicht so viel Nähe will, ist verständlich. Aber in einer Konfliktsituation ist diese ständige Sorge eher schädlich. Versuchen Sie, auch mitten in einem Streit die folgenden Wahrheiten im Hinterkopf zu behalten:

- Ein einzelner Streit ist nicht das Ende der Beziehung.
- Äußern Sie Ihre Ängste! Lassen Sie nicht zu, dass sie Ihr Verhalten diktieren. Wenn Sie Angst haben, vom anderen zurückgewiesen zu werden, dann sagen Sie das!
- Nehmen Sie nicht an, an der schlechten Laune Ihres Partners seien Sie schuld. Höchstwahrscheinlich haben Sie *nichts* mit ihr zu tun.
- Vertrauen Sie darauf, dass Ihr Partner fürsorglich und interessiert sein *wird,* bleiben Sie am Ball, und äußern Sie Ihre Bedürfnisse.
- Erwarten Sie von Ihrem Partner nicht, dass er weiß, was Sie denken. Wenn Sie ihm nicht gesagt haben, was Ihnen durch den Kopf geht, kann er es nicht wissen!
- Nehmen Sie nicht an, Sie wüssten, was Ihr Partner meint. Fragen Sie im Zweifelsfall nach.

Und nun noch ein allgemeiner Rat: In einer Konfliktsituation ist es immer besser, das *Beste* anzunehmen. Wenn Sie das Schlimmste erwarten – was Menschen mit einem der unsicheren Beziehungstypen meist tun –, gerät das oft zu einem Automatismus. Wenn Sie erwarten, dass Ihr Partner Sie kränken oder zurückweisen wird, reagieren Sie automatisch mit Abwehr – und setzen so einen negativen Teufelskreis in Gang. Auch wenn Sie sich dazu überreden müssen, (zunächst vielleicht nur halbherzig) an die obigen »positiven Wahrheiten« zu glauben, lohnt es sich. In den meisten Fällen werden Sie mit ihnen den Dialog in die richtige Richtung lenken.

Unter dem Strich sollten Sie bei einem Streit die folgenden Angewohnheiten vermeiden:

Unsichere Konfliktstrategien, die Sie besser lassen sollten

1. Sich von dem eigentlichen Problem ablenken lassen.
2. Ihre Gefühle und Bedürfnisse im Unklaren lassen.
3. Persönliche Angriffe starten und sich destruktiv verhalten.
4. Nach dem Motto »Wie du mir, so ich dir« reagieren, das heißt auf die destruktiven Verhaltensweisen des Partners mit noch mehr Destruktivität antworten.
5. Sich zurückziehen.
6. Das Wohl des anderen aus den Augen verlieren.

In Paul und Jackies Konflikt geht es also in Wirklichkeit um das Maß an Nähe und nicht um die typischen Meinungsverschiedenheiten im Alltag. Wir haben das Problem der beiden hier geschildert, um zu zeigen, wie leicht es ist, in einer einzigen Streitfrage in fast alle genannten Fettnäpfchen zu treten. Obwohl Paul und Jackie sich lieben, lassen sie sich (1) leicht von dem eigentlichen Problem ablenken (»Dein Vater hat mich kritisiert, weil ich über die Kinder gesprochen habe …«); (2) äußern sie ihre Gefühle und Bedürfnisse offenbar nie deutlich. Vieles bleibt ungesagt, vor allem von Jackie, die sich (5) emotional zurückzieht und nicht auf Pauls Versuche reagiert, sich auf andere Weise näherzukommen. Als sie schließlich nach einer Woche Schweigen (noch einmal 5) miteinander reden, fangen sie an, (4) Gleiches mit Gleichem zu vergelten. Beide sind außerdem in ihren eigenen Sorgen gefangen und haben (6) große Schwierigkeiten, sich in der Beziehung insgesamt und vor allem beim Streiten auf das Wohl des anderen einzustellen.

Konfliktstrategien: Der Workshop

Um herauszufinden, wie Sie bei einem Konflikt vorgehen, sollten Sie als Erstes effiziente von ineffizienten Strategien unterscheiden lernen. Sehen Sie sich die folgenden Situationen an, und versuchen Sie zu bestimmen, ob die Paare ihre Differenzen mit sicheren oder unsicheren Grundsätzen austragen. Wenn Sie meinen, dass die angewandten Grundsätze in die Rubrik »unsicher« gehören, geben Sie bitte die sicheren Prinzipien an, die stattdessen benutzt werden könnten.

1. Marcus hat eine (überwiegend) an Singles gerichtete Kreuzfahrt nach Brasilien gebucht, bevor er und Daria vor sechs Monaten eine Beziehung angefangen haben. Daria ist es nicht recht, dass Marcus ohne sie eine solche Reise macht, und sie selbst mag keine Kreuzfahrten. Als sie das Thema bei Marcus anspricht, erwidert er: »Muss ich jetzt also alles mit dir zusammen machen? Solche Sachen gefallen dir doch sowieso nicht, warum nimmt du es dann wichtig? Außerdem habe ich schon gezahlt. Was soll ich machen, 3000 Dollar verlieren?«

Marcus reagiert:
❑ sicher
❑ unsicher
Er wendet die folgenden unsicheren Taktiken an:

____

____

So hätte er sicher reagiert:

____

____

Antwort: unsicher. Marcus verwendet eine ganze Reihe unsicherer Taktiken. Mit seinem Angriff auf Daria verallgemeinert er (»Was soll ich machen, 3000 Dollar verlieren?«) und tut so, als wäre sie emotional bedürftig und zu sehr auf ihn fixiert (»Muss ich jetzt also alles mit dir zusammen machen?«). Er bleibt nicht bei dem eigentlichen Problem, das darin besteht, dass Daria sich fragt, ob er ihr wohl treu sein wird. Er wechselt lieber das Thema und tut so, als ginge es um Geld und Darias emotionale Abhängigkeit.

So könnte Marcus sich sicher verhalten: Vor allem hätte er bei dem eigentlichen Problem bleiben sollen. Daria macht sich wirklich Sorgen, und solange er das nicht anspricht, wird das Problem nicht gelöst.

2. Nachdem ihr Freund wie in Situation 1 beschrieben reagiert hat, gibt Daria klein bei. Sie entschuldigt sich dafür, das Thema angesprochen zu haben. Schließlich ist es eine Reise, die er geplant hat, bevor sie sich kennengelernt ha-

ben. Sie hat ein schlechtes Gewissen und wirft sich vor, unvernünftig, anspruchsvoll und abhängig zu sein.

Darias Reaktion ist:
❑ sicher
❑ unsicher
Sie wendet die folgenden unsicheren Taktiken an:

____

____

So hätte sie sicher reagiert:

____

____

Antwort: unsicher. Was ist mit Daria los? Er geht sechs Monate, nachdem sie sich kennengelernt haben, auf eine Kreuzfahrt für Singles nach Brasilien? Sie sollte unbedingt äußern, dass ihr das an die Nieren geht. Aber statt offen über ihre Sorgen zu sprechen, macht sie einen Rückzieher. Sie hat Angst, dass die Beziehung zu Ende ist, wenn sie offen sagt, was sie meint, und also versucht sie, den Schaden wiedergutzumachen, indem sie sich dafür entschuldigt, das Thema angesprochen zu haben. Durch dieses Verhalten erklärt Daria sich mit einem neuen unausgesprochenen Pakt in der Beziehung einverstanden: dass ihre Ängste und Sorgen nicht so wichtig sind.

So könnte Daria sich sicher verhalten: Sie sollte ihre Bedürfnisse effizient mitteilen: Marcus von ihrer Besorgnis erzählen, und wie angespannt sie wegen des kommenden Urlaubs und der Zukunft ihrer Beziehung ist. Wie Marcus auf ihre effiziente Kommunikation reagiert, wird sehr aufschlussreich sein. Wenn er sie weiter heruntermacht und ihre Gefühle abwertet, sollte sie sich fragen, ob sie langfristig mit so jemandem zusammen sein möchte.

3. Bei einer Autofahrt erzählt Ruth John, dass sie sich wegen der Schwierigkeiten ihrer Tochter in Mathematik große Sorgen macht. John nickt während des ganzen Gesprächs immer wieder, sagt aber nicht viel. Nach ein paar Minuten schimpft Ruth aufgebracht: »Warum ist das nur mein Problem? Sie ist auch deine Tochter, aber dich scheint das ja nicht zu interessieren. Machst du dir keine Sorgen um sie?« John ist von dem Angriff überrumpelt. Nach etwa einer Minute antwortet er: »Ich bin wirklich müde und brauche meine ganze Energie für das Fahren. Ich mache mir auch Sorgen, aber es fällt mir schon schwer, mich auf die Straße zu konzentrieren.«

   Johns Reaktion ist:
   ❏ sicher
   ❏ unsicher
   Er wendet die folgenden unsicheren Taktiken an:
   ____
   ____

   So hätte er sicher reagiert:
   ____
   ____

Antwort: sicher. Sichere Beziehungstypen sind keine Heiligen! Manchmal sind sie müde und ungeduldig, und wie bei allen anderen Leuten auch können ihre Gedanken abschweifen. Entscheidend ist, wie sie reagieren, wenn ein Konflikt entsteht. Ist Ihnen aufgefallen, dass John nicht zurückschlägt oder auf Durchzug schaltet, als Ruth ihn attackiert? Er bleibt bei dem anstehenden Problem, antwortet ehrlich (»Ich bin wirklich müde …«) und zeigt, dass das Wohl seiner Frau ihm wichtig ist, indem er ihre Besorgnis bestätigt (»Ich mache mir auch Sorgen«).

So könnte John sich sicher verhalten: John hat schon ziemlich gut reagiert; er hat eine unnötige Eskalation vermieden und seine Partnerin beruhigt. Stellen Sie sich vor, er hätte zurückgeblafft: »Verdammt noch mal! Siehst du nicht, wie müde ich bin? Willst du etwa, dass ich einen Unfall baue?« Zum Glück hat er verstanden, dass seine Frau ihn beschuldigt, weil sie verzweifelt war, nicht weil sie an ihm herumnörgeln wollte. Er ist auch auf das eigentliche Problem eingegangen: Er hat ihr versichert, dass sie beide, was die Fürsorge für ihre Tochter betrifft, am gleichen Strang ziehen.

4. Steve, der seit ein paar Wochen mit Mia zusammen ist, ruft sie am Freitagnachmittag an und fragt sie, ob sie abends auch in die Kneipe kommen will, wo er mit Freunden sein wird. Mia ärgert sich, weil Steve sie immer in Gegenwart seiner Freunde treffen will, während sie lieber mit ihm allein wäre. »Du scheinst ja richtige Angst zu haben, mit mir allein zu sein. Ich beiße nicht, weißt du«, sagt sie halb im

Scherz. Nach einem unbehaglichen Schweigen antwortet Steve: »Na ja, wenn du immer noch kommen willst, kannst du mich ja später noch mal anrufen« und legt auf.

Steves Reaktion ist:
❑ sicher
❑ unsicher
Er wendet die folgenden unsicheren Taktiken an:

____

____

So hätte er sicher reagiert:

____

____

Mias Reaktion ist:
❑ sicher
❑ unsicher
Sie wendet die folgenden unsicheren Taktiken an:

____

____

So hätte sie sicher reagiert:

____

____

Antwort: Steve – unsicher. Steve versucht, einer Konfrontation oder einem intensiven persönlichen Gespräch aus dem Weg zu gehen und zieht sich zurück, statt sich auf Mia einzulassen. Er versucht nicht herauszufinden, was in Mias Kopf vor sich geht; er klinkt sich einfach aus.

Die sicher gefundene Alternative: Zunächst einmal sieht es so aus, dass Steve an einer ernsthaften Beziehung nicht wirklich interessiert ist. Sonst würde er wahrscheinlich nicht bei jedem Date eine Begleitmannschaft dabeihaben wollen. Aber wenn er die Beziehung will, sollte er bei dem anstehenden Problem bleiben und Mia fragen, was sie mit ihrer Äußerung gemeint hat. Zugegeben, sie hat eine Spur zynisch geklungen, aber wenn Steve clever (und sicher) wäre, würde er das nicht persönlich nehmen. Er würde herauszufinden versuchen, was ihr durch den Kopf geht und wie es sich dazu verwenden ließe, die Beziehung auf eine höhere (von mehr Nähe gekennzeichnete) Ebene zu heben.

Antwort: Mia – unsicher. Und was ist mit Mia? Auch sie hat unsicher reagiert. Ihr Versuch, ihre Bedürfnisse effizient mitzuteilen, klang ein bisschen zu sehr nach Angriff. Jetzt muss sie sich fragen: Hab ich ihn gekränkt? Dachte er, ich würde ihn kritisieren?

Mia hätte die folgenden sicheren Taktiken anwenden können: Sie hätte zum Beispiel sagen können: »Weißt du, ich möchte lieber nicht ständig mit der ganzen Clique zusammen sein. Ich bin gerne mit dir allein; wollen wir uns nicht mal was nur für uns beide vornehmen?« (Effiziente Kommunikation ihrer Bedürfnisse.) Steves Reaktion hätte dann gezeigt, ob er bereit ist, sich erstens anzuhören, was seine Partnerin will, und zweitens ihren Bedürfnissen entgegenzukommen.

5. Emma und Todd sitzen in einem Straßencafé, und sie bemerkt, wie er den vorbeigehenden Frauen nachschaut. »Ich hasse es, wenn du das tust«, sagt sie. »Es ist total demütigend.«
»Was meinst du?«, fragt er unschuldig.
»Du weißt genau, was ich meine. Dir fallen fast die Augen aus dem Kopf.«
»So ein Quatsch! Wo soll ich denn hinsehen? Und selbst wenn ich mir die Frauen ansehen würde: Der Mann, der hübschen Frauen nicht hinterherschaut, muss erst noch geboren werden. Es hat nichts zu sagen.«

Todds Reaktion ist:
❑ sicher
❑ unsicher
Er wendet die folgenden unsicheren Taktiken an:
____
____

So hätte er sicher reagiert:
____
____

Emmas Reaktion ist:
❑ sicher
❑ unsicher
Sie wendet die folgenden unsicheren Taktiken an:
____
____

So hätte sie sicher reagiert:

____

____

Antwort: Todd – unsicher. Todd weicht Emmas eigentlicher Sorge aus – sie fühlt sich unattraktiv und unbeachtet, wenn er anderen Frauen hinterherschaut. Stattdessen macht er dicht, was das Gegenteil von Interesse ist. Erst hat er »keine Ahnung«, wovon sie spricht, und später bagatellisiert er die Bedeutung ihrer Meinung durch die Bemerkung, sein Verhalten sei für Männer normal. Das ist unklare Kommunikation in Reinkultur. Nichts wird gelöst. Sie ärgert sich weiter über sein Verhalten, und er fühlt sich berechtigt, es selbstherrlich fortzusetzen.

Todd hätte die folgenden sicheren Taktiken anwenden können: Er hätte sich für Emmas Wohl interessieren und sagen können, dass er versteht, dass sie sich unwohl fühlen muss, wenn er ein Auge auf andere Frauen wirft. Er könnte auch versuchen zu verstehen, was sie an seinem Verhalten wirklich stört, und ihr versichern, dass er sie wunderschön findet (damit bliebe er bei dem aktuellen Problem). Er könnte sie bitten, ihn darauf hinzuweisen, wenn er wieder in dieses Muster verfällt, damit er anfangen kann, es zu ändern. Er könnte zum Beispiel sagen: »Es tut mir leid. Es ist so eine Gewohnheit, aber wenn du es mir so sagst, wird mir klar, dass es verletzend und respektlos ist. Ich rege mich ja auch auf, wenn andere Männer dir hinterhersehen, auch wenn du das nicht merkst! Ich will versuchen, respektvoller zu sein, aber wenn ich es vergesse, dann erinnere mich bitte daran.«

Antwort: Emma – sicher. Emma teilt ihre Bedürfnisse effizient mit. Sie sagt Todd so offen und so wenig vorwurfsvoll wie möglich, wie sie sich bei seinem Verhalten fühlt.

Emma hätte die folgenden sicheren Taktiken anwenden können: Emma hat ihre Sache gut gemacht.

6. Dan und Shannon brauchen dringend ein bisschen Zeit füreinander und gehen aus. Dans Schwester kümmert sich währenddessen um die Kinder. Als Dan und Shannon nach Hause zurückkommen, geht Shannon direkt ins Bett, während Dan sich noch mit seiner Schwester unterhält. Als Dan später ins Schlafzimmer kommt, ist er auf hundertachtzig. »Meine Schwester tut uns einen riesigen Gefallen mit dem Babysitting, du hättest ihr wenigstens Gute Nacht wünschen können!« Shannon erwidert: »Hab ich ihr wirklich noch nicht einmal ›Gute Nacht‹ gesagt? Ich bin total benebelt. Ich hab's nicht so gemeint. Es tut mir leid.«

   Shannons Reaktion ist:
   ❑ sicher
   ❑ unsicher
   Sie wendet die folgenden unsicheren Taktiken an:

   ____

   ____

   So hätte sie sicher reagiert:

   ____

   ____

Antwort: sicher. Shannon geht vielen unsicheren Gefahren aus dem Weg. Sie verallgemeinert nicht. Sie reagiert nicht abwehrend und startet keinen Gegenangriff. Sie zahlt nicht mit gleicher Münze heim. Auch bleibt sie bei dem konkreten Problem. Damit ist nicht gesagt, dass Dans Wut sich legt; sehr wahrscheinlich ist er auch nach dem Wortwechsel noch gereizt. Aber Shannon hat seiner Wut die Spitze genommen und eine Eskalation vermieden. Ihre Reaktion zeigt, dass es gar nicht so schwer ist, einen Konflikt auf sichere Art zu bewältigen; Sie brauchen weder rhetorisch perfekt noch psychologisch geschult zu sein. Oft reicht eine einfache, ehrliche Entschuldigung.

Nachwort

Das Fazit aus diesem Buch lautet für uns: Beziehungen sollten nicht dem Zufall überlassen werden. Mehr als alle anderen Geschenke, die das Leben uns zu bieten hat, gehören sie zu den am meisten bereichernden menschlichen Erfahrungen. Eine Studie ergab, dass 73 Prozent von über dreihundert befragten Studenten bereit waren, die meisten Lebensziele für eine Liebesbeziehung zu opfern. Aber obwohl wir unseren engsten Verbindungen diese Bedeutung beimessen, wissen die meisten von uns immer noch sehr wenig über die psychologischen Prozesse, die Liebesbeziehungen zugrunde liegen, und lassen sich von falschen Vorstellungen und Legenden leiten.

Das gilt sogar für uns beide. Trotz unserer eingehenden Beschäftigung mit den Beziehungstypen fallen auch wir ab und zu in vertraute Denkmuster zurück, wenn wir bestimmte Liebesgeschichten hören oder einen Liebesfilm sehen. Zum Beispiel haben wir vor kurzem einen populären Junge-trifft-Mädchen-Film gesehen, der genau das tat. Ein junger Mann verliebt sich leidenschaftlich in eine wunderschöne und intelligente Frau. Er will unbedingt den Rest seines Lebens mit ihr verbringen. Sie dagegen ist entschlossen, frei und ungebunden zu bleiben – und sagt ihm das von Anfang an. Die ganze Geschichte hindurch sendet sie widersprüchliche Signale aus; sie flirtet und hält ihn hin, sodass er weiter auf ein Happyend hoffen kann. Aber, atypisch für Hollywood – sie lässt ihn mit gebrochenem Herzen zurück. Später entdeckt er, dass sie den Mann ihrer Träume geheiratet hat und von nun an glücklich ist (zumindest können wir das vermuten, denn der Film endet an dieser Stelle.)

Wie das übrige Publikum auch verliebten wir uns zuerst in die Frau. Sie war stark, leidenschaftlich, unabhängig – ein echter Freigeist. Und sie war ehrlich; sie warnte ihn im Voraus, dass sie nicht auf eine feste Beziehung aus war. Das konnten wir ihr nicht vorwerfen. Außerdem war er offensichtlich für sie nicht »der Richtige« (schließlich wird uns später erzählt, dass sie »den Richtigen« gefunden hat). Über weite Strecken des Films faszinierte uns die romantische Möglichkeit, sie könne sich ihm gegenüber öffnen und er sie doch noch herumkriegen. Obwohl der Film mit einem Dämpfer anfing – es hieß, er sei keine Liebesgeschichte –, hörten wir nie auf zu wünschen, die beiden Hauptdarsteller mögen Hand in Hand dem Sonnenuntergang entgegengehen.

Auf den zweiten Blick indes wurde uns schnell klar, dass wir jedem möglichen Beziehungsirrtum auf den Leim gegangen waren. Obwohl wir ein verliebtes Verhalten in seine wissenschaftlichen Grundlagen zu zerlegen vermochten, waren wir auf unsere alten – und nicht besonders hilfreichen – Überzeugungen zurückgefallen. Wir hatten uns von tief verwurzelten falschen Annahmen leiten lassen.

Der erste Irrtum besteht in dem Glauben, *jeder sei in gleichem Maße zu Nähe befähigt.* Wir sind in dem Glauben erzogen worden, jeder könne sich heftig verlieben (was wahrscheinlich stimmt) und sich dann in einen anderen Menschen verwandeln (was wohl nicht stimmt). Egal wie Menschen vorher waren – wenn sie »den Richtigen« finden, werden sie angeblich zu liebevollen, treuen und hilfsbereiten Partnern, die sich keine Beziehungsfragen mehr stellen. Dabei vergessen wir, dass *das Maß an Nähe, mit dem Menschen sich wohlfühlen, ganz unterschiedlich ist.* Wenn ein Partner Nähe möchte, der andere aber Unabhängigkeit und Distanz, werden beide nicht glücklich sein. Wenn sie sich dieser Tatsache bewusst sind, ist es leichter, sich durch die Welt der Partnersuche einen Weg zu bahnen und (wenn Sie ungebunden sind) jemanden zu finden, der das gleiche Bedürfnis nach Nähe hat wie sie, oder (wenn Sie in einer Beziehung sind) die unterschiedlichen Bedürfnisse neu zu verstehen.

Der zweite häufige Irrtum ist der Glaube, *mit der Hochzeit hätten Sie es geschafft.* Liebesgeschichten enden gern mit ihr, und wir alle sind versucht zu glauben, die Eheschließung sei ein eindeutiger Beweis für die Macht der Liebe, jemanden zu verwandeln, und die Entscheidung für das Band der Ehe bedeute, dass wir jetzt für wahre Nähe und eine liebevolle Partnerschaft bereit sind. Wir wollen nicht glauben, dass Leute den Bund fürs Leben schließen könnten, ohne diese Ziele im Sinn zu haben oder mehr noch in der Lage zu sein, sie in die Tat umzusetzen. Lieber glauben wir – wie wir in dem Film –, dass jeder, sobald der Ring am Finger steckt, sich ändern kann und den Partner wie einen König behandeln wird (vor allem wenn das Paar heftig ineinander verliebt ist).

Wir haben in diesem Buch gezeigt, dass *Beziehungstypen, die nicht zueinander passen, beide Partner sehr unglücklich machen* können, selbst wenn *ihre Liebe zueinander groß ist.* Wenn Sie in einer solchen Beziehung sind, sollten Sie sich bitte Ihr Gefühl, unvollständig oder unzufrieden zu sein, nicht zum Vorwurf machen. Schließlich bleiben Ihre elementarsten Bedürfnisse unbefriedigt, und Liebe allein ist nicht genug, damit eine Beziehung funktioniert. Wenn Sie dieses Buch gelesen haben und verstehen, wo Sie und Ihr Partner im Hinblick auf den Beziehungstyp herkommen, können Sie dieses Problem von einem ganz anderen Blickwinkel aus angehen.

Der dritte hartnäckige Irrtum besteht in dem Glauben, *nur wir allein wären für unsere emotionalen Bedürfnisse verantwortlich,* und unser Partner hätte nichts mit ihnen zu tun. Wenn ein potenzieller Partner uns schon gleich zu Beginn der Beziehung verkündet, er wäre noch nicht bereit sich zu binden, und auf diese Weise die Verantwortung für unser Wohl abgibt, oder wenn in einer seit langem bestehenden Beziehung der andere einseitige Entscheidungen trifft, die unsere Bedürfnisse nicht berücksichtigen, sind wir schnell bereit, seine Bedingungen zu akzeptieren. Diese Logik ist den Menschen inzwischen in Fleisch und Blut übergegangen, und aus dem Bekanntenkreis hören wir dann vielleicht: »Er hat dir doch im Voraus gesagt, dass er noch nicht so weit ist, sich zu binden«, oder: »Er hat dir doch immer gesagt, wie wichtig ihm dieses Thema ist, jetzt kannst du dich nur an die eigene Nase fassen.« Aber wenn wir verliebt sind und wollen, dass eine Beziehung weitergeht, ignorieren wir gern die widersprüchlichen Botschaften, die wir bekommen. Statt anzuerkennen, dass jemand, der unsere Gefühle offensichtlich missachtet, kein guter Partner werden wird, akzeptieren wir seine Haltung. Auch hier sollten wir uns immer wieder daran erinnern: *In einer* echten *Partnerschaft betrachten* beide *Partner es als ihre Verantwortung, für das emotionale Wohlbefinden des anderen zu sorgen.*

Sobald wir unsere falschen Vorstellungen loslassen, bekommt der Film – wie so viele Situationen im Leben – eine völlig andere Dimension. Die Handlung wird vorhersagbar und verliert viel von ihrer Faszination. Sie erzählt nicht mehr eine Begegnungsgeschichte, sondern eine Vermeidende-trifft-Ängstlichen-Geschichte: Er hat das Bedürfnis nach Nähe, sie scheut vor ihr zurück. Die Zeichen standen von Anfang an dick und fett an der Wand, aber der männliche Held des Films konnte sie nicht sehen. Dass die Frau, die er liebte, später jemand anders heiratete, ändert nichts an der Tatsache, dass sie vermeidend war, und sagt nichts über ihr Glück (oder das ihres Mannes) in der Ehe voraus. Sehr wahrscheinlich hat sie sich weiter genauso verhalten und ihren Mann mit allen möglichen Methoden auf Distanz gehalten. Nach allem, was wir wissen, wird der Held zu ihrem Phantom-Ex.

Wir haben aus der Betrachtung dieses Films gelernt, wie schwierig es ist, Vorstellungen loszulassen, an die wir ein Leben lang geglaubt haben, die uns aber nicht weitergeholfen haben. Dabei ist es dringend notwendig, diese falschen Vorstellungen über Bord zu werfen; an ihnen festhalten kann sehr destruktiv sein. Sie gefährden unsere Selbstachtung und unser Glück, weil sie dazu führen, dass wir unsere elementarsten Bedürfnisse missachten und versuchen, jemand zu sein, der wir nicht sind.

Wir glauben, dass jeder Mensch es verdient, die Vorzüge einer sicheren Bindung zu erleben. Wenn unser Partner unsere sichere Basis und unser emotionaler Anker ist, haben wir die Kraft und den Mut, in die Welt hinauszugehen und das Beste aus uns zu machen. Er ist da, um uns zu helfen, so gut zu werden, wie wir nur irgend können, und aus dem gleichen Grund sind wir für ihn da.

Verlieren Sie deshalb die folgenden Fakten nicht aus den Augen:

- Ihre Bindungsbedürfnisse sind legitim.
- Haben Sie kein schlechtes Gewissen, weil Sie sich auf den Menschen verlassen, dem Sie am nächsten sind – es ist Teil Ihrer genetischen Veranlagung.
- Aus der Sicht der Bindungsforschung sollten Sie sich durch eine Beziehung selbstsicherer und innerlich ruhiger fühlen. Betrachten Sie es als Warnsignal, wenn das nicht der Fall ist!
- Bleiben Sie vor allem Sie selbst – wenn Sie dem anderen etwas vorspielen, entfernt Sie das nur von Ihrem eigentlichen Ziel: wahres Glück zu finden, sei es mit Ihrem gegenwärtigen Partner oder einem anderen.

Wir hoffen, dass Sie das hier vorgestellte Wissen über Beziehungen dazu verwenden werden, in Ihren Liebesangelegenheiten glücklich zu werden und alle Aspekte Ihres Lebens zu verbessern. Wenn Sie die beschriebenen Beziehungsgrundsätze befolgen, arbeiten Sie aktiv daran, eine Liebe zu finden – und zu behalten –, die Sie zufrieden macht, statt einen der wichtigsten Aspekte Ihres Lebens dem Zufall zu überlassen!

Dank

Für ihre Hilfe während der Abfassung dieses Buches sind wir vielen Menschen dankbar. Vor allem danken wir unseren Familien für ihre Unterstützung. Ein spezielles Dankeschön gilt auch Nancy Doherry für ihre herausragende verlegerische Arbeit und ihre unaufhörliche Ermutigung. Sie ist wirklich ein außergewöhnlicher Mensch!

Wir danken auch unserer Agentin Stephanie Kip-Rostan für ihre Hilfe und den Kontakt zu Sara Carder, unserer Herausgeberin bei Tarcher, die das Buch »bekam«, als es gerade einmal ein Entwurf war. Saras Verständnis und Weitblick waren unschätzbar wertvoll. Dem ganzen Team bei Tarcher danken wir für die großartige Arbeit. Besonders verbunden sind wir Eddie Sarfaty, Jezra Kaye, Jill Marsal, Giles Anderson und Smriti Rao. Ellen Landau und Lena Verdeli danken wir für ihre wertvollen Kommentare zu Teilen des Manuskripts. Zu danken haben wir auch Ziporah Kassachkoff, Donald Chesnut, Robert Risko, David Sherman, Jesse Short, Guy Kettelhack, Alexander Levin, Arielle Eckstut, Christopher Gustafson, Oren Tatcher, Dave Shamir, Amnon Yekutieli, Christopher Bergland, Don Summa, Blanche Mackey, Leila

Livingston, Michal Malachi Cohen, Adi Segal sowie Margaret und Michael Korda. Besonderen Dank schulden wir Dan Siegel für seine aufmunternden Worte zum Manuskript und sein wichtiges Feedback.

Wir danken allen, die mit uns über sehr persönliche Erfahrungen und Gedanken gesprochen haben, sowie denen, die unseren Beziehungsfragebogen ausgefüllt und uns Rückmeldungen für die Beta-Version gegeben haben. Von jedem Einzelnen haben wir Wichtiges gelernt.

Ohne das reiche Erbe der neueren Bindungsforschung, auf das wir uns stützen, hätten wir dieses Buch nicht schreiben können. Wir stehen auf immer in der Schuld der Forscher, die auf diesem Gebiet bahnbrechende Entdeckungen machten. Sie haben uns mit einer anderen – genialen – Methode bekanntgemacht, Beziehungen zu betrachten.

Von Rachel

Ich danke dem gesamten Team des Modi'in Educational Psychology Service, bei dem ich in den letzten Jahren gearbeitet habe. Wissen, Verständnis und Weisheit dieser Menschen haben aus mir eine bessere Psychologin gemacht – in der Therapie und in der Diagnostik. Die Arbeit in diesem kollegialen und kompetenten Umfeld hat mir erlaubt, jeden Tag weiter zu lernen und meinen Horizont zu erweitern.

Dem Shinui Institute for Family and Marriage Therapy danke ich dafür, dass es mich mit dem systemischen Blick auf die Psychotherapie bekanntgemacht und mich ermutigt hat, Symptome im weitestmöglichen Kontext zu sehen und zu behandeln und den starken Einfluss zu berücksichtigen, den unsere engsten Bindungen auf unser Leben haben. Ich danke auch Barbara Krieger, meiner ersten Therapie-Supervisorin, für ihre Ermutigung und Beratung.

Mein besonderer Dank gilt auch den Menschen, die mein Denken zu Beginn meiner beruflichen Laufbahn beeinflusst haben. Dr. Harvey Hornstein ist nicht nur ein hervorragender Experte und Lehrer, sondern auch ein außergewöhnlich großzügiger Mensch; Dr. W. Warner Burke hat mich durch seine Weisheit und seine Inspiration beeindruckt.

Ich danke meinen Eltern: meinem Vater Jonathan Frankel, der kurz vor Beendigung dieses Projektes von uns gegangen ist, und meiner Mutter Edith Rogovin Frankel, die mir in vielerlei Hinsicht geholfen hat. Dankbar bin ich auch meinem Mann Jonathan für seine Liebe, seine Unterstützung, seine Freundschaft und seine klugen Beiträge, und meinen drei Kindern, die meinem Leben jeden Tag mehr Tiefe und Sinn geben.

Von Amir

Ich hatte das Glück, in den letzten zwölf Jahren in den Instituten für Psychiatrie und Neurowissenschaften an der Columbia University eine intellektuelle Heimat zu finden, wo ich mit hervorragenden Klinikern und Forschern zusammenarbeiten durfte. Ich danke den vielen Lehrern, Supervisoren, Mentoren und Kollegen, die mein Leben und Denken bereichert haben. Besonders verbunden bin ich allen, die nachhaltigen Einfluss auf meinen beruflichen Weg hatten: Dr. Rivka Eiferman von der Hebrew University in Jerusalem, von der ich die analytische Einstellung und die Kunst gelernt habe, die Aussagen von Patienten nicht zu bewerten; dem verstorbenen Dr. Jacob Arlow, der durch seine Arbeit das Kernstück des modernen analytischen Denkens mitgestaltete und von dem ich die psychotherapeutische Praxis erlernen durfte; Dr. Lisa Mellman und Dr. John Rieder, die maßgeblich an meiner Entwicklung als Kliniker und Forscher beteiligt waren; Dr. Daniel Schechter, dem Forschungsleiter des Parent-Child-Projects an der Columbia University, der mich in der Mutter-Kind-Therapiestation mit der bindungsgestützten Therapie von Kindern und Eltern bekanntmachte; Dr. Abby Fyer, von der ich über die Jahre hinweg bei Gesprächen sehr viel gelernt habe und die mir die Rolle des Opioidsystems für das Bindungsverhalten nahegebracht hat; Dr. Clarice Kestenbaum, von der ich gelernt habe, mit Kindern und jungen Erwachsenen auf ganz besondere Weise zu arbeiten; und Dr. David Schaffer, der mir meine Forscherkarriere ermöglicht hat.

Außerdem danke ich Dr. Dolores Malaspina, die mich in die Grundlagen der epidemiologischen Forschung und die Bedeutung von Community-Stichproben in der Medizin eingeführt hat; Dr. Bill Byne hat die Literatur zur Gender-Diskrepanz in der Kindheit mit mir diskutiert und mich gelehrt, wissenschaftliche Literatur kritisch zu lesen; und Dr. Ann Doliny, Dr. David Leibow und Dr. Michael Liebowitz für ihren klinischen Unterricht und das Wissen und die Erfahrung, die sie an mich weitergegeben haben. Rene Hen danke ich für seine langjährige Unterstützung; Dr. Myron Hofer hat mit seinem Ansatz, die menschliche Entwicklung anhand von Modellen aus der Tierwelt zu studieren, und seiner Arbeit über die Auswirkungen der frühen Bindung auf den Phänotyp des Erwachsenen Beispielhaftes geleistet. Ich schätze sein Vertrauen in meine Arbeit und bin dankbar für seine Anleitung.

Meine Anerkennung und Bewunderung gilt meinen derzeitigen Kollegen Dr. Eric Kandel, Dr. Denise Kandel, Dr. Samuel Schacher und Dr. Claudia Schmauss. Die Arbeit mit ihnen fordert meinen Intellekt und mein Denken auf bestmögliche Weise.

Mein besonderer Dank gilt dem verstorbenen Dr. Jimmy Schwartz, der mir die erste Gelegenheit gab, neurowissenschaftliche Forschung zu betreiben; Dr. Herb Kleber für seine Politik der offenen Tür und erhellende Diskussionen; Dr. Francine Cournos, meiner ersten Langzeittherapie-Supervisorin, für die intensive Unterstützung, die sie mir im Lauf der Jahre hat angedeihen lassen; und allen Freunden und Kollegen, mit denen ich das Glück hatte zu arbeiten und von deren Wissen ich profitiert habe.

Ich danke dem staatlichen Gesundheitsdienst für die laufende Unterstützung meiner Forschungsarbeit, aus der auch dieses Buch entstanden ist.

Ein besonderer Dank gilt meiner Familie. Sie war die sichere Basis, die mir den Mut gab, die Welt zu erkunden. Zu guter Letzt danke ich all meinen Patienten, den Kindern genauso wie den Erwachsenen, dafür, dass sie mir ihre Kämpfe und ihre Hoffnungen, ihre Enttäuschungen und ihre Träume mitgeteilt haben. Dass ich ein Teil ihres Lebens sein durfte, hat mich zu einem besseren, reicheren Menschen gemacht.

Bibliographie

Atkinson, L., A. Niccols, A. Paglia, J. Coolbear, K. C. H. Parker, L. Poulton, et al. »A Meta-Analysis of Time Between Maternal Sensitivity and Attachment Assessments: Implications for Internal Working Models in Infancy/Toddlerhood.« *Journal of Social and Personal Relationships* 17 (2000): S. 791-810.

Baker, B., J. P. Szalai, M. Paquette und S. Tobe. »Marital Support, Spousal Contact, and the Course of Mild Hypertension.« *Journal of Psychosomatic Research* 55, Nr. 3 (September 2003): S. 229-233.

Brassard, A., P. R. Shaver und Y. Lussier. »Attachment, Sexual Experience, and Sexual Pressure in Romantic Relationships: A Dyadic Approach.« *Personal Relationships* 14 (2007): S. 475-494.

Brennan, K. A., C. L. Clark und P. R. Shaver. »Self-Report Measurement of Adult Romantic Attachment: An Integrative Overview.« In: J. A. Simpson and W. S. Rholes, Hrsg., *Attachment Theory and Close Relationships.* New York: Guilford Press, 1998, S. 46-76.

Cassidy, C. P. und P. R. Shaver. *Handbook of Attachment: Theory, Research, and Clinical Applications*. New York: Guilford Press, 1999.

Ceglian, C. R. und S. Gardner. »Attachment Style: A Risk for Multiple Marriages?« *Journal of Divorce and Remarriage* 31 (1999): S. 125-139.

Coan, J. A., H. S. Schaefer und R. J. Davidson. »Lending a Hand: Social Regulation of the Neural Response to Threat.« *Psychological Science* 17, Nr. 12 (2006): S. 1032-1039.

Cohn, D. A., D. H. Silver, C. P. Cowan, P. A. Cowan und J. Pearson. »Working Models of Childhood Attachment and Couple Relationships.« *Journal of Family Issues* 13 (1992): S. 432-449.

Collins, N. L. und S. J. Read. »Adult Attachment, Working Models, and Relationship Quality in Dating Couples.« *Journal of Personality and Social Psychology* 58 (1990): S. 644-665.

Creasey, G. und M. Hesson-McInnis. »Affective Responses, Cognitive Appraisals, and Conflict Tactics in Late Adolescent Romantic Relationships: Associations with Attachment Orientations.« *Journal of Counseling Psychology* 48 (2001): S. 85-96.

--, K. Kershaw und A. Boston. »Conflict Management with Friends and Romantic Partners: The Role of Attachment and Negative Mood Regulation Expectancies.« *Journal of Youth and Adolescence* 28 (1999): S. 523-543.

Feeney, B. C. »A Secure Base: Responsive Support of Goal Strivings and Exploration in Adult Intimate Relationships.« *Journal of Personality and Social Psychology* 87 (2004): S. 631-648.

-- und R. L. Thrush. »Relationship Influences on Exploration in Adulthood: The Characteristics and Functions of a Secure Base.« *Journal of Personality and Social Psychology* 98, No. 1 (2010): S. 57-76.

Fraley R. C., P. M. Niedenthal, M. J. Marks, C. C. Brumbaugh und A. Vicary. »Adult Attachment and the Perception of Facial Expressions of Emotion: Probing the Hyperactivating Strategies Underlying Anxious Attachment.« *Journal of Personality* 74 (2006): S. 1163-1190.

--, N. G. Waller und K. A. Brennan. »An Item Response Theory Analysis of Self-Report Measures of Adult Attachment.« *Journal of Personality and Social Psychology* 78 (2000): S. 350-365.

George, C., N. Kaplan und M. Main. »Adult Attachment Interview Protocol.« Unveröffentlichtes Manuskript. University of California, Berkeley, 1984.

Gillath, O., S. A. Bunge, P. R. Shaver, C. Wendelken und M. Mikulincer. »Attachment-Style Differences in the Ability to Suppress Negative Thoughts: Exploring the Neural Correlates.« *NeuroImage* 28 (2005): S. 835-847.

Gillath, O., E. Selcuk und P. R. Shaver. »Moving Toward a Secure Attachment Style: Can Repeated Security Priming Help?« *Social and Personality Psychology Compass* 2/4 (2008): S. 1651-1666.

Gillath, O., P. R. Shaver, J. M. Baek und S. D. Chun. »Genetic Correlates of Adult Attachment Style.« *Personality and Social Psychology Bulletin*, 34 (2008): S. 1396-1405.

Gray, J. *Männer sind anders. Frauen auch*. München: Goldmann, 2009 (Erstauflage 1992).

Hammersla, J. F. und L. Frease-McMahan. »University Students' Priorities: Life Goals vs. Relationships.« *Sex Roles: A Journal of Research* 23 (1990): S. 1-2.

Hazan, C. und P. R. Shaver. »Romantic Love Conceptualized as an Attachment Process.« *Journal of Personality and Social Psychology* 52 (1987): S. 511-524.

--, D. Zeifman und K. Middleton. »Adult Romantic Attachment, Affection, and Sex.« Vortrag auf der 7. International Conference on Personal Relationships, Groningen, Niederlande, Juli 1994.

Johnson, S. *Attachment Processes in Couple and Family Therapy*. Hrsg. v. Susan M. Johnson und Valerie E. Whiffen. New York: Guilford Press, 2003.

Keelan, J. R., K. L. Dion und K. K. Dion. »Attachment Style and Heterosexual Relationships Among Young Adults: A Short-Term Panel Study.« *Journal of Social and Personal Relationships* 11 (1994): S. 141-160.

Kirkpatrick, L. A. und K. E. Davis. »Attachment Style, Gender, and Relationship Stability: A Longitudinal Analysis.« *Journal of Personality and Social Psychology* 66 (1994): S. 502-512.

Krakauer, J. *In die Wildnis*. München: Piper, [13]2010.

Main, M. und J. Solomon. »Discovery of a New, Insecure/Disorganized/Disoriented Attachment Pattern.« In T. B. Brazelton und M. Yogman, Hrsg., *Affective Development in Infancy*, S. 95-124. Norwood, NJ: Ablex, 1986.

Mikulincer, M., V. Florian und G. Hirschberger. »The Dynamic Interplay of Global, Relationship-Specific, and Contextual Representations of Attachment Security.« Vortrag anlässlich der jährlichen Konferenz der Society for Personality and Social Psychology, Savannah, Ca., 2002.

-- und G. S. Goodman. *Dynamics of Romantic Love: Attachment, Caregiving and Sex*. New York: Guilford Press, 2006.

-- und P. R. Shaver. *Attachment in Adulthood: Structure, Dynamics, and Change*. New York: Guilford Press, 2007.

Pietromonaco, P. R. und K. B. Carnelley. »Gender and Working Models of Attachment: Consequences for Perceptions of Self and Romantic Relationships.« *Personal Relationships* 1 (1994): S. 63-82.

Rholes, W. S. und J. A. Simpson. *Adult Attachment: Theory, Research, and Clinical Implications*. New York: Guilford Press, 2004.

Schachner, D. A. und P. R. Shaver. »Attachment Style and Human Mate Poaching.« *New Review of Social Psychology* 1 (2002): S. 122-129.

Shaver, P. R. und M. Mikulincer. »Attachment-Related Psychodynamics.« *Attachment and Human Development* 4 (2000): S. 133-161.

Siegel, D. J. *Das achtsame Gehirn*. Freiburg: Arbor-Verlag, 2007.

--. *Die Alchemie der Gefühle (Mindsight)*. München: Kailash Verlag 2010.

--. *Wie wir werden, die wir sind*. Paderborn: Junfermann, 2006.

Simpson, J. A. »Influence of Attachment Styles on Romantic Relationships.« *Journal of Personality and Social Psychology* 59 (1990): S. 971-980.

Simpson, J. A., W. Ickes und T. Blackstone. »When the Head Protects the Heart: Empathic Accuracy in Dating Relationships.« *Journal of Personality and Social Psychology* 69: S. 629-641.

--, W. S. Rholes, L. Campbell und C. L. Wilson. »Changes in Attachment Orientations Across the Transitions to Parenthood.« *Journal of Experimental Social Psychology* 39 (2003): S. 317-331.

Strickland, B. B. *The Gale Encyclopedia of Psychology*. Michigan: Gale Group, 2007.

Watson, J. B. *Psychological Care of Infant and Child.* New York: W. W. Norton Company Inc., 1928.